中国党政领导案例学

ZHONGGUO DANGZHENG LINGDAO ANLI XUE

柴丽丽 孟禹 著

山西出版传媒集团　山西经济出版社

前　言

当我们在借鉴国外管理案例及方法将古今中外决策者们厚重的决策历史画卷研制为一部《中国党政领导案例学》时，适逢迎接中国共产党成立100周年庆典之际。能够为当代中国领导者们的决策能力提升和完善一项学科建设提供一份资鉴珍藏、填补一项空缺，总算有一种由衷的如释重负的成就之感。

中国在吸收国外管理案例及方法从事党政领导案例开发与教学活动已有了40多年的尝试，并初步形成了案例研究与教学体系。在新的历史时期如何按照党的十九大精神进一步解放思想，在党政领导干部的能力培养上大胆借鉴案例方法，进而切实提高领导者素质，完善学科建设，为探索有中国特色的党政领导干部案例学提供有效的途径和方法，显得非常重要而紧迫。

20世纪初，哈佛商学院受"病例""判例"以及"战例"教学的启发，率先在企业管理中采用了案例教学法，到40年代初具规模，后逐渐形成当今世界上影响最大最完整的案例系统。该学院第一任院长是由法学院转来的，案例这一用语也是从法律工作和法学研究方法移植而来。法学院的案例给答案，而商学院的案例则没有答案，他们的答案就是尽可能地认真分析研究，从中找到最佳方案，管理人员只能通过各种实例去培养解决复杂的实际问题的能力。因此，案例运用到干部培训领域，其本质属性仍然是一种工具，而案例教学法就是驾驭这种工具的手段。

案例教学法亦被哈佛商学院的学子称为实例法。如果在哈佛攻读二年制的MBA，至少要学完800个案例，这是该学院课程设置与教学的突出特点。哈佛商学院的教学体制别具一格。它要求学生参与讨论，从真正的高级管理者身份与角度考虑问题,学到的不仅仅是管理知识,更重要的是教你如何去思考问题,抓住和拥有你的整个身心,不断地向你的智力和毅力的极限挑战,并帮助和促使你去延伸这种极限。案例教学不强调是否得出答案,重视的是得出结论的思考过程。因为事实上久经推敲的案例中,已经隐含了几种比较正确的、科学合理的决策思路,对学生起着提示和引导作用。因此,案例分析法不是去寻找正确答案的教学,实际上也不存在绝对正确的答案,存在的只是可能正确处理和解决问题的具体方法。正如哈佛学子所说:从来没有在一间教室里遇到这么多比我聪明的人,你可以从任何一个人那里学到一些东西。课堂发言迫使你锻炼思维,连表达能力也越来越强了。MBA 是一把能打开许多大门的钥匙。哈佛商学院自 1924 年首开案例教学之风,迫使学生像主管经理一样去思考,为其日后进入领导层打下了坚实基础,这不能不说是一种远见卓识。哈佛商学院和它的教学法告诉我们:运用案例教学是提高领导者素质的有效途径,是理论与实际相结合的纽带和桥梁。

长期以来,干部教育一般规律是以教师为主体,以传授知识为目的,以事论理,重在理解记忆,讨论与考核围绕着一元解来进行。这不仅仅是传统教育的基本方法与特点,应该说也是今后干部教育的主要方法与特点之一。但案例教学以它独特的优势一经变为教学尝试,便获得了受训者的普遍欢迎和认同,因而它更不失为一种有效的方法和途径。

"兵无常势,水无常形。"在市场经济条件下,领导者面临的工作即客观对象及其环境纷繁复杂,丰富多彩,从而决定了领导者个体单凭以往经验决策的局限性,也就是说一个领导者无论如何不能穷尽他对未来突发事物的正确判断,从而制定出切实可行的最佳方案。如何开发领导者的智能?怎样才能提高领导者的应变能力?采用案例教学法,通过对各级各类典型案例的评审、判析,达到以案论理、教学相长之目的,是积累知识、经验,避免循规蹈矩,实现决策民主化、科学化的好形式,是其他教学方法所不能替代的。因为典型案例中所提供的领导工作情景完全是客观的真实,一般中包含着特殊,特殊中又包含着一般,领导者以高度拟真的身份与"即发事物"提前"遭遇",似曾相识的感觉信号极强,相关的应变准备充分,就容易克难制胜,增长才干。因此,当代干部培训机制中如果缺乏或者没有规范的案例教学,实际上是不完整的培训机制。

诚然,案例教学法不排斥任何传统的有效的教学方法,相反,它同各种教学方法相辅相成,互扬其长,互避其短。教学实践告诉我们:案例教学的一般规律是以受训者为主体,以领导案例为主要教学内容,以培养、开发智力为目的,以案论理为方法特征,在高度拟真的领导活动场景中,运用启发、引导式手段启发思维与创见,考核与讨论则围绕着多元解来进行,进而提高受训者的素质。案例教学的一般规律是同传统教学的方法与特点相比较而存在,相作用而发展,并随着教学实践的进程将不断得到充实和完善。

领导者的能力不是凭空产生的,而是实践锻炼与学识积累的结果。领导工作案例是领导实践的再现或复原,分析、评审案例的教学活动,实际上也是一种模拟或间接的实践活动,因此案例教学也就成为实践第一观点的具体运用。它的适用范围是各级领导干部及其后备人员,它的实用价值是:第一,案例教学目标和领导实践对领导者的要求相一致;第二,案例教学内容和当前领导者即受训对象的知识需求相符合;第三,案例教学方式和受训对象的心理特点相协调。因为案例教学法突出能力培训,较好地解决了理论与实际相脱节的问题,可以充分调动受训者学习的积极性与主动性,变"填鸭"式为启迪式,变单向输入为双向交流,变单学科为多学科,可以如实反映受训者整体素质,也可以实实在在地提高师资任职水平。

案例教学法引入我国党政领导干部的培训与教学之后,首先在各级党校进行了有益的尝试,收到了良好的效果,一批理论教学工作者和实际工作者卓有成效地开发了大量的、以县级以上党政领导干部为背景的案例模型,并取得了案例教学的基本经验。概括起来,一是创立了一套较完备的领导案例教学基本程序;二是探索出了实施案例教学的主要技巧和方法，从而给受训者提供了便捷、生动的研修方式，也给案例教学师资提出了新的更高的要求。

由于各级党校、行政院校受培训计划、培训时间、培训教材与师资的种种制约，加上有关主管部门没有制定硬性的案例教学目的与要求，案例教学法尚未纳入我们的教学与培训体系，这不能不说是一种缺憾。党政领导案例法重在培养党和政府的官员即职业政治家而不是职业"老板"。纵观哈佛商学院的学制、课程设置以及案例教学法90余年的辉煌同我国引入案例法培训党政领导干部的初步尝试及其成效，深感案例法势必会在规范的前提下得以推而广之，因为在我们的受训对象中不乏优秀的管理人才，由于他们工作的社会效果很难测量，因此这种层次的管理应该说要比工商管理难得多，也复杂得多，决定一个人的价值是他从事的工作挑战性、创新性强不强，贡献有多大，而不是薪金报酬的高低。因而现在的问题是，我们应当在借鉴的基础上加以创新，把党政领导干部案例学得以梳理打造：即把党政领导案例作为培养党政领导干部的必修课程得以确立实施、把学科建设作为一门学术前沿得以重点延续探究、将案例开发队伍和师资力量得以充实提高，从而走出一条具有中国特色的党政领导干部培养与管理的路子。

本书中所采编的当代党政领导案例，均是从教学、科研与资鉴的目的而考虑的，因此对书中的某些时间、地名、人名等做了技术性处理，不影响案例的真实性。

作　者
2020 年 11 月

目 录

第一章 中国党政领导案例学产生的时代背景 ... 1
- 第一节 党政领导案例学产生的历史背景 ... 1
- 第二节 党政领导案例学产生的实践基础 ... 4
- 第三节 党政领导案例学的研究对象与学科体系 ... 19
- 第四节 经典案例赏读 ... 26
  - 案例一 周公摄政 ... 26
  - 案例二 由"太阳中心说"引发的争论 ... 29
  - 案例三 无言的会议(安徽凤阳县小岗村) ... 33
  - 案例四 怎样开展调查研究 ... 39

第二章 中国党政领导案例的开发与采编 ... 42
- 第一节 党政领导案例的采编 ... 42
- 第二节 党政领导案例采编的资料获取 ... 48
- 第三节 党政领导案例的质量评定 ... 56
- 第四节 经典案例赏读 ... 65
  - 案例一 赶驴子上山的学问——和平解决西安事变 ... 65
  - 案例二 郑和七次下"西洋" ... 67
  - 案例三 知识改变命运 ... 70
  - 案例四 袁世凯的"学历"问题 ... 80

第三章 中国党政领导案例的教学 ... 84
- 第一节 党政领导案例教学法的基本概念与特征 ... 84

第二节　党政领导案例教学的基本原理与基本程序 …………… 88

第三节　党政领导案例教学的方法技巧与效能分析 …………… 98

第四节　党政领导案例库建设 …………………………………… 107

第五节　经典案例赏读 …………………………………………… 110

 案例一　同文馆的创建 ………………………………………… 110

 案例二　日本企业界的忧患意识教育 ………………………… 115

 案例三　洛克菲勒的兼并奇招 ………………………………… 117

 案例四　日升昌票号 …………………………………………… 121

第四章　中国党政领导案例教学的师资 ………………………… 125

第一节　案例教学师资的培训方法与途径 ……………………… 125

第二节　妥善处理好教学与科研的关系 ………………………… 131

第三节　党政领导案例教学的弹性原则 ………………………… 134

第四节　经典案例赏读 …………………………………………… 142

 案例一　"红小鬼"的蜕变——新中国反腐第一案 ………… 142

 案例二　新中国第一税案 ……………………………………… 147

 案例三　官庄的历史变迁 ……………………………………… 151

 案例四　意大利文艺复兴运动 ………………………………… 154

第五章　中国党政领导案例的考核功能 …………………………… 158

第一节　领导者应具备的人才观 ………………………………… 158

第二节　关于"考学"的思考 …………………………………… 166

第三节　关于"考官"的思考 …………………………………… 170

第四节　关于突发事件的应对 …………………………………… 183

第五节　经典案例赏读 …………………………………………… 186

 案例一　毛泽东咏雪 …………………………………………… 186

 案例二　诺曼底登陆 …………………………………………… 191

 案例三　雷锋精神 ……………………………………………… 195

案例四　严湖村精准扶贫 ……………………………………………… 201

附录　中国党政领导干部管理岗位胜任力案例测试题 …………… 213
　　试题一　市委书记管理岗位胜任力案例测试题 ……………… 214
　　试题二　市长管理岗位胜任力案例测试题 …………………… 222
　　试题三　县委书记管理岗位胜任力案例测试题 ……………… 238
　　试题四　县(市、区)长管理岗位胜任力案例测试题 ………… 244
　　试题五　厅(局)长管理岗位胜任力案例测试题 ……………… 254
　　试题六　机关处级管理岗位胜任力案例测试题 ……………… 277
　　试题七　乡镇党委书记管理岗位胜任力案例测试题 ………… 289
　　试题八　乡(镇)长管理岗位胜任力案例测试题 ……………… 302

后记 ……………………………………………………………………… 315

第一章　中国党政领导案例学产生的时代背景

第一节　党政领导案例学产生的历史背景

纵观古往今来，大凡高层次的领导者与领导集团均不愧为选用案例的名家里手，并能以高超的决策艺术，不断创造着新的案例奇葩。然而，"古今多少事，都付笑谈中"。几乎所有名垂青史的赫赫伟人，在其执政与决策生涯中，亦难免出现"一着不慎"的败笔。作为领导者，可能最能领略到的就是这种极具风险的是非成败的挑战。

公元前5世纪，我国最早的编年史《春秋》曾如实地描述了"弑君三十六，亡国五十二，诸侯奔走不得保其社稷者，不可胜数"的典型事例，收到了使"乱臣贼子惧"和"半部《春秋》治天下"的社会效果，开启了以案证理的先河；中国历史上第一部纪传体通史《史记》，被后人誉为"史家之绝唱，无韵之离骚。"不仅翔实记录了三十世家、七十列传兴衰成败的史实，而且以浓重的笔墨给予了"不虚美、不隐恶"的点评。史学家司马迁其用意不外乎以史为镜，让人们去"究天人之际，通古今之变"，这种"点评"实录的写作与我们当今的案例分析极其相似；司马光主持编写的《资治通鉴》，也是宋王朝为了吸取历代统治阶级的经验教训，系统研究前朝社会盛世和衰世的因果关系，旁征博引，耗费19年时间才完成的，其意在"资鉴"大治和大乱的历史经验，以案论理。

在民间，我们的祖先最早用寓言形式为导向，以"精卫填海""愚公移山"精神向自然界挑战，以"东郭先生""黔驴技尽"教育人们明辨是非，认识事物的本质，以"伯乐相马""千金买骨"启发统治者识才爱才，以"井底之蛙""夜郎自大"讽刺闭关自守,妄自尊大,以"揠苗助长""刻舟求剑"批评那些违背客观、死搬硬套现象。所有这些,逐渐演化成了中国古代文明的重要组成部分,祖先给我们留下的每一个成语典故,都是一个极富哲理的典型案例。成书于战国时代的《黄帝内经》,汇集古人临床经验和医学理论,以大量篇幅探讨了人的生理、心理以及病理,是我国医学史上最早的"病例"研究专著;春秋战国时期,我国著名的军事家孙武、孙膑,总结了大量古代作战经验,撰写了《孙子兵法》和《孙膑兵法》这样两部军事名著,以最早的"战例"形式揭示战争的一般规律,其中"知己知彼,百战不殆"等主要的朴素唯物论和辩证法思想,为历代政治家、军事家视为"兵经",直到今日均倍受国内外的普遍推崇。

近现代的中国,从鸦片战争门户洞开、洋务运动师夷自救、变法求强到五四运动民主科学、求同存异驱除外侮,再到红色追寻完成建国大业,先辈们所付出的血肉之躯与抗争图存思想,不乏经典范例可歌可泣。当代中国,在老一辈革命家开创的事业里,尤其是在习近平中国特色社会主义思想的指引下,既实现了重开国门、改革奋进的愿望,又践行着精准扶贫、"一带一路"、实现中国梦的宏伟目标。在这些举世瞩目的成就中,有着许许多多的党政领导干部们的决策思想与决策智慧,把这些决策思想与决策智慧用案例的方法加以总结提炼,使其更好地来指导我们的实践,便是我们的案例学创建的初衷。

案例学的创建,源于案例法教学,案例法教学则当首推哈佛。20世纪初,是哈佛商学院受"病例""判例"以及"战例"教学的启发,率先在企业管理中采用了案例教学法,到20世纪40年代初具规模,后逐渐形成当今世界上影响最大最完整的案例系统。该学院第一任院长是由法学院转来的,案例这一用语也是从法律工作和法学研究方法移植而来。法学院的案例给答案,而商学院的案例则没有答案,他们的答案就是尽可能地认真分析研究,从中找到最佳方案,管理人员只能通过各种实例去培养解决复杂的实际问题的能力。因此,案例运用到干部培训领域,其本质属性仍然是一种工具,而案例教学法就是驾驭这种工具的手段。

哈佛商学院的教学体制别具一格。它要求学生参与讨论，从真正的高级管理者身份与角度考虑问题，学到的不仅仅是管理知识，更重要的是教你如何去思考问题，抓住和拥有你的整个身心，不断地向你的智力和毅力的极限挑战，并帮助和促使你去延伸这种极限。案例教学不强调是否得出答案，重视的是得出结论的思考过程。因为事实上久经推敲的案例中，已经隐含了几种比较正确的、科学合理的决策思路，对学生起着提示和引导作用。因此，案例分析法不是去寻找正确答案的教学，实际上也不存在绝对正确的答案，存在的只是可能正确处理和解决问题的具体方法。正如哈佛学子所说：从来没有在一间教室里遇到这么多比我聪明的人，你可以从任何一个人那里学到一些东西。课堂发言迫使你锻炼思维，连表达能力也越来越强了。MBA是一把能打开许多大门的钥匙。哈佛商学院自1924年首开案例教学之风，迫使学生像主管经理一样去思考，为其日后进入领导层打下了坚实基础，这不能不说是一种远见卓识。哈佛商学院和它的教学法告诉我们：运用案例教学是提高领导者素质的有效途径，是理论与实际相结合的纽带和桥梁。

既然案例法教学是培养企业家的绝好方法，那这种方法能不能在培养党政领导干部方面取得成效呢？各级党政领导在实际工作的决策中能不能尽量规避风险，将损失减少到最低呢？针对这个问题，中央组织部于1987年将其立项，第一次把"干部培训工作新方法研究"提到议事日程。当时，中共山西省委组织部在接受这一研究项目后，积极组织研究团队，获得非常可喜的研究成果。当时，大连理工大学管理学院教授余凯成，曾应邀到山西讲学并专程为山西的重点课题出谋划策。余教授认为："案例教学法"在我国法律、医学和军事院校早已普及，并且收到良好的效果，那么这种方法为什么就不能在我们的管理教学中乃至党政领导干部培训中推而广之呢？余先生为此做了大量的工作，耗费了整个身心，他既是国外著名管理学院的访问学者，又是这些学院的客座教授，彼此合作项目不断，收效颇丰。可以说，将现代案例及其方法引入中国，余教授功不可没。1986年11月，国家经委正式确定在大连成立"案例研究中心"，开创了我国管理案例研究与教学的先河。从此,案例教学在我国各级党校和行政学院开始进行试验与普及,有关院校特别是公共管理院系也在这方面进行了有益的尝试,他们迫切地希望能够有一部案例学专著来指导教学并繁荣学术研究,这就为党政领导案例学的产生奠定了良好的社会基础。

第二节 党政领导案例学产生的实践基础

《三国演义·卧龙吟》中唱道:"束发读诗书,修德兼修身。仰观与俯察,韬略胸中存。躬耕从未忘忧国,谁知热血在山林。丈夫在世当有为,为民播下太平春。"党政领导案例学的产生,归根结底在于古今中外杰出领导者的具有典型意义的领导活动。中国古代领导思想广博浩繁,精彩绝伦,而哈佛商学院的案例教学则风靡全球,无与伦比。

中国古代的领导思想浩繁而丰富,是我国领导科学发展史上的一个重要组成部分。在当代历史条件下,它的某些具体内容可能已经失去了借鉴的意义,但中国古代领导思想的基本精神却不会过时,其中许多东西对我们领导者来说仍有重要的启迪作用。如何通过案例的方法达到加强和改善党的领导,建造科学的高效的权力结构及其运行机制,达到使领导者提高自身素质,调整和增强宏观驾驭能力和决策能力,适应社会主义市场经济发展的要求,乃是党政领导案例研究与开发的一项具有现实意义的重要任务。

中国古代的领导思想,展示了前人决策与领导艺术的精华,是一份十分珍贵的精神财富,也是我们的领导者以案例这一全新方式达到益知益智、博古通今的有效方法与途径。中国古代领导思想用案例的方法来描述,主要有以下几个方面:

第一,重民的思想。早在商代,汤就从夏朝"桀不务德"的弊政中受到启发,提出"重我民""视民利用迁"的思想,表示要继承先王的传统,事事顺承人民的意愿;周公帮助弟弟周武王灭商之后,在摄政期间平定叛乱,分封诸侯,为巩固周朝立下了奇功。从他所颁发的数篇诰令中,重民、保民的思想进一步得到了发展，"善体恤、慎刑罚、戒荒宁"等这些措施及其实施，大都是从关心人民疾苦，察民心匡政失的目的出发的，他多次告诫王臣要"知稼穑之艰难"，随时找出为政的过失，及时加以纠正；孔子关于"百姓足，君孰与不足？百姓不足，君孰与足"的论述具有十分可贵的民本思想，但在春秋战国时期，重民的思想已正式赋予了法律的意义。管仲认为，"修旧法，择其善者而业用之，遂滋民"。其意就是按照社会传统风俗与民众意愿来"择善而用"，这种修法安民的思想成了历代治国安邦所遵循的法制观念与社会基础。商鞅任职期间，两次主持变法，尤其是他所主张的重农抑商奖励耕织，开阡陌废井田等获得了巨大成功，使落后积弱的秦国一跃而成为当时诸侯国中最先进、最强盛的国家，为秦国最终统一中国奠定了坚实的基础。

重民思想，在春秋战国时期，孟子有了较为系统的论述，比较集中地体现在他对君民关系、君臣关系问题上。关于君民关系，孟子认为民贵君轻、保民而王。他说："民为贵，社稷次之，君为轻。"朱熹对此的评论是"盖国以民为本，社稷亦为民而立，而君之尊又系于二者之存亡，故其轻重如此"。荀子关于"君者，舟也；庶人者，水也。水则载舟，水则覆舟"成为历代君王所推崇的著名警句。至于保民而王，孟子主张无论是从物质上还是精神上都应同时采取措施：在物质方面主张"薄其税敛"，"所恶勿施"，尽量减轻人民负担，实现经济的繁荣；在精神方面主张"与民偕乐"，施行仁政。"君行仁政，斯民亲其上，死其长矣"，统治者能够"乐民之乐""忧民之忧"，即使你让百姓叛离，百姓也不会这样做。关于君臣关系，孟子认为君首先是道德的楷模，"惟仁者宜在高位。不仁而在高位，是布其恶于众也"，把君王的道德素养与国家的治安状况明确地联系在一起。其次就是君臣之间要乐听教诲，相互尊重，不能"好臣其所教，而不好臣其所受教"，孟子大胆地批评了以往的"忠君"思想，把君臣关系的实质解释为互尊、平等、合作的关系，积极倡导为臣要做到"富贵不能淫，贫贱不能移，威武不能屈"。

汉代贾谊的重民思想，亦有其独到之处，他从三个方面论述了"民"

对于领导者的重要意义。贾谊说:"民无不为命也,国以为命,君以为命,吏以为命。故国以民为存亡,君以民为盲明,吏以民为贤不肖;民无不为功也,故国以为功,君以为功,吏以为功。国以民为兴坏,君以民为强弱,吏以民为能不能;民无不为力也,故国以为力,君以为力,吏以为力。夫战之胜也,民欲胜也,功之得也,民欲得也,守之存也,民欲存也。"因此,贾谊得出的结论是"民无不为本也。国以为本,君以为本,吏以为本。故国以民为安危,君以民为威侮,吏以民为贵贱"。

马克思主义历史唯物论诞生以后,中国共产党人通过革命与建设的实践,使历代政治家、思想家关于重民的思想得以升华,总结出了我们党关于"从群众中来,到群众中去,相信群众,依靠群众,尊重群众的首创精神"的群众路线,这条路线不仅成为我们党的政治路线、组织路线和认识路线,而且成为我们党的根本领导方法和工作方法。习近平指出:"群众路线是我们党的生命线和根本工作路线。人心向背关系党的生死存亡。党只有始终与人民心连心、同呼吸、共命运,始终依靠人民推动历史前进,才能做到坚如磐石。""保持党同人民群众的血肉联系是一个永恒课题。"习近平同志关于群众路线的新阐释,实际上也是我们党的群众路线的概括和体现。

一位年轻的县委书记在畅谈这方面的体会时,讲了一段非常精彩的话。他说:领导者必须牢牢树立全心全意为人民服务的宗旨,与人民同呼吸、共命运。我们中青年领导干部的经历,决定了其中一些人两个先天的致命弱点:一是缺少珍惜人民政权的感情,因为没有尝过无权的痛苦,很难品出有权的幸福;二是缺少对人民群众的感情,把联系群众、为人民办好事看作是装点门面的摆设而已。他还谈了对干群"四大关系"的看法:一是蛙水关系。干部需要群众时就往水里跳,因为群众是真正的英雄;不需要时就往岸边上跳,去摆官老爷的架子。二是萍水关系。干部实际上每天和群众生活、工作在一起,但"形聚而神不聚",你不体察民情,群众也不买你的账,进进出出如同萍水相逢。三是油水关系。有好处就办事,服务关系变成了利益、金钱关系,长此以往就会导致第四种关系——水火关系。

因此，全心全意是一辈子的事，谁叫你是共产党的"官"呢!

第二，敬业的思想。敬业在中国古代的君臣中称之为"敬事"，即勤勉为事、恭谨政务之意。周公辅成王摄政时，把"敬事"看作周王子孙永远保持国家领导权的自身必备条件，他认为，掌权的人犹如治疗自身的疾病，必须恭谨小心，成王当政后周公诫他"汝往敬哉"，燕召也曾受周公"往敬用治"之教诲。孔子在《论语》中有关于君子"九思"的论述，其中之一就是"事思敬"，即君子在从政时首先应考虑自己的态度是否严肃认真，只有"执事敬"，"居之无倦"，并能做到率先垂范，才可以处理好政务。关于敬事的思想，管仲有独到的见解，现在研究起来，仍不失可鉴之处。管仲认为，无论是君还是臣，处理政务的基本原则是君臣分职，互不包办代替，这是提高领导效能的必要条件。君臣分职实际上是一种机制自身正常运转的"复合体"，"上下之分不同位，而复合为一体"。如果在敬事的过程中职责划分不清，权限不明，就会走向两个极端：一是越职代权。即"为人君者，下及官中之事，则有司不任；为人臣者，上共专于上，则人主失威"。一个领导者管了别人该管的事，就会荒了自己该种的"田"，从而导致"复合体"的分崩。一是尸位素餐。即为君者沉湎于酒色声乐，不理朝政，为臣者得过且过，无所事事。一个领导者只贪图虚荣，占着位子不做事，也会导致"复合体"的瘫痪。只有"为人君者修官上之道而不言其中，为人臣者比官中之事而不言其外"，"明分任职"，才能达到"治而不乱"，"复合体"才能正常地协调运转。"兼而一之，人君之道也；分则职之，人臣之事也"，"论材、量能、谋德而举之，上之道也，专意一心，守职而不劳，下之事也"；"操令行禁止以御其群臣，此主道也，奉主令，守本任，治分职，此臣道也"，"君据法而出令，有司奉命而行事"。可见，研究前人关于敬业的思想，对于领导班子如何才能形成合力，避免内耗，"一把手"如何才能学会"弹钢琴"，副职与下属如何才能当好参谋助手，的确有着现实的资鉴意义。

唐太宗李世民对于臣僚敬事、奉职的见解主要有三条：一是尽忠事君上，对君主忠贞不移。二是循公接左右，即办事要忠于职守，出于公心。

李世民特别告诫大家,办事不认真,"难违一官之小情,顿为万人之大弊,此实亡国之政",因此灭私徇公,坚守直道至关重要。三是言谏过失。良药苦口利于病,忠言逆耳利于行。"成君之善,谏君之过",作为臣僚,一定要敢于发表不同意见,才能使君主的决策更加符合社情民意。北宋著名的史学家、政治家和思想家司马光认为,君主怎样才能敬事?"量材而授官,一也;度功而加赏,二也;审罪而行罚,三也。"永康学派代表人物陈亮认为,"人主之职本在于辨邪正,专委任,明政之大体,总权之大纲",即君主当务在于用人、立制和决策。司马光和陈亮关于臣谋君断、君执要臣主详的思想同样受到后人推崇。司马光认为,"谋"就是让臣下对政务要事充分发表意见,陈亮所说的"臣主祥"也是这个意思,"谋之多,故可以现利害之极致;断之独,故可以定天下之是非。""断"就是决策拍板,"断"用陈亮的话叫作"执要","断"的标准即"公平无私"。元代著名的文学家、思想家张养浩关于敬事的思想具有细致入微、具体实用的鲜活特点。一是他指出"为政者不难于始,而难于克终也",提出了领导者要"慎终如始"的观点;二是提出了领导者从政要"勤乃职",不"苟禄",为国为民办事要鞠躬尽瘁,死而后已;三是非常鲜明地提出了为官首先要约束好家,勿使侵夺和收受他人财物。他认为,"居官所以不能清白者,率由家人喜奢好侈使然也",如果这样下去,为官就会"威无所施"。

中国古代贤君主颇多,"惜秦皇汉武,略输文采,唐宗宋祖,稍逊风骚",中国古代的贤臣良吏亦不乏其人,于成龙被皇上誉为"天下第一廉吏",海瑞一生清白为官,死后竟无碎银置一棺木。然而历朝历代都没有能够走出"人亡政息"的周期率。前人敬业的思想对我们的启示在于:领导者要善于抓大事、抓根本、抓关键,就是要"执要",领导者决策必须充分发扬民主,模范地坚持和贯彻民主集中制的原则,就是要善"断",领导者从政必须廉政,"敬事"必须兢兢业业,一丝不苟,此外,还必须自觉地管好身边的人,就是要"往敬用治"。

第三,尚贤的思想。"尚"同"上",即为当权者推荐贤才。根据传说,无论历史上的黄帝,还是唐尧虞舜,他们对于当时的一些德高望重的贤能之士，总是抱着一种谦恭诚实的态度，去向他们请教理民与处世的道理，史称"礼贤下士"。到了西周乃至春秋时期，"上贤"不仅是民间的一种美谈，而且成为开明帝王的执政思想与制度。周公认为，选贤任能关系国运民生，"一沐三握发，一饭三吐辅，起以待士，犹恐失下之贤人"。其意是说，只要有贤者来造访，即便正在洗澡、吃饭，也要停下来予以接待，这一典故成为周公求贤若渴的形象写照。跑官要官问题，在历史上算是个通病。齐桓公曾经问管仲用什么办法可以解决"官少而索者众"时，管仲说，"无听左右之请，因能而受禄，录功而与官，则莫敢索官"。由此，管仲帮助齐桓公创立了一套选士纳贤的制度，原则是自下而上的臣属都必须按律推举人才，否则即以"蔽贤""蔽明"之罪论处，管仲还适时提出了"德必当其位，功必当其禄，能必当其官"的选贤任能标准。孔子的尚贤思想，大都能从《论语》中得到考证。孔子认为，一是"为政在人"，任用贤达首先要"知人"，"知人方为智"，听其言观其行，视其所以，观其所由，察其所安；二是举贤，知人的目的在于举贤，只有"举尔所知"，"亲贤才而远小人"，才能知人善任；三是任能，任能是一门大学问，能否真正发挥贤才的作用，使国泰民安，关键在于量才授职，在人才问题上要看大德而赦小过。因为人非圣贤，孰能无过，过而改之，善莫大焉。墨子除了与孔子一样具有"听其言，迹其行，察其所能"而用的"知人"思想外，还特别强调"官无常贵，而民无终贱"，主张"举公义，辟私怨"，"有能则举之，无能则下之"，打破尊卑贵贱界限，试图营造一种虽为原始但切中时弊的能上能下的用人机制。荀子认为，知人实质上就是管理人事，就是决定臣属的选拔任用，是君主的第一要务，"人主者以官人为能者也"。为政之要在于得人，用什么样的人呢？用那些德才兼备的人，"无德不贵，无能不官"，韩非则在此基础上又提出了"宰相必起于州部，猛将必发于卒伍"，任用官属应"袭节而进，以至大任"即凭经验、能力的积累而逐级提拔的主张，从而启发我们当今在干部问题上如何摆正台阶论与破格提拔的关系。

在中国古代，"尚贤"的领导思想后来更多地由知人善任延伸到了用什么样的方法来考察识别官吏的探讨。《吕氏春秋·论人》中有"八观""六验":"通则观其所礼,贵则观其所进,富则观其所养,听则观其所行,止则观其所好,习则观其所言,穷则观其所不受,贱则观其所不为。喜之以验其守,乐之以验其僻,怒之以验其节,惧之以验其特,哀之以验其人(通'仁'),苦之以验其志。"如此一拘一察,属下之情皆得。诸葛亮在考察和识别官吏方面的方法俗称"七观",类似于我们今天的案例考核、情景模拟法:"问之以是非而观其志,穷之于辞辩而观其变,咨之于计谋而观其识,告之于祸难而观其勇,醉之于酒而观其性,临之于利而观其廉,期之于事而观其信"。诸葛亮还提出了"为人择官者乱,为官择人者治"的主张,即根据既有官职对人选的特殊要求择而用之,避免滥竽充数。

"尚贤"说到底就是用人,中国古代荐贤、纳贤的案例浩如烟海,从最原始的"禅让制"到周文王访贤得子牙,从贾谊才高自负遭贬损到曹操三下"求贤令",主张唯才是举,从伯乐相马到刘备三顾茅庐,从陆游应试落榜到陶渊明不为五斗米折腰,从李世民的用人之道到龚自珍"我劝天公重抖擞,不拘一格降人才"的疾呼,需要我们扬弃与资鉴的东西实在是太多太多,正如魏时刘邵所感悟的:"人物之理,妙不可得而穷也",他认为"良材识真",的确是"万不一迂",只有"通天下之理",才能"通人",那么要用案例的方法来研修用人,也必须通天下之理呀!

第四,纳谏的思想。"纳谏"在中国古代称作听谤议。对待朝野的不同政见,关系到施政是否廉明。周历王执政时见不得别人给他提意见,常常派人监听朝臣,只要有敢谤者格杀勿论,这叫"弥谤"。邵公看不惯这种做法曾谏曰:"防民之口,甚于防川。川壅而溃,伤人必多,民亦如之。是故为川者决之使导,为民者宣之使言"。让人们畅所欲言、积极议政是好事,这有什么可怕的呢!

唐太宗李世民虚心纳谏的记载很多,魏徵直言敢谏的佳话至今传为美谈。贞观年间,李世民曾问魏徵:"人主何为而明,何为而暗?"魏徵回答说:"兼听则明,偏信则暗。过去尧帝能够深入了解民情,故有苗之恶得以上闻;秦二世偏信赵高,以成望夷之祸。兼听广纳,群臣不得拥蔽,而下情得以上通也。"虚心纳谏，是君臣、百姓之间沟通的重要环节与途径，李世民曾多次要求下臣"各悉乃诚，若有是非，直言无隐。""公等每看有事不利于人，必须极言规谏。""联所为事，若有不当，或在其渐，或已将终，皆宜进谏。"唐朝的强盛，与李世民的纳谏思想及其开明政治不无关系，直至魏徵去世时，李世民都感到非常悲痛，觉着自己失去了一面可以"明得失"的镜子，因为"兼听"乃是保证君主明断是非、正确决策的前提，更是历代圣主明君成就基业的法宝。唐代陆贽有过这样形象的论述："亏而能受，无损于明；过而能改，不累于德"，"其纳谏也，以补过为心，以求过为急，以能改其过为善，以得闻其过为明"。"大善盛德，在于改过日新"。"如同日月之有蚀，王者有时也会出现过失，只有从谏如流，才可以改过，并日新其德。"这一番话的意思是如同日月之有蚀，王者有时也会出现过失，只有从谏如流，才可以改过，并日新其德。陆贽不仅强调领导者应该含宏纳谏，而且还论述了领导者只有丢弃私欲杂念和骄横好胜的心态才可以修通言路。他说"上好胜，必甘于佞辞，上耻过，必忌于直谏，如是则下之谄谀者顺旨，而忠实之语不闻矣。上骋辩，必劝说而折人以言，上眩明，必臆度而虞人以诈，如是则下之顾望者自便，而切磨之辞不尽矣。上厉威，必不能降情以接物，上恣愎，必不能引咎以受规，如是则下之畏者避辜，而情理之说不申矣。"

清朝除六部之外，还有一专事王朝"纪检"和纠察百官风宪的机构叫都察院。到了晚清，王朝"金玉其外，败絮其中"，腐败二字是对其最恰当的概括。不过当时，都察院的台谏御使中，亦不乏敢谏之人。一个叫赵启霖，他率先斗胆上疏，直言弹劾了奕劻父子纳妓受贿的丑恶行为。接着，又有赵炳麟、江春霖再次上疏弹劾奕劻结党营私。这三位言官，时称"三菱公司"，直言敢谏令朝野钦佩。首席军机大臣利用庆寿广受贿赂，这是不小的罪过，但朝廷腐败了，言路阻塞了，受贿的人无罪，敢谏的人却丢了官，这不能不说是一个王朝的悲哀。西太后给赵启霖的谕旨叫"不详加访查，以毫无根本之词率行入奏，任意污蔑，实属咎有应得，即行革职，以示惩儆！"又说"现当时事多艰，方冀博采群言，以通雍蔽，凡有言责当剀切直陈,但不得摭拾浮词,淆乱视听,致启结党倾轧之渐。"西太后对江春霖没有一撸到底,而以"信口雌黄,意在沽名,实不称言官之职",命其回原衙门行走。江春霖几乎做了一辈子谏官,朝廷给他的评价却是"数十年捕风捉影之事及攻讦阴私之言"。出奇的是,江御史离职回乡时,出城相送者达万人之多。

第五,修身的思想。修身在古代指修养、学习以及良好品格的生成。修身在于修德,从政才会有德政。子产认为"德,国家之基也。有德则乐,乐则能久","为政必以德"。什么叫德政呢?子产认为德政就是惠民。孔子把修身称作正身,他说,"政者,正也。子帅以正,孰敢不正?""不能正其身,如正人何?"那么要做到身正,就必须注意检查和反省自身,自觉地从"遵礼""处恭""有信""敬事"和"俭用"做起,在孔子看来,一个当权者除了必须具备以上德的素养外,还必须通"智"通"勇",即有胆有识,这样,才能在纷繁复杂的事务面前做出正确的判断。孔子在如何锻炼一个人的心理素养方面也提出了很高的见解,主张意志品格的养成要注意"毋意、毋必、毋固、毋我"。其意是说对待事物要不主观臆断,不绝对肯定,不拘泥固执,不唯我独是。

儒家思想非常重视人的自身修养,在"四书"(《论语》《孟子》《大学》《中庸》)中,修身被认为根本所在。《大学》开宗明义就指出:"古之欲明明德于天下者,先治其国;欲治其国者,先齐其家;欲齐其家者,先修其身。""身修而后家齐,家齐而后国治,国治而后天下平。自天子以至于庶人,壹是皆以修身为本。"儒家认为,领导者是领导、决策过程中唯一能动的因素,种种制度都必须通过领导者的推动与落实才能发挥作用。而领导者的修养如何,又直接影响着这些政令的实施效果。关于修身之道,儒家认为:"欲修其身者,先正其心;欲正其心者,先诚其意;欲诚其意者,先致其知;致知在格物。物格而后知至,知至而后意诚,意诚而后心正,心正而后身修。"修身是通过推究事物,达悟事理的途径来实现的,"心不在焉,视而不见,听而不闻,食而不知其味",修身也就无从谈起。儒家把修身作为立德、立功、立言和齐家治国平天下的根本,要求领导者以身作则，并倡导以正心、诚意、感悟事理的修身之道，具有积极的意义，在当时社会历史条件下也是一种创见，我们应该在领导案例的研修中更多地吸取其精华，不断提高自身的思想素质。

李世民十分注重并善于总结前人修身的历史经验，并能从诸子百家的经典中吸取丰富营养，他关于执政者的修身之道亦值得推崇。概括起来，有这样几点：一是去偏私，修公正。"夫为人君，当须至公理天下"，无偏无党，无私于物，则"王道荡荡"。二是去伪诈，修诚信。"民无信不立"，"去食存信"，流水清浊，在其源，君自为诈，理不可得。三是去尊心，修法识。"法非联一人之法，乃天下之法"，"天下之法不可私也。"人不可妄自尊大，要注意培养自己的法律意识，不以权代法。四是去奢欲，修俭约。"为主贪，必丧其国"，"伤其身者不在外物，皆由嗜欲以成其祸。玩悦声色，所欲既多，所损亦大，既妨政事，又扰生民"，必须克己自励，躬务俭约。五是去骄矜，修谦恭。李世民认为自古以来帝王由于骄矜而取败者不可胜数，要做好的统治者，就必须"自守谦恭，常怀畏惧"，居安思危，谦以为怀，这是做人的大道。

《韩诗外传·卷五》中有过这样一段议论，大意是说禹开创了夏王朝，在传到桀时而被商汤所灭；商汤建立了殷商，在传到纣时又被周武王所灭。夏的灭亡，本该使殷商引以为戒，而殷商的灭亡也可使周吸取教训。是为"殷鉴不远，在夏后之世"，"前车覆而后车不诫，是以后车覆也。"《国策·赵策一》中和《史记·秦始皇本纪》中在列举了朝代兴亡衰败的典型事例后，更有"前事不忘，后事之师"的点评。意思是要大家记取过去的经验教训，作为以后行事的借鉴。否则，不接受以前失败的教训而仍走错误的道路，就会重蹈覆辙。正如爱因斯坦所说，世界上最愚蠢的人就是看到别人掉到陷阱里而自己也跟着掉下去。因此，党政领导案例学产生的实践基础，实质上就是领导者们及其领导集团在政治、经济、社会、文化等方面决策的成败给我们留下的执政理念和启迪。

欧洲通往美洲的大西洋航道自从被意大利航海家哥伦布开辟出来后，欧洲人纷纷远涉重洋，来到美洲这块奇异而富饶的土地建立殖民地。他们为了让自己的子孙在新的家园也能受到良好的教育，便于1636年在马萨诸塞州的查尔斯河畔创建了美国历史上第一所学府哈佛学院。1780年，140岁的哈佛学院升格为哈佛大学。哈佛学院原名叫剑桥学院，1639年，为了纪念学院的创办者和建校费用的主要捐献者、剑桥大学伊曼纽尔学院文学硕士约翰·哈佛而改名。哈佛学院刚刚诞生的时候，只有1名教师、4名学生和1间教室，相当于中国历史上的私塾。约翰·哈佛在学院创建以后第二年死于肺病，他在遗嘱中将其一半遗产780万英镑和320卷图书捐赠给自己心爱的、正在襁褓中的学院，捐赠兴学的义举，在"哈佛"一直延续至今。小到一只绵羊，大到上百万英镑，就是这一滴滴的甘露滋润了哈佛的幼苗，由于校友的慷慨资助，早在1869年，该校的基金就达到了225万美元。

"哈佛"有着光荣的革命传统。"独立战争"期间，北美13个英国殖民地爆发了反对英国殖民统治的战争，哈佛学院顺应革命潮流，培养了一代天之骄子。战争期间，学院所在地坎布里奇曾是独立战争的主要领导人乔治·华盛顿的司令部。战争结束后，哈佛大学授予革命的先辈乔治·华盛顿（美国第一任总统）、约翰·亚当斯（美国第二任总统、《独立宣言》起草人之一）、托马斯·杰斐逊（美国第三任总统、《独立宣言》起草人之一）、约翰·杰伊（美国联邦最高法院首任首席大法官）、亚历山大·汉密尔顿（首届美国联邦政府财政部长）等荣誉法学博士学位的殊荣。"哈佛"的确是美国最古老的大学，也是美国著名的"常春藤联盟大学"的首领。说她古老是指该学校系美国历史上的第一所高等学府，经历了380余年的风雨沧桑，说她常春是指该学校乐于挑战，在竞争中生存，在竞争中领先。"常春藤联盟"之首领是说在美国东部，哈佛、耶鲁、普林斯顿、哥伦比亚、布朗、达特茅斯、宾夕法尼亚、康乃尔等8所学校均系历史悠久的名牌大学。园内建筑物上到处爬满了常春藤，而哈佛园内的常春藤显得最旺盛。据统计，380多年来，由哈佛走向政坛的总统有6人，他们是约翰·亚当斯（第2任），约翰·昆西·亚当斯（也称小约翰，第6任总统，约翰·亚当斯之子），拉瑟福·伯查德·海斯（第19任），西奥多·罗斯福（第26任），富兰克林·德兰诺·罗斯福（第32任），约翰·菲茨杰拉德·肯尼迪（第35任）；副总统13人（略）；诺贝尔科学奖可以说是20世纪最负盛名的奖项，哈佛学子中能够问鼎的高达32人，其中较为著名的有：西奥多·罗斯福总统1906年获和平奖、西奥多·威廉·理查兹1914年获化学奖，1987年，诺贝尔奖得主9人，哈佛校友占2人，一个是化学奖得主小唐纳德·克拉姆，一个是经济学奖得主罗伯特·索洛；哈佛商学院久负盛名，在当代美国500家大财团中，有2/3的决策经理手握工商管理硕士的文凭。1987年11月2日，《美国新闻与世界报道》中《美国最好的研究生院》一文统计，在接受调查的培养研究生的114所医学院中，哈佛大学名列第一，183所法学院中，哈佛大学与耶鲁大学并列第一，608所商学院中，哈佛大学名列第二。

　　饮水思源。哈佛的盛名及其累累硕果的获得，没有忘记那位约翰·哈佛，也没有忘记他们的首任院长。1640年，剑桥大学马达林学院的毕业生亨利·邓斯特作为首任院长来到哈佛，把19世纪剑桥的"三科"（语法、修辞、逻辑）"四艺"（算术、几何、音乐、天文）移植过来，使学生"在神学和基督教义上受到教育"，他一心要把学生培养成为像当时英国社会的上层人士，但学生们却苦于咽不下去那些过多过重的语言和人文学科知识。无论怎样，作为院长，邓斯特在其14年的任职期间，励精图治，到1650年，学院所颁发的学位证书首次得到了比她还古老的牛津大学和剑桥大学的承认，从而为哈佛的发展奠定了一个良好的基础。从教与学的角度来看，院长、教师总是要千方百计、苦口婆心地给你"灌"，而学生却往往学而生倦、学而生厌。这一对永恒的矛盾用什么方法来获得调解呢？案例的方法。哈佛教学改革或者叫教学创新的可贵之处就在于此、就源于此。

　　哈佛商学院（HBS）作为全美高等院校王冠上的一颗耀眼明珠，从案例教学、案例分析法培养工商管理硕士（MBA）而久负盛名，MBA既象征着金钱和权力，更象征着成功。哈佛大学还有一个学院叫肯尼迪政府学院，它是专门培养政府职员的学院，有着不少决策研究和决策咨询的成果。其宗旨在于"通过不断的研究与工作，提高政府工作效率。"他们对公共政策硕士生和公共管理硕士生采用案例教学，在为期两年的学习中，一般要分析200个案例。这种方法，可以在较短时间让受训者基本上掌握有关的历史事件及其主要情况，并从中吸取经验，能举一反三。

应该提及的是20世纪80年代学院为适应社会的发展变化，以副院长派博教授为首又创设了决策伦理价值（DMEV）课程。派博认为：伦理价值、领导和企业责任是管理学院最重要的使命，伦理及企业责任必须是企业性管理学院的教育重心。任何人都必须在自己所选择的事业中注入激情，必须深入探讨领导、伦理与企业责任的真实现象，必须强调基于公正的判断、同情心、诚实、尊重和信任的关系。教师的创造和进取心除了社会的、自身的动力之外，HBS有一个对选修课的客观评价系统，不能不说也是一种无情的也是有效的激励机制。这种评价系统的目的在于提高选修课的教学质量，即每门课程结束时，由学生会的教育委员会分别向学生们发放"课程评价表"，对任课教授们进行客观真实的无记名投票，一个先生的信任票太低了，在HBS这样的学府中还有何斯文！

诚然，MBA的教学法并不是尽善尽美的，比如它对学生的课堂发言打分占到25%~50%，所分四个等级不够具体细致，比如这所最优秀的管理学院各系自立山头的门户之见，连按现值计算现金流量这样的基本要领都互不融通，各执一说，让学生们无所适从。再如学院改建一个浴室竟花掉了重建一幢楼的代价，让建筑商狠狠地敲了竹杠等，这对案例教学法的始祖恰恰形成了极妙的讽刺，但不管怎样，HBS堪称商界的梵蒂冈。HBS从1924年首开案例教学之风，迫使学生像主管经理一样去思考，为其日后进入领导层打下坚实基础，这不能不说是一种远见卓识。而案例法不失为提高领导者素质的有效途径，是理论与实际相结合的纽带与桥梁。先有哈佛，后有美利坚合众国，这说明了哈佛在美国历史上的地位。

领导案例研修与培训的实践告诉我们，由于种种原因和局限，采编领导者决策失误的案例至今还是个难点。因此我们通常是把以往的失败决策以及部分领导者违法违纪的案例作为研修与培训的内容。这种案例的正文有的属于前车之鉴，有的实质上属于法学意义上的案例，但这些案例的分析部分又实实在在地属于党政领导案例研修与培训的要件，其意在于使当代党政领导者，通过对正反两方面的经验教训的总结与借鉴，牢固树立公仆意识，坚定政治信念，不断提高自重、自省、自律、自警、自励的境界和感悟。领导者无论是在政治立场上、经济工作中还是在自身素养方面，就是要既注意"前车之鉴"的启示意义，又能做到拒腐蚀、永不沾。

"不想当元帅的士兵不是好士兵。"这是拿破仑的一句名言。作为法国著名的军事家、政治家和法兰西第一帝国的皇帝，他一生身经百战，曾经在几次重大的反法联盟战争中创造了法军不可战胜的神话。然而，正义的战争终究会取得胜利，多行不义必自毙。如果说拿破仑在执政的头几年中对西欧和中欧封建君主国家的胜利，消灭了这些国家的封建割据局面，确立了新的资产阶级制度还具有一定的进步意义的话，那么后来尽管他统治了西欧大部，第一帝国达到极盛，但他再往后的战争则完全转变为对外侵略和掠夺的战争了。1815年6月18日，最终招致滑铁卢战役的失败，再度被流放到南大西洋的孤岛上了却残生。毛泽东在点评这一战役时说："拿破仑的政治生命，终结于滑铁卢，而其决定点，则是在莫斯科的失败。"滑铁卢战役在人才的使用上、在兵力的配置上、在战术上都存在严重失误，违背了集中优势兵力各个击破敌人的原则而分兵作战。除了滑铁卢的惨败，拿破仑进攻俄国的军事行动，是他一生中在战略方面所犯的最大错误，如果没有入侵俄国的军事行动，强大的帝国也不会很快衰落。法兰西第一帝国存在的10年中，拿破仑为维护大资产阶级利益，果断决策，采取一系列措施，取得了明显的业绩。但他骄横专断，不仅恢复了旧的世袭贵族制度，留下了封建传统的痕迹，而且为建立欧洲和世界霸权疯狂冒险、滥用民力、穷兵黩武，从而导致了失败。可见，从士兵到元帅，决策上的一着不慎势必会自毁一个帝国。

1950年6月，朝鲜内战爆发时，美国朝野在围绕中国会不会出兵朝鲜而争论不休。他们认为，新中国一穷二白，百废待兴，根本无力同美国一争雌雄，结论是中国不会出兵朝鲜。当时，美国著名的思想库兰德公司为此耗费大量人力、财力，也对此进行了研究，而结论是中国将出兵朝鲜。兰德公司对这项研究成果信心百倍，待价而沽，欲以500万美元卖给白宫而遭拒绝。后来，朝鲜战争事态的发展使美国政府后悔不迭。在朝鲜战争结束之后，白宫仍以280万美元买下了这一过时的研究成果。杜鲁门后来回忆说，当时的气氛是大家飞快地取得了一致意见，来不及听取相反意见，他不愿听到真实的、来源不同的情报，涉及朝鲜战争的主要问题并没有接受彻底的、更加严格的审查，因此使我们卷入一场"在错误的时间、错误的地点同错误的敌人进行错误的战争"。

1969年，瑞士人发明了世界上第一只石英电子表，由于其在精密机械表技术上拥有的巨大优势，导致政府做出了电子表虽然物美价廉，但其发展趋势不可能与机械表相抗衡，因此决定放弃国内表业产品结构调整的打算。日本人得此信息后，如获至宝，经组织调查和论证后认为，日本虽然精密机械表技术不很先进，但却拥有雄厚的电子技术优势，电子表的市场不可低估。于是在政府支持下，商家们迅速抓住机遇，调整电子产业结构，使电子表市场在极短时间内收到了奇效。据统计，在不到5年的时间里，瑞士机械表的生产由8400万只降到了6000万只，先后有178家中小手表企业倒闭，连著名的奥米加和天棱公司也遭大幅亏损。相比之下，日本电子表却占领了瑞士表在美国市场的5%，欧洲市场的4%，增长之势持续强劲。亡羊补牢。瑞士政府为了完善自己的决策体制，一方面注意重视科学决策，另一方面则注意将决策程序制度化，使今天的瑞士表业呈现出了机械表于石英表并驾齐驱的生产格局。可见，将科学引入决策过程，利用现代科学技术手段及方法实现民主、科学决策已和社会发展与人类命运紧密相连，由领导层决策失误而造成的影响是十分久远的。尽管当今电子表世界已呈现出"百家争鸣"的竞争态势，但瑞士人当初在决策上失误的教训还不深刻吗？

党政领导案例学之所以能够应运而生，除了先辈贤能的成败得失，除了哈佛的特别贡献，更多的还在于当代决策者们在职场的驰骋纵横。中国当代党政领导者留下的一个个精彩范例，是他们决策信息的载体，它记录、描述了各种各样的典型领导事件和领导人物，蕴含着丰富的领导经验和科学知识。毛泽东由《水浒》中"三打祝家庄"的范例受到启发，丰富了实事求是和调查研究思想，以至于有了后来的《实践论》。叶剑英在"文化大革命"多灾多难的岁月里，一卷《左传》随身相伴，从"退避三舍"的战例中得到启迪，韬光养晦，以守为攻，终于赢得了拨乱反正的最后胜利。安徽凤阳县委书记陈庭元，就是从一个生产大队种的烤烟卖不出去，后来实行联产计酬，生产翻了两番，质量不断提高的事例中得到启示，及时总结了小岗村"大包干"的具体实践，在中国特定的历史条件下，不甘贫穷，不畏风险，以实际行动来恢复党的实事求是的思想路线，并以灵活的方式宣布了我国农村一种新的生产关系的诞生，从而引发了20世纪中国农村经济体制改革的伟大变革。

作为领导者，当不同渠道的信息从四面八方涌来的时候，正误利弊，纵横交错，往往使人感到扑朔迷离，难以决策，在这种情况下，一篇好的案例可以起到"投石问路"的功效，这就为党政领导案例学的产生奠定了坚实的实践基础。

第三节　党政领导案例学的研究对象与学科体系

"案例"一词，在我国最早运用于法学领域，是指对罪犯作案过程以及判决过程的具体描述，俗称"案件""判例"。后晋和凝、和蒙父子编撰了一部法医学著作《疑狱集》，其中收集了不少刑事、民事案件。宋代郑克认为这本书不够详尽，便又编撰了一部《折狱龟鉴》，将各案分门别类，编成释冤、辩证、惩恶、察奸、证慝、迹盗二十门。至明、清两代，张景和金凤清又在《疑狱集》基础上加以续编，将自汉以来的离奇疑案逐个加以分析，以求狱讼的公正。中国古代的地方官员，其"公堂"的相当一部分事务，是对刑事、民事案件的裁判，再懈怠，有"击鼓"者，必升堂理事。法医学著作的问世，对民也好，对官也好，都是再好不过的法学教科书，告的对不对，判的冤不冤，你是个清官还是个贪官，身后总会留下个说法。

《折狱龟鉴》中县太爷们的断案技艺，比较著名的有二。一是纵驴得鞍。说的是唐代河阳（今河南孟县）地处交通要道，集市兴旺。有客商李某在一家小店歇脚，出门后发现系在店门外的驴子不见了。失望之余，只得报告官府。河阳县尉张族得报，十分生气，心想我河阳城内一向治安良好，怎么会发生这等偷窃勾当？于是四处张榜，彻底追查。由于风声很紧，私藏驴子的王某为避免官司，便在晚上悄悄将驴子放了。李某得到了驴子，自然感到满足，但张族听说驴鞍还被人藏着，总觉案子查得不圆满。他思索片刻，便下令将驴子饿了一天，傍晚时，再让李等将驴子放出，让其任意走动。饿急了的驴子在差役们催赶下，竟然跑到了王某家中，吃起了草料，王某无奈，只好抱着驴鞍，在差役们的押解下回到了县衙。二是认亲。说的是宋代著名学者程颢任泽州知府时，有一家姓张的人称"张三翁"的财主去世了。悲痛之际，有一老者登门求见小财主，声称其是小财主的生身父亲，现在要回到张家共享天伦之乐。小财主弄不清自己的身世，便找到府衙请程颢判别。老者说，我早年在外行医，以给人治病谋生，老婆生下一子，家贫不能养育，便于某年某月某日给了姓张的财主家。程颢问：事隔多年，你如何记得这样清楚？老者说，孩子送给张家，是我行医回家后知道的，当时立刻将日期写在了处方簿的尾端。说着，便将处方簿递给程颢。程颢接过处方簿，果然看到上面写着某年某月某日，由某人将孩子抱给了张三翁。程颢问小财主：你父亲去世时年几何？答曰76岁。程颢又问：你出生时父亲又几何？答曰40岁整。程颢再问：你父亲什么时候被人称为张三翁？答曰60花甲之年也。程颢心平气和地对老者说：治病救人，医德高尚，然由于贫贱便不要人格，认富为父，你知罪吗？老者听了程颢的话，遂惊骇服罪。

现代意义上的"案例"是一个外来名词，在英文中，"case"一词具有状况、情形、事实、事例、与某人某事有关的环境及特殊情况等含义。20世纪80年代初，当中国人冲破"左"的思想束缚，再度打开国门，面向世界的时候，"园中才一日，世上已百年"，我们毫不犹豫地大胆引进、借鉴了美国的"管理案例教学法",用这种方法来培养自己的企业家(当时叫厂长经理)。美国密西根理工大学史奈尔教授认为:案例就是叙述一连串的事件,是实际发生情况的记录;琳达·史璞芝教授认为:案例是一个组织情况的书面描述,它提供了这个组织有关人员、行动、目标及环境等方面的资料,但描绘者对事实或情况不做任何分析;加拿大西安大略工商管理学院教授迈克尔·林达思和詹姆斯·厄斯金教授认为:在管理领域,一个案例是关于一个管理问题或管理决策的描述。大连理工大学管理学院教授余凯成教授认为:"案例教学法"在我国法律、医学和军事院校早已普及,并且收到良好的效果,那么这种方法在我们的管理教学中也应该推而广之。为此,他不仅将现代案例及其方法引入中国,还在大连成立了"案例研究中心",开创了我国管理案例研究与教学的先河。当时,中科院院长周光召有如下评论:案例作为典型化了的真实情景的载体,集理论与实践于一身,具有针对性、实践性,易于"专业"对口,"能级"适应,有利于提高领导干部的综合、分析、决断、组织等方面的能力,提高对各种环境的驾驭能力,提高对各种问题的处置能力,增强群体配合的效果。根据以上分析,结合我的研究与探讨,我们认为:案例是指以对特定的对象进行研修、培训与考核为目的,依据对以往或正在发生的典型事物的客观描述(及其评析)精制而成的情景模型。一句话,就是典型事物的客观再现。案例一般具有以下几个特性:

第一,案例具有客观真实性。每个案例的原型必须是客观的、真实的,不能任意虚构、凭空杜撰;案例中所描述事物发生的时间、空间及其背景必须是真实的、客观的;案例的拟真描述必须与事物原型高度相似,主要的材料数据应准确地提供出来,给人以如见其人、如闻其声、如临其境的逼真感。案例要的是"纪录片",案例描述不能抽象,不能搞理论概括。因此,案例离开客观真实就不能成立。

第二,案例具有特定的目的性。由于要提高医术才研究"病例";由于要提高战略战术,在战争中不打或少打败仗才研究"战例";由于执法如山,不能放过一个坏人,也不能冤枉一个好人才研究剖析"案件"(案例）；由于社会需要职业老板，才有了 MBA 的显赫。那么作为领导者要真正"运筹帷幄，决胜于千里之外"，就少不了获取信息。每个鲜活的案例都是一种重要的信息，只有举一反三，更多地获取案例这种信息的刺激，才能有效地提高分析能力、判断能力和决策能力。因此，目的性是案例的灵魂，案例的目的在于提高能力。

第三，案例具有应用的典型性。每天只接触头痛脑热的病例只能是庸医；只研究战争的因果关系，眉毛胡子一把抓，永远也培养不出元帅；一般的刑事与民事案例教学也不会培养出优秀的法官。"案例"一词，应该说它本身就具有了典型意义。如果说目的性是案例的灵魂的话，那么典型性则是案例的骨干，案例的实质含义和共性特点，在于它具有极强的参考价值和借鉴作用，它会告诉你怎样处理更为复杂的事务使其尽善尽美，也会警示你在处理复杂事务时注意前车之鉴。

第四，案例具有编制加工的规范性。由于案例具有客观真实、应用目的性强和典型意义的特点，这就决定了案例不是事物原型的简单重复，而是主客观因素相结合的一个提炼过程的产物，提炼过程即采编过程要求无关的内容必须剔除，使之更准确、更真实、更突出地反映客观实在，更符合案例所要求的研修与教学规范。编制加工典型化了的情景模型是由案例特定目的决定的。

管理案例方法能否运用于我国党政领导干部的研修与培训呢？实践证明，这不仅是可行的，而且是有效的。1987 年初，中共中央组织部在济南召开了一个"干部工作新方法研究"课题协调会议，决定把"案例方法研究"作为重点课题，交由山西省委组织部承担。次年 5 月的"云南会议"期间，山西向中组部以及与会的各省代表汇报了他们进行案例研究、开发和应用情况及其成果。1988 年，中共中央组织部肯定了山西在"地方县级党政领导案例开发及教学研究"课题方面的成绩，并以文件精神批示在山西组建"中共中央组织部干部管理工作案例库"，重点把案例研究成果付诸干部教育的实践。从此，党政领导案例的研究与开发在全国出现了可喜的局面，研究成果不断出现。据不完全统计，目前党政领导案例方面的专著多达50余种，各级各类领导个案数以万计。由刘海藩、胡彬主编，中共中央党校出版社和警官教育出版社出版的《中国领导科学文库·案例卷》对此做了基本的概述。

关于党政领导案例，就是根据党政领导干部的领导行为和管理工作的特定需要，运用特定的技术方法，对党政领导工作中具有典型意义的特定情景所做的客观书面描述或介绍。具体讲，就是根据一定的目标需要，经过实际调查研究和精心设计，有计划、有选择地表现领导思想、领导心理、领导活动、领导关系以及领导背景等，加以客观真实地描述和技术处理后，所形成的一种典型化情景模型。

党政领导案例除了具有一般案例的共性，比如客观真实性、特定的目的性、应用的典型性和编制加工的规范性之外，还具有其独特的特征即政治性、政策性、综合性、宏观性以及权变性。因为党政领导案例所描述的是领导者活动的特定情景，不同于一般专业性很强的案例。就现阶段来讲，它不仅要体现党在社会主义初级阶段的基本路线、方针和政策，而且要体现领导工作本身的时代性、全局性、战略性和复杂性，失去这些特点，也就无法反映党政领导工作的本质。

党政领导案例是党政领导工作的记录，也是一种科学的知识、方法体系。党政领导案例学的根本指导思想是实践第一的马克思主义认识论，唯物辩证法是案例学的方法论基础，马克思主义的政治学、领导科学、行政管理学是领导案例学的理论支柱，而现代科学的新方法、新手段则是党政领导案例学的方法论依据。离开领导者的实践活动，党政领导案例学就成了无本之木、无源之水。首先，党政领导案例是通过对领导活动场景的描述，使你对许多领导者领导活动的共同本质有了初步认识，在此基础上，再以对共同本质的理性认识为指导，达到对领导者特殊事物的认识；其次，作为一名党政领导干部，通晓马克思主义政治学基本理论，并以此来规范自己的思想行为也是必要的，只有这样，研究工作者才能从党政领导的一般现象和经验中，抽象出党政领导的科学理论和方法，更准确地揭示出党政领导工作的规律性；再次，作为研究领导者行政活动的行政管理学、领导科学及其分支学科,是描述和概括党政领导工作特定情景的应用性很强的学科,领导案例如果离开这些前提,尤其离开现代科学的新方法,比如系统方法、相似方法、计算机模拟方法等等,党政领导案例学的研究与开发就失去了直接的理论方法依据,就会停留在现象和一般经验之中。

党政领导案例学属于领导科学、行政管理学的分支学科,也是一门实践性、针对性很强的学科。因为它重点研究的对象是党和国家机关的各级领导干部,党政领导干部又是按照党和国家的法律、制度来行使权力、执行公务的,因此把握党政领导案例的特点非常重要。

第一,它有着鲜明的政治性。党政领导案例所反映的是党政领导干部工作、活动情景,它表达了执政党地位的意志,是先进生产力、先进文化以及人民根本利益的忠实代表,具有鲜明的政治性,属于社会主义国家上层建筑和无产阶级意识形态的范畴。领导干部一定要讲政治就是这个意义。在当代,党政领导工作最根本的要求就是服从、服务于经济建设这个中心。

第二,它有着必要的政策性。党政领导的主要职责是贯彻执行党和国家的方针政策,"兴一方经济,保一方平安,富一方百姓",这是社会主义国家党政领导干部的基本政治素质要求。作为反映党政领导工作的案例,应该客观真实地描述、介绍各级领导者在新形势下贯彻党和国家路线、方针、政策的情况、经验、做法以及开拓创新的时代精神风貌。

第三,它有着严格的法制性。党政领导干部的决策行为,必须在党章和法律允许的范围内活动,受党章和法律的规范和制约,尤其是在全面依法治国的新形势下,任何个案的编制与应用必须符合党章与法律的规定。

第四,它有着宏观的综合性。党政领导案例是从特殊中反映一般,从一般中抽象特殊的研修与培训载体,作为应用价值,既可以培训方式有效地提高领导者的决策能力,也可以考核方式选贤任能,还可以研修方式提高领导者的整体素质。

党政领导案例学,说到底是以研究党政各级领导工作和活动的特定情景为对象的，它是通过描述和介绍领导工作的一系列场景，向领导者介绍工作经验、教训、方法和艺术，验证领导科学、行政管理科学的理论及其观点，探索或揭示领导工作、管理工作的客观规律。随着我国干部人事制度改革与深化，干部的能上能下问题、任前公示制、差额考察与常委会议的表决制、干部考察与考核预告制、扩大公开选拔领导干部的比例或范围、任期制以及干部竞争上岗、岗位职务轮换和交流回避制度等，都将大大地向前推进一步，那么党政领导案例的研究与开发也势必呈现出一些新的特点。主要表现在：由引进、吸收和消化国外管理案例，进行实验性研究与培训，要逐步走向有组织、有计划地对党政领导案例进行正规化、专业化的研究与开发；由零碎的领导个案向整体性、系列化、多层次、多功能案例群进行规范，随之而来的则是根据培训对象与目标要求的教学模式规范；培训与教学师资队伍的专业化程度明显加强。没有实践经验，没有领导工作的切身体验，不会编制具有典型意义的领导案例，就不具备与此相应的师资条件。由于党政领导案例学是一门实践性很强的学科，案例的更新程度很快，因此与教学相适应的师资培训及其提高是一项常抓不懈的任务。

关于党政领导案例的类型和层次，主要是从党政领导工作的性质、职级和研修培训的目的来划分的。一般来说，某一案例只有正文而没有案底，我们把它称作分析型案例；案例有正文，有案底，并且有相应的分析评鉴内容，我们则把它称作评审型案例；如果把部分案例用于选拔干部的考试考核，这种案例可以称作考核型案例；案例的可读性、知识性和趣味性很强，领导干部随时都可以阅读赏析，从中得到启示，因此每一篇案例都可以把它称作研修型案例。党政领导案例的层次有：高级党政领导案例，指省、部级以上领导干部的决策精华、典型个案；市（厅）、县级党政领导案例，指工作在市（地区）、厅（司局）以及县（处）级领导岗位的党政领导干部的决策案例，这个层面的领导干部，尤其县（处）级领导干部是一关键层面；再就是乡（镇）村这一级党政领导案例。

第四节　经典案例赏读

案例一　周公摄政

周武王灭商以后，过了两年就病死了。按照周朝的规矩，父亲死后，继位的必须是嫡长子。可是武王的长子成王姬诵，当时还是个襁褓之中的孩子。武王的弟弟周公旦怕诸侯欺成王年幼，就自己摄政，代他的小侄子成王管理国家大事。

周公旦是周文王的几个儿子当中比较能干的一个，辅佐长兄武王治理国家，他和太公望姜尚是武王的左膀右臂。周武王把周公旦封在今山东曲阜做鲁国的国君，周公旦让他的儿子伯禽去赴任，自己留在武王的身边，继续辅佐武王治理国家。武王病重时，周公旦向鬼神祷告，说只要让哥哥恢复健康，自己情愿替哥哥去死。这种好心肠当然毫无用处，周武王还是死了，周公旦就一心一意代他的侄子主政。没有想到这样一位又能干又识大体的政治家，却遭到他的弟弟管叔鲜和蔡叔度的妒忌。他们在外面造谣说："周公旦不是真心帮助成王管理国家大事，他是想要谋篡王位，看来小侄子将要死在这位叔叔手里了。"谣言传播开来，许多人信以为真。为了治理好国家，周公想尽一切办法网罗人才，帮助他办事。殷纣王的儿子武庚认为有机可乘，便拉拢管叔鲜和蔡叔度，叫他们和自己一起反叛周朝。管叔鲜和蔡叔度竟然和武庚勾结起来，还联合了一直不肯驯服的淮夷一块起来造反。

周公旦为了巩固周朝的统治，以成王的名义统兵东征。经过3年的艰苦斗争，终于平定了叛乱。武庚在激战中被打死，管叔鲜兵败自杀，蔡叔度做了俘虏被放逐。东征胜利之后，为了防止商朝的旧贵族再一次起来造反，周公就把商朝的旧都及其附近的地方封给了自己最小的弟弟康叔，定国号为卫；把现在河南商丘一带和一部分商朝遗民，封给了纣王的哥哥微子启，定国号为宋。又在宋国附近扶植起一个陈国（今河南省淮阳县）、一个杞国（今河南省杞县），叫他们监视宋国。同时，鉴于周朝的首都太偏于西部，为了加强对殷商旧地的控制，决定在东边建立一个新的都城洛邑(今河南洛阳)。

周朝从此有了东西两个都城。丰（在今陕西长安县西北沣河西岸）、镐（在今陕西长安县西北丰镐村附近，周武王从丰邑迁都于此）两城是周朝的发祥地，所以，就称镐京为宗周，表示那里是周朝祖宗发迹的地方。新建起来的东都洛邑定名叫成周，表示那是周朝建成以后才营建起来的。

案例分析：

周公是一位杰出的政治家，也是一位杰出的思想家。摄政期间，他平定三监叛乱，大规模分封诸侯，营建东都洛邑，并制礼作乐，创设制度，为巩固周朝统治立下了奇功。周公的政治抱负及其领导思想，大多反映在其数篇诰令之中，主要有以下几个方面：

1. 保民

在周公看来，保民是立政和实施领导的物质前提。周公很注意历史经验，他基于夏、商二朝末代统治者不修德行、蹂躏人民而"早坠厥命"的事实，疾呼"我不可不监于有夏，亦不可不监于有殷"，训诫统治阶级的成员"欲至于万年，惟王子子孙孙永保民"，"若保赤子，惟民其康"。周公很注意观察民情，把民情视为政治的晴雨表，认为"天畏棐忱，民情大可见"，"人无于水监，当于民监"。周公这种以民为镜的政治见解是极其可贵的，我们应当给予充分的肯定，而不能以其动机在于维护统治阶级的利益而否定其进步性。如何保民呢？周公认为应从这几个方面入手：一是善体恤，二是慎刑罚，三是戒荒宁。善体恤，就是关心人民的疾苦。周公曾多次告诫众王臣要"知稼穑之艰难"，"知小人之依"，"能保惠于庶民，不侮鳏寡"。他还主张要时刻注意观察、了解人民的心理，看到他们有怨气，就应检查自己的为政，找出过失，加以纠正。慎刑罚，就是惩处要谨慎、适当，使人诚服。周公主张"勿用非谋非彝"，这是说要根据"常典""正刑"用刑，该处什么刑罚就处什么刑罚，免蹈商纣王滥用刑罚导致民怨沸腾因而丧失国柄的覆辙。另外，还要注意观察犯罪者的态度，如系偶犯且肯改悔，即使罪恶很大，亦应全活其命。戒荒宁，这是针对统治者而说的，要求统治者不贪图享乐、恣意为非。周公谆谆告诫"无康好逸豫"，更不要沉湎于酒色，而应当效法商王中宗"治民祗惧，不敢荒宁"和周文王"不遑暇食"的榜样，勤于理政，感悦民心。

2. 敬事

"敬"，恭谨的意思。他认为，敬事，乃是周王子孙永远掌握国家统治权的自身必备条件。周公总结历史经验说，商之所以能取代夏而成为一邦之主，原因就在于其王臣恭敬为政；商之所以由强变弱、由盛变衰，原因就在于商王子孙渐次丢失了恭敬理政的好传统、好作风。因此，他认为掌权犹如治疗自身疾病，必须恭谨小心，只有每一位王子弟兄时刻将此铭记在心，才能保证国家江山千秋永在，对人民的统治权万代不移。故而，康叔受封殷地，赴任之前周公嘱他"往哉，封，无替敬"，成王当政后，周公告诫他"汝往敬哉"，燕召亦曾受周公"往敬用治"之教。

3. 任人

在周公看来，任人是否得当，这是关系统治成效以至国家命运的大问题。他很注重用人，指出，汤之所以能建立商朝的统治，是因为有伊尹的辅佐，其后的商王，太甲有保衡，太戊有伊陟、臣扈，祖乙有巫贤，武丁有甘盘，由于有这些良辅的帮助，商朝才得以"多历年所"。周朝也是这样。周族的兴起和克商，与虢奴、闳夭、散宜生、泰颠、南宫括诸人的文韬武略密不可分。"爽邦由哲"（使国家达到大治离不开贤哲），这是周公从历史的启示中总结得出的一句名言，而"一沐三捉发，一饭三吐哺，起以待士，犹恐失天下之贤人"，则是周公求贤若渴的形象写照。

周公强调用人的重要性，对于任用什么样的人，他也有自己的标准。他基于商纣王进用不德之人招致"帝钦罚之"的"殷鉴"，很强调德，主张"惟听用德"，用"训德"之人，只要有德，皆可任用，"用劢相我国家"，至如贪鄙的"俭人"等，则须力拒。周公还提出了不能"谋面""宅人"（即以貌取人），而应考之实事、察其心地的用人方法。在如何用人问题上，周公也颇有创见。他的基本观点就是授职授权，放手不预。他十分推崇文王"罔攸兼于庶言，庶狱庶慎，惟有司之牧夫是训用违……罔敢知于兹"的做法，主张"庶狱庶慎，惟正是之"。

周公的决策思想，以上述几方面最为丰富。他的这些思想，对于西周乃至整个中国古代社会的决策实践及决策理论的发展和提高，无疑具有启发和导向作用。

案例思考题：

1. 试述周公的决策思想。
2. 周公摄政时，是如何处理统治集团内部的矛盾冲突的？

案例二　由"太阳中心说"引发的争论

关于地球中心说，最早是由古希腊的哲学家亚里士多德提出来的。公元2世纪时，罗马天文学家托勒密加以推演和论证，使之系统化了。托勒密的地心说认为，宇宙是一个有限的球形体，地球静止不动居于中心，而日月星辰均围绕地球运转。地心说较之最初的天圆地方说，有一定的积极意义。但是，后来封建教会却按照自己的需要，利用它来维护封建制度。说上帝创造的地球居于宇宙的中心，而日月行星只不过是上帝创造出来点缀宇宙的装饰品，正如地球上的江河、森林、五谷、牲畜，是上帝为满足他的"子民"的需要而创造出来的一样。因此，托勒密的地心说逐渐和神学融为一体，成了宗教神学的重要理论根据，被教会奉为金科玉律，统治了欧洲1000多年。1543年，著名天文学家哥白尼的《天体运行论》发表，首次提出了"太阳中心论"的观点。日心说的诞生，曾遭到了无情的诬蔑和围攻。

哥白尼自克拉科夫大学毕业后，他的舅父并没有注意到自己外甥思想上的深刻变化和对于天文学的爱好，决定为哥白尼谋求一个教士的职位，以便忠实地为天主教会和封建制度服务。而要当好一个教士，必须通晓管理教会的法律。因此，1496年，哥白尼受舅父之命，越过阿尔卑斯山，前往意大利留学。

当时的西欧，以罗马教皇为首的天主教会和它所宣扬的宗教神学，是封建制度的重要支柱。凡是违背宗教教条的一切言论和学说，都被斥之为异端邪说，遭到残酷迫害。正如恩格斯指出，当时"科学只是教会的恭顺的婢女，它不得超越宗教信仰所规定的界限，因此根本不是科学"。

然而，哥白尼所生活的时代，西欧尤其是意大利，已经不是封建地主阶级和天主教会的一统天下，资本主义生产方式在封建社会的母体里一天天发展起来，资产阶级登上了历史舞台。资产阶级为了自己的生存和扩张，势必要开展一场反对封建宗教束缚的斗争，而无情地批判作为宗教神学婢女的托勒密的地心说，就成了这场斗争的一个重要内容。

随着哥伦布西渡大西洋，开辟了通往美洲的新航路，以及麦哲伦环球航行的成功，航海事业迅速发展起来。为了在茫茫的海洋上确定船只的位置，计算时间，就需要精确地测定天体的位置，计算其运行的轨道，以便编出切合实际的航海历书。另外，观察天象的仪器制造业，在广大劳动人民长期实践的基础上，也有了相当的进展。各地技术熟练的工匠制造了多种天文仪器，如星盘、日晷、子午仪、象限仪、春分仪、屈光仪、浑天仪等，这为天文学的发展提供了有利的条件。哥白尼正是在社会已经为宇宙概念的革命准备了条件的背景下，开始了批判地心说、创立日心说的斗争。

哥白尼来到意大利以后，先去波伦亚大学学习教会法。但是，他的兴趣根本不在教会法上。除了参加社会活动外，他把相当大的精力用来攻读天文学和数学。哥白尼还结识了意大利文艺复兴运动的领导人之一、波伦亚大学天文学教授达·诺法拉，并得到他不少有益的启示。他们经常在一起遥测宇宙，记录数据，研讨前人的天文著述，作新的探索。

为了直接阅读古希腊的著作，继承和发展前人的成果，哥白尼学会了希腊文。从古希腊的著作中他了解到，早在公元前，古希腊的朴素唯物主义的哲学家们就提出了地球在自转和绕太阳运动的观点。

1500年，哥白尼到罗马住了1年。在那里，他坚持观测天体，作了多次关于天文学和数学的讲演，还与一批天文学家交换了对宇宙结构的新认识。后来，哥白尼又先后进入意大利的帕多瓦大学和法拉腊大学学习教会法和医学。不过，他仍把大部分时间用来研究天文学。

1506年，哥白尼满怀资产阶级的革新精神和丰富的天文学知识，回到自己的祖国。舅父去世后，哥白尼回到弗洛恩堡教堂担任教士。为了研究工作的方便，哥白尼特意选择教堂围墙上的箭楼作为宿舍，并在里面设置了一个小天文台，用自制的简陋仪器，坚持观测天体达30余年。他所著的《天体运行论》一书，内中选用的27个观测事例，有25个就是哥白尼在箭楼上亲自观测记录下来的。

《天体运行论》是一部长达6卷的巨著。在这部书中，哥白尼记录了日食、月食、火星冲日、黄赤交角、春分点的移动等将近30种观测情况。他大胆地提出：

（1）太阳是宇宙的中心，所有行星都围绕太阳运转；

（2）地球不是宇宙的中心，而是绕太阳运转的一颗普通行星，地球与太阳的距离远比地球与其他恒星的距离为小；

（3）人们每天看到太阳由东向西运行，是因为地球每昼夜自转一周的缘故，而不是太阳在移动；同样，天上的星体看上去在不断移动，也是因为地球本身在转动，而不是星体围绕着静止的地球转动；

（4）火星、木星等行星在天空中有时顺行，有时逆行，这是因为他们和地球一起各依自己的轨道绕太阳转动，而不是因为他们动作奇特，行踪诡秘；

（5）月亮是地球的卫星，1个月绕地球转一周。这样，哥白尼通过他所创立的太阳中心说，把被地心说颠倒了1000多年的日地关系，重新颠倒了过来。哥白尼深深意识到，他的《天体运行论》一旦发表，必然会遭到封建教会的反对，因此在踌躇了36年之后，才同意拿去付印。而当拿到书时，他已在病榻上躺了一年多了。他只摸了摸书的封面，便与世长辞了。

案例分析：

哥白尼创立日心说，不只是宇宙观的重大革命，而且在社会革命中起了巨大推动作用。因为这一学说根本改变了地球在旧宇宙观中的特殊地位，揭穿了宗教神学伪造的谎言，使上帝这个不可侵犯的偶像，也随之而动摇了。从此，封建神权受到沉重打击；被宗教迷信窒息的自然科学获得了新生。

恩格斯对哥白尼的《天体运行论》一书给予高度的评价，指出："自然科学借以宣布其独立并且好像是重演路德焚烧教谕的革命行为，便是哥白尼那本不朽著作的出版，他用这本书（虽然是胆怯地而且可说是只在临终时）来向自然事物方面的教会权威挑战。从此自然科学便开始从神学中解放出来。"

然而，"历史上新的正确的东西，在开始的时候常常得不到多数人承认，只能在斗争中曲折地发展。正确的东西，好的东西，人们一开始常常不承认它们是香花，反而把它们看作毒草"。日心说从它诞生的第一天起，就受到反动保守势力诬蔑和围攻。《天体运行论》还在印刷时，出版商就曾匿名伪造了一个序言，假说日心体系不过是一种人为的设计。连赫赫有名的宗教改革家马丁·路德也攻击日心说背叛圣经，"颠倒了全部天文学"。罗马教皇下令禁止传播哥白尼的日心说。但是，真理的光辉绝不是一纸禁令所能遮挡的。继哥白尼后，布鲁诺、伽利略及牛顿等人，又进一步丰富和发展了哥白尼的学说。

当然，哥白尼也受到时代和资产阶级世界观的局限。他只是把宇宙的中心从地球移到了太阳，而不能最终地放弃宇宙中心和宇宙有限论。那时，人们的认识能力只达到直径为30亿千米的太阳系。这就是哥白尼所谓的宇宙。以后人们逐渐"跳"出了太阳系，认识到直径为10万光年的宇宙（1光年等于94605亿千米），即有1000多亿颗恒星的银河系。随着社会的发展，观测技术的提高，人们的认识又超越了银河系，了解到在银河系外面，还有许多与银河系不相上下的星系。这些星系又分别组成了不同等级的星系团、超星系团以至总星系。到了20世纪60年代，人们观察所及已达100亿光年以上的空间范围，记录到的河外星系达10亿个以上。人们越来越认识到，宇宙是没有中心的，是无限的。从这个意义上讲，作为领导者，善于发现、支持新生事物的生长，树立尊重知识、崇尚科学的精神显得多么重要！

案例思考题：
1. 应当怎样评价哥白尼的创造发明及其与教会权威挑战的矛盾心理？
2. 联系实际谈谈尊重知识、尊重科学的重要意义。

案例三　无言的会议（安徽凤阳县小岗村）

1978年冬，当"史无前例"的那场"文化大革命"运动结束两年多，党的工作还在"两个凡是"指导思想下徘徊的时候，尽管在这一历史的转折关头由《光明日报》发起的实践是检验真理唯一标准的大讨论打破了思想僵化，但经济改革的行动却还在坚冰冻土下缓缓涌动。这一年，安徽凤阳县小岗村这个全县最穷的村子，夏收之后每个劳动力分到3.5公斤（1公斤=1千克）麦子。据说小岗村18户人，只有两户没讨过饭，一户是当教师的李学桐，每年大约有几个零用钱可勉强度日，一户是在县银行工作的严宝才，由于吃的是公家饭，微薄工资在那个年代完全可以养家糊口。区区3.5公斤麦子，再加上微不足道的一点秋粮何以活命？小岗村当时并不出名，但"凤阳花鼓"却是尽人皆知，"左手锣，右手鼓，打起那锣鼓唱一路。人家的丈夫作威又作福，我家的丈夫只会打花鼓……"

这年秋天，严俊昌当上了队长。这个倔强的汉子几经琢磨，在冬末的一个晚上硬是把18个户主集中在家里，开了个"无声的会议"。会议的中心内容就是一张纸条子："我们分田到户，每户户主签字盖章。如此后能干不在（再）向国家伸手要钱粮。如不成，我们干部作（坐）牢杀头也干（甘）心。大家社员们也保证把我们的小孩养到18岁。"

就是这么一张条子，标点符号是后加上的，错别字不少，在18个人手中传来传去，不识字的就由别人在耳朵边悄悄嘀咕一番。满屋子里，除了十几个旱烟袋"吧嗒吧嗒"的冒烟儿，再没有别的声响。最后，严旗顺这个全村德高望重的老汉第一个在条子上摁了手印，大家随即仿效。把个白纸条上摁了红红的一片。就这样，大包干誓言在严俊昌主持下秘密诞生了。

小岗村人为了保命，偷偷地将土地包产到户，这个秘密并没有维持多久。当时村里许多人为严俊昌捏着一把汗，担心这样下去要犯事；周围的村民也很快发现小岗人干活竟成了一家一户，他们莫不是分田了？终于纸里包不住火，小岗村一下子成了人们关注的焦点，引得各级领导都跑来了。由于历史原因，领导们的态度自然形成了4种情况：一种是不打招呼，看完了就走人；一种是也看了，也听了，临走时靠眼神说话，使足劲同严俊昌握手告别；再下来的不是公开支持便是非常恼怒。当时公社书记一气之下，把给小岗村的化肥、农药等农用物资也给扣下了。当时，县、地区和省里不少领导均以不同方式支持了大包干。默认便是一种最好的支持。不过他们感到忐忑不安的是，一旦老天不帮忙，收成不及上年，大包干就会被一棍子打死，政治生命也就跟着完了。

1979年秋天，县委书记陈庭元满面春风，将一份统计数据交到省委：1979年全县的粮食产量比上年增产67%，油料增产1.4倍；小岗村粮食总产6万多公斤，相当于1957~1970年14年粮食产量的总和，自1956年合作化以来第一次向国家上缴粮食12488公斤。

秋末的时节，在陈庭元的积极倡导下，省委决定在凤阳召开一次"不讲话的现场会"。与会的全区四级干部不听报告、不讨论、不总结，包括小岗村在内实行大包干的几个村你愿看哪家就看哪家，愿找谁谈就找谁谈。结果在这次"会议"之后，分歧统一了，争议平息了，犹豫者坚定了，等待观望者"披挂上阵"了，大包干在整个安徽很快推开了。1980年5月31日，当邓小平同志接受了安徽省委的汇报之后，一锤定音："凤阳县绝大多数生产队搞了大包干，也是一年翻身，改变面貌。有的同志担心会不会影响集体经济，我看这种担心是不必要的。"

菜塘村的整体兼并

地处皖北丘陵红土坡地的芜湖县三元镇菜塘村，实际上是个只有182口人的自然村。由于田瘦荒地多，祖祖辈辈靠种山芋为生，正如乡谣中所说："种山芋地讨山芋妻，吃山芋饭拉山芋稀"。1979年春天，大包干即联产计酬责任制实行以后，情况大为改观，就拿夏材兴（当时担任生产队长）

一家来说，全家分到 5.7 亩①水田和 2 亩旱地，除农经作物、家禽家畜一齐上之外，还种了 2 亩烟叶，平均每年收入 2 万元，日子过得有滋有味儿。然而，自从 20 世纪 90 年代以来，种子、化肥、农药等成本相对高了，粮食又卖不出好价钱，日子开始紧张起来了。不少年轻人不甘于土地的束缚，纷纷外出打工，许多好地眼睁睁地荒了，村里留守几乎是"386199 部队"（指妇女、儿童与老人）留守。

当农村经济体制改革进入到这一步时，菜塘村的农民深感困惑了，夏财兴更是愁眉不展。正当大家都在茫然时，一个日益强大的金田集团引起了他们的注意。夏财兴把村委会副主任夏学来等人找来商量说：金田集团是农工贸一体化的"农姓"大企业，集团老总又是我们老相识，眼下城里的工厂正时兴改组兼并、强强联合，我们能不能凭借山场水面资源和劳动力投靠他们，甩掉包袱，走集体致富的路子？他们把这种想法跟村民们一说，没想到立即得到大多数人的赞同。于是，他们对加入金田集团的问题反复进行了讨论，并统一了意见，拟定了方案。怎样向金田提出兼并的要求？金田会不会同意兼并？当时谁也没个底数。

金田集团的前身是芜湖县红杨区的一个农副产品购销经理部，属区办小型集体企业，1987 年成立之后，由于经营不善，到 1990 年只剩下一块负债累累的牌子和一位看门老人。1993 年 4 月，区农经委副主任夏成水贷款 5 万元，重新起家，将购销经理部改建为农经服务公司。1995 年 12 月，芜湖县体改委批准成立芜湖金田集团有限公司，此后挂靠安徽省农业经济办公室。短短几年的拼搏，该集团已经形成产、供、销、贸、工、农、科研一体化的跨地区跨行业、拥有 1.58 亿元资产的国有大型二类企业，并被列为全省农业产业化龙头企业。1997 年，集团年总产值 2.473 亿元，实现利税 1440 万元。金田集团主要经营业务是大米、油类和饲料，尤其是其经销的"鸠兹"牌系列大米，不仅荣获省级名牌产品称号，还在全国第三届农业博览会上获唯一的名优奖。为了保证产品的质量，集团将 6 万多农户连

---

①在本书中，1 亩=666.67 平方米。以下同。

在一起，与他们签订了农产品种植和购销协议：公司负责向农民提供需求信息，指导种植，农户则保证把优质的粮油出售给公司。正是由于这种有机的联系和艰苦细致的经营方式，公司才日益发达起来。

当夏财兴等人代表菜塘村全体村民强烈要求金田集团兼并自己时，担任金田集团总经理的夏成水深感震惊。国企兼并村庄史无前例，无论从理论上还是在实践上能否行得通？菜塘人给金田人出了一道难题，夏成水一时沉浸在深度的思虑之中。

夏成水没有过多考虑理论上以及体制上的问题，而是在利弊得失上实实在在地算了一笔账：困难的一面是公司一下子要整体收进200多村民，不但要付给他们一年的生活费用18万元，每年还要代交各种税金4万元，加上要保证有稳定的收成，就需花费一定精力去组织生产与管理，仅这一项就要拿出50万元投入农田基本建设。有利的一面是实现兼并后公司可拥有150公顷田地、山场和10公顷水面，还有6.6公顷荒岗可以开发，为正在犯愁兴建的机砖厂提供了场地与劳动力。兼并来的田地、水面，可以进行再承包，通过集约化的经营方式把分散零碎的田地进行规划，走现代农业的路子。当然，如果仅仅靠买地皮搞建设，维持以往的简单再生产，资金投放将是一个巨大的数字，公司势必还会背上沉重的包袱而不可自拔。思前想后，对菜塘村是实施兼并还是就此作罢，夏成水一时还拿不定主意。

案例分析：

40年前，皖北凤阳县小岗村农民在生产队长严俊昌带领下，自愿按手印要求包产到户、自主经营，以灵活的方式宣布了我国农村一种新的生产关系的诞生，率先迈出了农村经济体制改革的步伐，从而在共和国的历史上写下了浓重的一笔。中国实行改革开放的方针，已经整整40年了，当时，在"实践是检验真理的唯一标准"大讨论的冲击下，是中国的农村率先迈出了经济体制改革的步伐，是中国的农民率先探求农村改革发展的轨迹。40年后的今天，当我们重新审视这一伟大事变，庆幸中国所取得的举世瞩目的巨大成就时，阅读本案例会感到何等的亲切！两次"无言的会议"，无声胜似有声。以严俊昌、陈庭元等为代表的一代改革者们在中国特定的历史条件下，不甘贫穷，不畏风险，敢于实践，以共产党人的大无畏精神及其胆略，以自己的实际行动来恢复党的实事求是的思想路线，并以灵活的方式宣布了我国农村一种新的生产关系的诞生。农民不管包产到户是姓"社"还是姓"资"，他们最懂得民以食为天，他们的创造力在于因地制宜，创造出多种多样的生产组织方式，而它的本质意义就是只要有利于生产力的发展，就大胆地去试、去闯。正如1998年10月14日新华社述评《翻天覆地的变化 举世瞩目的成就》中指出的，在过去20年间，我国农村发生的深刻变革主要体现在"四个突破"上：突破了高度集中的人民公社体制，实行以家庭联产承包为基础，统分结合的双层经营体制；突破了"以粮为纲"的单一结构，发展多种经营和乡镇企业，全面活跃农村经济；突破了统购统销制度，面向市场，搞活农产品流通；突破了单一集体所有制结构，形成了以公有制为主体、多种所有制经济共同发展的格局。从而清晰地勾勒出了我国农村改革所走过的道路，真实地记录了我国农民在发展生产力上所做出的伟大贡献。作为领导者，在今后的改革与发展中，同样会遇到许多新情况和新问题，但人民群众从来都是推动历史前进的动力。举什么旗，站在什么立场上，支持什么，怎样支持，怎样看待风险与机遇，都将是一种考验。

然而没过20年，又是在皖北，芜湖县菜塘村农民在村主任夏财兴等人带领下，自愿按手印将原先的"化整为零"变作"化零为整"，将全村整体兼并到金田集团这样一个国家大型涉农企业，要率先探索农村企业化，即中国农村改革发展的新模式，一时成为举国上下关注的焦点。于是，我怀着极大的热忱采编了《菜塘村整体兼并问题》这一同小岗村对比极其强烈并具有典型意义的案例。当时，金田集团经过反复调研，仔细评估，综合算账，终于开了"金口"与菜塘村达成了兼并的意向。1996年1月10日，一张按有66个通红指印的兼并申请递交到了金田集团。4月21日，金田集团又向芜湖县政府递交了《关于兼并菜塘村工程建设书》，其中明确规定：菜塘村自金田集团兼并起，凡本村村民，不论男女老少、五保病残，共230

人，每人每年均可按时领取基本生活费600元；凡在公司供职的村民，每月还可领取300元左右的工资。考虑到国家现行的土地与经济政策，兼并期定为40年，并由芜湖县公证处进行了公证。金田集团决定：菜塘村自公证之日起改为"金田农业开发公司"，3名工作人员与原村干部组成领导班子，全村山水林路统一由省规划设计院按小康示范村模式设计；聘请5名高级农艺、林业、水产、畜牧工程师当生产顾问，进行现代化的工厂集团经营；全村所有田地由公司经营，所有劳动力全部转为集团职工，6.6公顷荒岗地兴建了砖厂。1997年底，全村没有了困难户，集体没有了任何负担，干部也不再整天催粮催款地瞎忙碌，而是大家一心一意搞生产，户户投入为致富。据统计，金田集团主要经济指标比上年有了较大幅度上升，大米产量5.2万吨，饲料7.5万吨，色拉油1.1万吨，饼粕2万吨，实现总产值4.811亿元，利税达到了2484.5万元。菜塘村主任、金田农业开发公司副经理夏财兴说，从兼并至今，我认为这条路子走对了。

金田集团的兼并、承包影响扩大后，要求兼并的已不仅仅是自然村、行政村，也不仅仅是限于本地了。1998年3月，金田集团为进一步发挥其在管理、技术、资金、市场等方面的优势，先后又与两省三县相邻的芜湖县董池乡签订了租赁开发1160亩荒滩荒水合同，分三期投资2900万元将其改造成"天天有鱼捕，周周猪出栏，月月有花香，四季有鲜果"的现代农业产业化园区。

金田集团总经理夏成水胆子大。是指有人担心这种涉农公司一旦把握不好，无限制地扩张会使金田这艘"航母"沉掉，会把夏成水毁掉。夏成水认为，中国有12亿人口，9亿在农村，这是我国的基本国情。农业、农村和农民问题是关系改革开放和现代化建设全局的重大问题，我国改革率先从农村突破，并以磅礴之势迅速推向全国，如何调动广大农民的积极性是中央制定农村政策的首要出发点，是政治上正确对待农民和巩固工农联盟的重大问题，也是农村经济和社会发展的根本保证，现在政策这么好，看准的事就是要大胆地去试、去闯。

金田集团总经理夏成水点子多。是指有人想不到也做不到，有人想到了又不知如何去做。夏成水认为,家庭联产承包制是集体经济组织内部的一个经营层次,是双层经营的基础,不能把它与集体统一经营割裂开来,对立起来,确实具备条件与实力的地方,为什么不可以在提高农业集约化程度和群众自愿的基础上,去发展多种形式的土地适度规模经营呢?我是农民的儿子,生在农村,长在农村,又是以经营农副产品发展起来的,说点子多倒不如说我最了解农民的心情与甘苦。

金田集团总经理夏成水人缘好。是指有人逢人便赞扬他既不嫌贫又不抖富,他心里老想着大家都富。夏成水认为,当干部就必须心系群众,当干部就不能有私心,你和群众的关系摆不正就会脱离群众,脱离了群众你发号施令就不灵了。因此,要把农村的改革开放引向深入,就必须充分了解群众、相信群众,尊重农民群众的首创精神,从包产到户到发展乡镇企业,都是我国农民的伟大创造,"化零为整",走共同富裕的路子也是农民的伟大创造,是中国农村经济体制改革的新探索。我决不搞那种不负责任的"一窝蜂""花架子"以及什么"轰动效应",我们的一言一行都要考虑到农民的切身利益和集团的生存环境,至于以后怎么走,走到那一步算个头,要因地制宜、量力而行、脚踏实地……

思考题:

1. 在特殊历史条件下领导者应具有的领导艺术与决策方式。

2. 怎样从宏观角度来把握改革开放40年来我国农村发生的深刻变革及其发展趋势。

案例四 怎样开展调查研究

按照"十二五"规划,进一步为可持续发展创造良好环境,2018年8月初,云中市委、市政府开展了一次较大规模的调研活动。根据调研计划,市政府组织了13个调研组分别深入到各县、市区进行调研活动。某局副局长李伟民和科长尹晓勇是要到高玉县重点调查两个乡镇,两个行政村,走访部分家庭,并召开不同类型的座谈会以及查看相关材料,然后完成调研报告初稿。以上13个调研组都将初稿完成后，则由市委政研室负责完成总报告交付市领导班子进行讨论，最后提出构建文明云中生态云中的总体发展思路，形成文件，狠抓落实。李伟民系高玉人，在三天的调研期间，他特意安排没有来过高玉的尹晓勇到国家级森林公园去参观半天，而自己则回家探望了父母。县里有几位领导听说李伟民回来了，派人联系安排在酒店叙旧，李伟民实在推辞不过，便和小尹出席了宴请。调研的实际工作情况是，无论是走访还是召开座谈会收效都不大。就在这个时候，尹晓勇又患感冒，高烧不退。是打道回府还是继续深入调研，李伟民感到有些进退两难。在查阅材料的时候，负责陪同李伟民的高玉县常务副县长王军兴高采烈地拿来一份稿子说："李局长，这是云山县（与高玉相邻）关于这方面工作的调研报告，观点、文字都不错。我看可以解决您调研的难题。剩下的时间，您可以轻松轻松，我陪你们上山去转转。"李伟民将这份稿子大致翻阅了一遍，感觉这份稿子确实写得不错，心情也轻松了许多……

案例分析：

　　这是一篇典型的考核案例。阅读之后需要回答的问题有三：一是要说明调查研究的重要意义，二是要指出李伟民在调研期间在存在哪些行为违纪违规有损领导干部形象，三是要阐述调查研究是我们搞好工作的基本方法。

　　1. 能够指出市委、市政府为构建文明云中生态云中而采取的调查十分重要，其目的就是为了进一步为该市的可持续发展奠定良好基础。能够指出调查研究是谋事之基，成事之道。要正确贯彻执行党的基本路线，更好地为改革、发展、稳定的大局服务，一个重要的前提是，必须切实做好调查研究这项基础性的工作。作为领导干部，不仅要重视调查研究，更要善于调查研究。

　　2. 李伟民的确没有认真负责地履行自己的工作职责，严重违反了"八项规定"，损害了干部的良好形象。李伟民在调研期间违纪违规的主要问题有四点：一是没有按照调研计划严格执行，工作作风漂浮；二是不应占用工作时间探亲并安排同事到风景区参观游览；三是不应利用职务之便接受宴请；四是调研工作弄虚作假，"移花接木"，将它县的调研报告代替高玉的实际情况。

3. 在充分调查、掌握大量情况的基础上进行分析研究，是决定调研能否出成果及成果质量高低的一个重要环节；要做好调研工作，必须坚持正确的立场与科学的态度相统一，掌握辩证的方法，由表及里，去粗取精，去伪存真，探求事物的本质和规律；必须坚持求同思维与求异思维相结合，从不同角度去分析综合，做到百家争鸣，集思广益；必须坚持解放思想与实事求是相统一，既正确地领会中央和上级精神，又实事求是地研究分析工作中的成绩和问题，从调查材料中提炼观点，敢于突破，防止就事论事，罗列现象。此外，要使研究达到一定的深度，还必须进行反复多次地研究，特别是对一些重大课题的研究更是如此。只有这样，才能使研究达到一定深度。

能够谈到以下内容的酌情加分：注重调查研究是我们党的优良传统和优良作风，是我们党重要的领导方法和工作方法，也是转变工作作风，提高政治和业务素质的有效途径。因此，要掌握真实的情况，贵在求真务实，坚持做到"四要四不要"即要身体力行不要靠别人代劳，要"下马看花"不要"走马观花"，要解决问题不要"装潢门面"，要勇于创新不要墨守成规。只有通过深入的调查研究，能够善于发现典型、剖析典型、挖掘典型，通过对典型人物和事件的总结、研究，将特殊现象上升到一般理论，找出带有规律性和普遍性的东西，在进一步研究和完善的基础上，才能使之形成决策，予以推广，指导全局。

案例思考题：

1. 说明调查研究的重要意义。
2. 指出李伟民在调研期间在存在哪些行为违纪违规有损领导干部形象。
3. 阐述调查研究是我们搞好工作的基本方法。

第二章 中国党政领导案例的开发与采编

第一节 党政领导案例的采编

如果说案例教学法的运用是建立在案例开发研究成果的基础上,那么案例开发研究则是案例教学系统的支柱、基础和发展动力。由此,必须制定党政领导案例开发的适用范围,探索党政领导案例开发的正确途径和科学方法。也就是说,党政领导案例的采编就成为案例研究和教学的基础与前提。案例采编的基本原则应该是对具体的采编过程具有普遍的规范作用和指导意义,即体现案例开发活动的一般规律。主要应遵循政治性与科学性、实践性与典型性、拟真性与实用性、系统性与超前性这样几个原则。这是因为:

第一,党政领导工作及其活动本身具有鲜明的政治性。党政领导工作最根本的要求就是服从、服务于经济建设这个中心,而采编党政领导案例,对党政领导工作的活动进行研究又是一项科研活动,必须坚持理论联系实际、实事求是的科学态度。

第二,党政领导案例对党政领导工作特定情景的仿真模拟,是已经发生或正在发生的领导工作情景的再现或复原。但这种再现不是简单地再现场景,而是要按照相似的原理进行多方位、立体化的描述,允许真实基础上的适当虚拟,使读者如临其境、如见其人、如闻其声,起到"引而不发"的效果,引导读者去分析、判断。

第三,案例采编、开发研究以及教学的目的在于运用。无论是群体案例的大规模开发,还是单个案例的设计、编写,都必须有明确的使用目的,都必须有效益观念。为此，我们在一开始着手采编案例的时候，就要根据实际培训的需要，有组织、有计划地进行，要注意案例的时空有效性和生动可读性，要体现我们的国情与特色。当然，我们在开发编写案例时，还必须具有超前意识，顺应时代发展潮流，能够科学地预测党政领导工作的发展趋势以及代表未来党政领导活动的发展方向。

关于党政领导案例的采编方式和程序，是指有组织、有计划、有目标的较大规模的采编活动。一般来说，有三种方式、四个程序。三种方式为：由上级领导下达编写任务或者由当事人直接编写，这种方式的主要优点是真实度高，可信度高，对现代领导者本身也是一个提高理论水平与综合能力的锻炼；由科研、教学人员根据课题研究或培训目标，直接深入党政领导工作的实际，从调查研究中来编写，这是由专职研究人员运用科研的方法开发案例，这种方式的主要优势是能较好地体现案例采编原则，所形成的案例符合科研、教学目标的要求，能保证质量；由上级组织部门牵头，采取组织人事干部、党政领导干部和科研教学人员三结合的方式编写，这种方式是一种行之有效的采编方式，它的最大优势就是采编过程中"优势互补"。四个程序指：组织理论准备、采编、加工筛选、精选与储存。新的案例一经产生后，均应做到采编人员满意、调研对象满意、教学人员满意、受训人员满意，以达到发人深省、感同身受、教益良多、触类旁通、久难忘怀的效果。能否编写出优质适用、规范典型的案例，是决定整个案例采编开发成效的关键，也是检验案例研究成果的主要依据。因此，必须进一步掌握案例编写的方法和技巧。

党政领导案例是一种特殊文体，它通过描述党政领导工作的特定情景来反映情况、介绍经验、探索规律，既不同于理论文章，也不同于一般记叙文。它是用逻辑思维和形象思维相结合的方法，采取白描的手法，把已经发生或正在发生的领导工作的特定情景客观地记录下来，既有人物、事件背景介绍，又有特定场景的具体情节；既有说明文的平实，又有报告文学的文采；既有论文的严谨，又有散文的情趣。标题有描述式的、提问式的、名称式的、比喻式的多种。案例的开头语，类似新闻导语，可以把描述的事件、主要人物、时间、地点等扼要介绍出来。案例的正文可以用顺叙也可以用倒叙等手段，可以以人物活动为主线，叙述领导者所讲所思、所作所为，也可以按事件发展的脉络叙述事件的过程和结果。案例的结尾根据案例的类型来确定。分析型案例往往没有结尾，它需要读者或受训者通过分析对比之后，优化出最佳决策方案，并能从中找出有力而充分的论据；评审型案例则按照事实的发展，有始有终，水到渠成，自然结尾，使读者或受训者从中受到教益和启迪。一篇案例形成后，一般要编写相应的附件即使用说明和必要的背景资料，鉴于培训阅读对象主要是党政领导干部，每篇案例大体以5000字左右为宜。

案例写作主要采取记录性的描述方法，做到真实自然、质朴无华、文笔简洁、形象生动。要有目的、有选择地描述事件发生、发展过程中的外在现象，而不直接揭露事物内在的本质，要把它留给读者去分析评判；要用描述的事件引发议论，而对事件不作任何主观评论。当然，案例描述所要求的客观真实，并不意味着有闻必录。写作中要选择典型事件、代表性人物、特定的场景、曲折的情节，进行全景式、立体化、动态化的描述，即对于有关和无关、虚假和真实、直接和间接、分散和集中、明显与隐含等诸多方面处理得当，不偏不倚，恰到好处。在写作技巧上，则要求主题明确、立意新颖，篇章结构设计巧妙。

案例范文："泄漏事件"

这是一名县委书记在党校中青班学习时，按照课程规定在结业时撰写的一篇案例（时间与地名、人物均做了技术性处理）金宝化工厂系宁州的明星企业，年创利税4800万元，该厂厂长胡伟也是被省、市多次表彰过的优秀青年企业家。2015年8月，该厂储存废水的装置由于年久失修而使上百吨废水泄漏于浙水，给浙水下游的漳于、洪江、闽津三县经济、生态和人民财产造成重大损失。据初步统计，仅三县的渔业生产损失就高达3800万元。为此，三县联手状告金宝化肥厂，要求追究胡伟的刑事责任，并赔偿污染河流、渔业损失等费用。这件事，惊动了省、市有关领导，也惊动了国家环保部门，因此，县公安局只有把胡伟先行拘审。下一步是否提交检察院提起公诉，还要等县委、县政府的指示。

浙水被严重污染一事，县委书记周子昆是知道的。泄漏事件发生后，他曾对胡伟提出严厉的批评，责令环保部门要严加处罚，对下游各县的经济损失第一要适当赔偿，第二要赔礼道歉，挽回影响，并限期拿出切实可行的整改意见。当时，他和有关部门的领导先后到下游走访，赤褐色的浙水需要七八个月才能返清，面对满江面漂浮的死鱼烂虾和沿江渔民们悲愤的哭诉，怎能不使他又气又恨呢？但考虑到胡伟是县里不可多得的青年经营人才，且受过省、市、县的各种嘉奖，处理了他，县财政每年势必要丢掉一大块儿税收，这样年轻有为的开拓型人才过早凋落也实在可惜。正是由于以上原因，此事没有被立案，而只是以行政的手段来冷处理，等等看。而今，公安部门已经将他给抓了，看来浙水下游三县的情绪、来自上边的压力都是很大的，但仅仅因为环保问题造成的恶果，究竟值得不值得诉诸法律，周子昆心里还没个底。

第二天，周子昆又把环保局局长请到办公室进行了咨询。环保局局长说："根据新近颁布的环境保护法有关条文规定，凡属过量排放废水、废气等有害物质，给国家和人民生命财产造成严重损害的，要追究犯罪嫌疑人的刑事责任。"周书记问："真有判刑的没有？"环保局局长说："过去在我们国家从未听说过。不过最近外省某地区新民化肥厂由于过分排泄废水，使周围农田受到较为严重的污染，这个厂的厂长确实被判了几年，这恐怕是共和国有史以来环保第一案。胡伟的事，弄得不好就会步'新民'之后尘了。"听了环保局局长的这番话，周子昆还是没能拿定主意。

近些天来，县里分管工业的副书记、副县长、乡镇局局长，还有化肥厂的一些职工接二连三地为胡伟说情，而浙水下游三县的头面人物则纷纷致函或打电话，强烈要求严肃查处泄漏事件。针对上述情况，周子昆也做了些思考。十多年来，伴随改革开放的良好机遇，乡镇企业犹如雨后春笋，无论从规模、效益均占据了县域经济的半壁江山。而在县城工业经济发展的同时，日益严重的污染问题也明显突出了，这次化肥厂泄漏事件竟然超出排污标准的几百倍，一时成为全省甚至全国的一个热点，这是始料不及的。但纵观全县绝大部分工业企业，有几家不是在以污染环境为代价中创造效益的呢？政府环保部门就像站在大田中的稻草人轰麻雀，时间长了，办法也就不灵验了，只好以罚代法。反正一厂之长，一无贪污，二无腐化，苦心经营，又为县里创造了财富，区区环保部门哪会被企业家放在眼里呢？当然，经济发展了，环保问题也非常尖锐地提上了议事日程，事关子孙后代与民族前途，但眼下当务之急是胡伟的事能不能干预一下，能不能以县委、县政府名义主动承担些责任，使胡伟幡然悔悟，继续发挥其聪明才智呢？

周末的一天，县委办主任急匆匆地找到周子昆，悄悄告他，中央电视台"焦点访谈"一行三人昨晚已抵宁州，住在春江酒店，他们此行目的是为"泄漏事件"而来，国家环保部门也来电话通知了，要市长去北京约谈。"泄漏事件"已经发生了，求情风刮作一片，严惩声接连不断，胡伟虽万般无奈但他只认罚而不甘坐牢，这些均在情理之中。作为县委书记，对胡伟如何处置？对企业效益与环境保护的关系如何看待？

案例分析：

这是一起典型的由企业负责人玩忽职守而酿成的重大责任事故。只图片面追求企业经济效益，不顾下游沿途百姓困苦，只图明星企业家虚名而置生态环境于不顾，恶意违法排放，必然会遭到法律的严惩。作为党政领导干部，在情与法的问题上必须态度分明果敢决策，将不良影响与后果减少到最低。处理这类事件的办法有四：第一，凡涉及泄漏的责任人当事人都要接受法律的制裁；第二，公开向沿途遭受侵害的政府、百姓道歉并积极赔偿所受损失；第三，积极配合有关部门的调查，积极部署环保方面的整改，不留隐患；第四，认真学习，举一反三，把思想政治建设放在首位，把宗旨意识落到实处。

作为一名县委书记，看重所有企业的经济效益，尤其是看重优秀青年企业家的成长，这都是应该的，但这些再重要，也不能以牺牲环境为代价。

习近平总书记一再强调绿水青山就是金山银山,并且把生态文明建设纳入"五位一体"总体布局的战略高度,说明生态文明是实现人与自然和谐发展的必然要求,说明生态文明建设是关系中华民族永续发展的根本大计。本案例给我们领导干部的启示有以下几个方面:即在注重效益的同时必须关注民生,为求生存和谋发展,就要心里装着群众,只有时时处处为群众利益考虑,才能聚合民心、激发民智、改变面貌、不断发展;必须坚持以人为本,把经济社会持续发展的理念与实惠落实到当地人民群众的切身利益方面,只有发动群众、依靠科技创新,才能抓住经济社会发展的根本问题,真正做到发展为了人民、发展依靠人民,发展成果由人民共享;必须把生态文明建设抓在手上,落到实处。面对资源约束趋紧,环境污染严重,生态系统退化的严峻形势,为官一任,就是要牢固树立尊重自然、顺应自然、保护自然的生态文明理念,走可持续发展道路。

思考题:

1. 谈谈你对年轻企业家违法排放的意见。
2. 你是如何看待企业效益与环境保护的关系的。

党政领导案例既有高层次类型,也有基层类型,但无论是高层领导者还是基层领导者,在阅读和分析案例时,均能从中受益。基层领导者通过案例研修能够以大见小,增长才干,更好地学习老一辈无产阶级革命家、政治家捍卫国家主权和民族利益,决不向霸权主义、强权政治低头,不怕流血牺牲的神圣的爱国主义情感,学习他们在大是大非面前敢于斗争、善于斗争、果断决策的领导艺术;当然高层领导者通过案例研修也能更好了解下情,以小见大,从而在市场经济条件下,有效地指导政府官员学习经济知识,营造环境,在实际工作中克服心浮气躁、急功近利心理,严格按国家有关法律法规来规范自己的行为,正确处理保护环境与发展经济的辩证关系,正确处理权与法、情与法的关系。

第二节 党政领导案例采编的资料获取

党政领导案例的一个显著特征就是领导者工作与决策情景的再现，在研修与培训过程中具有典型意义。因此，在案例开发的过程中，第一手有效资料的占有就成为一个重要环节。如何将这些资料加工为案例精品，这里也有个方法问题。一般来讲，占有资料的方法和途径主要有四个方法渠道：

第一，文献法。文献是指人们专门建立的、用来传递或储存情报的载体。文献反映的社会生活范围非常广泛，因此，文献是构成案例资料的一个重要来源。文献有三种形式：书面文献、统计资料和声像文献。书面文献的获取主要是图书馆收藏的图书、报刊，以及党委、政府公开下达的各类文件，这是采编案例的基本依据；统计资料的获取主要是各级党委、政府部门根据年限、年度所编制的各种统计数据和分析报表，这是采编案例的基本要件；声像文献的获取主要是充分利用现代信息技术，将已经完成或正在制作过程中的网上信息、磁带、光盘等音像资料，通过对比、权威性认定之后而加以利用的有效信息，这是采编案例的新的有效手段。《阿城糖厂破产》这一案例，就是由中央电视台"新闻调查"栏目下的一个典型案例：

案例范文：阿城糖厂破产

如果说1986年只有200名职工的集体企业沈阳防爆机械厂由于经营不善而宣告破产，成为首开公有制企业破产之先河的话，那么13年后的阿城糖厂这个建厂90多年、拥有亿元资产、4000余名职工的国有企业则紧步了沈阳防爆机械厂破产之后尘，堪称国企破产第一案。中央电视台"新闻调查"的记者为此专程赶往采访，并于1999年3月19日向全社会做了报道，引起了强烈反响，更给领导者和经营者们以太多的沉思。阿城糖厂的经济效益从1990年开始逐年下滑，直至破产前四易厂长，这四位企业法人代表的感慨与某些见解，或许能给你以启迪与教益。

　　于波是1985年10月担任厂长的。在计划经济年代，阿城糖厂有过辉煌的业绩，创造了我国制糖行业的多项第一，多年来一直占据这一行业的头把交椅。但是步入市场经济以后，管理上混乱、领导意识跟不上去，不能适应市场经济的发展，导致了企业经营每况愈下。那时，甜菜在黑龙江号称"金疙瘩"，在全省财政上占有举足轻重的位置，俗称"糖财政"，这是"糖产业"热兴起的主要因素之一。现在看来，计划经济是一种短缺经济，也是半封闭经济。当时为了解决不吃进口糖的历史，便不断地扩大生产能力，加上制糖的巨大经济效益，使得全省糖厂总数到1994年猛增到31家，加工总量达到700万吨的规模，而甜菜的实际产量仅有200万吨，不到加工能力的1/3。由此，甜菜供需矛盾及紧张状况便日益显露出来，重复建设的弊端也可想而知了。当时，全哈尔滨市有12个甜菜收购站，原料竞争紧张到了相互抬价哄抢甚至劫持的地步，盲目而激烈的竞争竟然超过了生产成本（比如原先每吨甜菜280元，后来盲目抬价攀升到了每吨335元，致使销售利润下降，1990年首次出现了巨额亏损）。

　　1990年，正值阿城糖厂建厂85周年庆典之际，食糖销售渠道发生变化，国家糖业包销的格局开始转变，但没有引起我们的警觉，反而又投入3000万元进行技术改造，并新招1000名职工分配到各生产环节。制糖业最大的特点是季节性，正常开工只有6个月，其余6个月为设备维护检修时间，这就意味着全部生产成本要均摊到12个月中去。于波上任时全厂职工为2500人，离任时为5101人，增加的人员主要集中在中层干部和新设机构上。至于销售人员为什么没有增加，当时确实压力不那么大，因为有固定渠道、固定客户，过多依赖着计划经济的模式，没有参与社会竞争的思想准备。

　　1990年9月，于波调离阿城糖厂。哈尔滨市审计局所出具的审计报告称：于波任职期间，账面亏损399万元，潜在亏损637万元，共计1036万元。

　　雷健于1990年9月接任厂长后，主要面临三大难题。一是企业没有完全适应市场转型，二是企业潜在亏损的 637 万元，三是企业管理水平低下。这年年底，制糖业的生产、销售开始全面由计划经济体制向市场经济体制转轨，尤其是销售完全由企业承担。原先一直由国家计划保护的国内市场一下子使企业面临严峻考验，职工士气极度低落，企业包袱日渐沉重。面对这种局面，雷健只得咬着牙去干。1991 年，本着实施规模经营、增加效益的想法，先后投入了 3000 万元，再次进行了大的技术改造，将生产能力由 3000 吨扩大到 3500 吨的规模。由于没有过多地考虑市场因素（当时市场已经趋于饱和状态，甜菜市场的巨大变化是雷健始料不及的，这一年，全厂收购甜菜 86.7 万吨，相当于吉林全省的收购量。结果是甜菜烂在厂里，而糖却卖不出去），加上生产、设备、经营管理上存在的问题，再有就是走私糖、进口糖的冲击，企业只有亏本生产、降价抛糖，终于导致了恶性循环（转业军人、原阿城糖厂副厂长肖启贵说，不光是外部原因，更有内部原因，原料这一块有许多学问。你手紧一紧可以给企业节省几十万、上百万，你手松一松可以扔出去成百万、上千万。有过制度，但制度不起作用。俺们厂还有个怪现象：只要开工，正式工没事干，临时工瞎忙乱。正式工与临时工的比例是 1:1，很难管理，生产极不稳定，而奖金和福利却被正式工给冒领了）。唉，甜菜多，贮存难，保管质量差，造成跑冒滴漏的现象……

1992 年 5 月，雷健离任时的审计报告认为：由于收购过程中的管理漏洞，造成损失 3005 万元，超过规定 1476 万元；事故频繁，造成损失 1036 万元；工艺损失增加亏损 898 万元，加上潜在亏损等共 1 个亿，使阿城糖厂亏损总额达到 2 亿多元。

张平于 1992 年 6 月接任雷健的职务。张平认为，糖厂的债务是历年来形成的，不想谈，也不好谈（沉思片刻。因为这个时期，糖厂深层次的问题开始暴露出来，经营活动更加艰难，加上无法正常兑现甜菜款，农民纷纷改种其他经济作物，使糖厂再度出现原料短缺）。张平说，你问我能不能走出困境、突出重围？说能那是吹牛，说不能要你厂长干啥？回想以往开工，怎么也有五六个月，现在只有两个月，开工严重不足。我除了组织生产，还要担负医院、学校、街道办事处、消防队等一系列机构人员的开支，这叫企业办社会。一线人员、离退休人员以及企业办社会，大约各占1/3吧。日本访华团来这里参观，风趣地说我不像个厂长，更像个市长。你问我为啥不裁员？那时候裁不了，也没这个政策呀！每个月没有二三百万就转不起来，企业自有资金就谈不上了。靠什么？靠银行贷款呗！企业总负债有多少？没有详细统计。为什么？也不是没必要，也不是统计不出来，就是统计出来又能怎样？任期有限，总有后来人（据统计，张平任期内总共向银行贷款20多笔，仅银行本金就增加1个多亿。由于债务越积越多，还贷可能越来越小，1994年银行停止了向糖厂的贷款，阿城糖厂从此基本处于停产状态。自此，职工难以按月领到工资，大批工人开始下岗，这个中国历史上最早的制糖厂已接近名存实亡。1994年夏季，洪水淹没了所有厂区，不得不停业整顿1年）。

审计报告称：从1992年6月至1995年8月，在张平担任厂长期间，总共维持了6个月的生产期，洪涝灾害造成的直接经济损失5000万元，停产损失1837万元，总亏损额由2亿多元增加到近4亿元，平均每天20万元（与其说一场洪水过早地结束了企业继续生存的命运，不如说沉重的债务将这位90岁高龄的"老者"压得喘不过气来。几位厂长也承认有责任，但谁也不去负责任，谁也负不了这个责任）。

1995年底，张普由副厂长升任厂长。张普说，过去糖厂厂长这个职位均为外派，现在不行了，山穷水尽没人愿意当这个苦行僧了，让我来"堵枪眼"，因此不少人戏称我为"末代皇帝"。末代皇帝也要干，也得往前走呀！经过预测，这一两年糖价还可以，好好经营是可以挣点钱，填补填补亏空。于是千方百计从银行贷款4000万元，指望能有一搏。但万万不曾想到，工厂刚刚冒烟，债主们便蜂拥而至索讨债务，今天这个查封，明天那个起诉，后天又是什么出庭，根本无法组织正常生产经营活动。由于无法清偿到期巨额债务，考虑到4000多名职工的出路，经多方权衡，在万般无奈之下，才决定向法院申请破产。不少职工是掉了眼泪的，以厂为家，这个家就要没了，90多年的家当，可惜呀！好好的一个企业，人们都羡慕我们是"糖老大",怎么就"黄"了呢?我不明白。我是最后一任厂长,真好比"击鼓传花",传到我这里竟然回天乏力了……

哈尔滨市审计局出具的审计报告认定:阿城糖厂的破产既有制糖行业的普遍问题,也有其特殊原因。1990年后的4任厂长,管理深度不够,在一定程度上加速了企业破产的步伐,负有一定的领导责任。阿城糖厂的变现资产全部用于安置职工,不足部分由哈尔滨市政府补齐,糖厂近8个亿的债务全部核销。报告同时认为:由于长期以来管理混乱,造成1665万元银行未达账款不知去向,至今仍未查明。

1998年11月12日,哈尔滨市中级人民法院宣布:阿城糖厂正式破产。与此同时,清算组几经努力,与河南莲花集团达成了初步的认购意向……

这一案例的采编,一是时效性强,它切中了国有企业深化改革所面临的残酷挑战;二是具有权威性,它是中央电视台"新闻调查"栏目推出的精品;三是资料翔实,它充分运用了音像文献的捷径,给各级领导者思想上引发了思维,产生了震动,对领导者决策的现实指导意义极强。文献法就是通过分析文献的可靠性及使用价值,获取可以用来写作案例的资料。运用文献法要求在进行了文献的真实可靠性分析,并遴选出有用的文献之后,要对文献的内容进行客观、系统研究,检验其是否为原始资料,是否存在内容相反的文件,内容的倾向性怎样。从文献中收集资料,其优点是费用低廉,可以进行纵向考察研究,可以解决不能亲身接触的问题。其缺点是,文献的倾向性有时就成为偏见,影响案例的真实性。

第二,访谈法。作为收集案例材料的一种方法,它主要是以被访问者的叙述为基础,其目的在于进一步弄清楚案例的细节或者差异性的问题。

访问中提问方式。提问应该是平等的,不能与被访谈者争辩,要避免谈话陷入僵局,不去评断是非,不鼓励什么,也不暗示反对什么,并且利用刚采访完毕记忆清晰时,及时整理调查访谈记录。

访问中要遵循客观调查的原则。实际情况怎样就怎样反映,不添枝加叶,也不减少什么;调查结论不带框框,不先入为主,是什么就是什么,根据调查访谈的现实情况,敢于否定原来看法,不带结论找例证;调查访谈要有目标，不能撒大网找问题，不能没目标瞎碰、遇到什么就调查什么，不把自己意见强加于人，细致地提问题，寻根问底，不把问题弄清不结束调查访谈。访谈法和文献法结合起来使用有一个"吻合原则"。文献提供粗线条、大框架，访谈补充细节，丰富情节内容。

访谈法的主要优点是访问者可以和访问对象直接接触，能够观察其语言行为，并灵活地提出问题，取得答案，从而可以确定访问资料的有效性。访问还可引出更有价值的案例线索。有条件的话，访谈法还可以延伸为"座谈会法"。

访谈法的缺点主要是费用大，不能普遍采用，而且对访问人员的要求很高。同时访问易受环境和偏见的影响，由此可能造成资料记录的偏差。

采用访谈法编写"案例分析"是被实践证明了的一种好方法。案例正文并不重要，重要的是你通过阅读、研修或培训得到了什么，恰恰是在这一点上，访谈法如实地反映了一些领导者的真知灼见。例如萍源地区民主推荐县（市）领导干部案例，发生于1995年2月，中共中央《党政领导干部选拔任用工作暂行条例》颁布前夕北方某省的一个真实事件，也是地（市）级领导关于干部选拔任用决策分析型案例。当时，省、地两级考察组对民主推荐县委书记、县（市）长的人选进行了综合汇总，推荐结果与地委的意图基本吻合。经过考察谈话等程序，5名县委书记、6名县（市）长很快被任命。6名县（市）长中，最大的41岁，最小的32岁。

这次民主荐才之后，萍源地委在认真学习《条例》，领会精神实质的基础上，系统地总结了几年来在干部工作上的经验教训，又先后进行了三次规模较大的民主推荐各级领导干部。地委书记金原感慨地说："自觉贯彻执行《条例》，坚持民主选才，这件事对我本人教育最深刻。因为你是领导干部，只有无私无畏，才能身体力行。"因此，他明确提出"干部工作程序就是原则，违反选用程序就是违反原则"的观点。他提议今后提拔的干部无论数量多少、职务高低，都要把民主推荐作为必须履行的程序固定下来，坚持下去。

通过对一名地委书记的访谈所编制的这个选人用人案例，在此后许多干部培训工作中，收到了很好的效果。学员们通过对此案例的讨论分析，形成了这样的共识：

一是萍源地区在干部的选拔任用上较早地采用民主推荐的方法，并且能够取得上下一致的推荐结果，主因在于：严格贯彻执行《党政领导干部选拔任用工作暂行条例》，是民主选才的前提。民主选才，开阔了选人用人的视野，拓宽了干部选任的渠道。在传统的计划经济体制下，党政干部的选拔任用范围仅仅局限于党政机关和部分群体之中。"在少数人中选人，由少数人选人"导致干部的选任只能在一定的范围和框框中踏步。社会主义市场经济体制的确立，必然要求有与之相适应的干部选任机制，把民主推荐引入其中的《党政领导干部选拔任用工作暂行条例》，无疑拓宽了选人渠道，开阔了选人视野，最大限度地发挥了人尽其才的作用。

二是在干部工作中坚持走群众路线是民主选才的基础。萍源地委在这次选拔领导干部过程中，曾在地委、行署几大班子中进行了充分、反复的酝酿，产生了一份初步人选名单。尔后，又分别征求了部分县委书记、县长的意见，紧接着，在省委考察组的支持与指导下，在全区正县级领导干部范围内进行民主推荐，最后确定人选，再由组织部门进行考察，从定性定量的结合上进一步了解干部群众对推荐人选的评价，最终把群众公认的干部选出来。这种做法，既为广大干部群众提供了参与干部选拔的机会，也使干部选任工作从过去神秘封闭的状态中走出来，增加了透明度，提高了干部选拔工作的准确性，同时对地委、行署知人、用人水平，对干部队伍素质的了解以及宏观把握的程序也是最有说服力的印证。

三是坚持公平、公正、公开原则是民主选才的手段。萍源地委按照《条例》民主选才，既体现了党的干部路线，又体现了干部政策和干部原则。他们在选拔过程中坚持公平、公正、公开的原则和方法，避免和减少了许多人为因素的影响，也克服和防止了用人上的不正之风，把党的干部工作的优良传统与现代化的干部管理手段有机地结合起来，为今后干部选拔任用工作树立了正确的导向。

第三，观察法。观察法是收集非语言行为资料的主要技术手段，可以称之为视觉资料的收集方法,具体分为参与性观察和非参与性观察两种方式。收集过去发生事情的资料,用文献法和访问法较优越,而收集正在发生的事件资料,最好的方法就是观察法。在我们还没有适合的案例采写线索时,使用观察法可以获得大量活生生的案例写作资料。

观察的步骤:首先是确立目标;其次确定观察对象,并与之建立联系;第三是持续长时间观察和实地记录,并分析观察记录的资料。观察法的主要优点是便于对整个事件深入研究,容易了解对象的真实面目。其主要缺点是难以对外界变化和影响加以控制,比较被动。观察是观察者主观对客观的认可,所以观察越细致、记录越详细越有价值,不要用总结和抽象的语言概括,要具体地描述。

我们在采编《天下第一廉吏于成龙》这一案例时,一直难于下笔。如果仅仅把于成龙为政清廉的事迹描述下来,那是远远不够的,怎么办?那就只有靠观察。社会上的议论、媒体的评价、老百姓的呼声等等,通过听、看、记等方法将多种渠道的信息加以吸收消化,终于从于成龙"心系百姓""报效国家"的角度为切入点,上升到深刻反映当代反腐倡廉这一社会主题,让我们的领导者既树立忧患意识,又能警钟长鸣。《于成龙》这部电视剧告诉我们:如果为官不能心系百姓,任腐败现象泛滥、贪污贿赂横行,严重脱离群众就会垮台。权力对领导者来说,是造福一方的圣物,也是滋生腐败的土壤,权力几乎包含了领导这一概念所有的衍生物。一个领导者要领略完美的人生,必须勤政为民,造福一方,遵纪守法,廉洁奉公。因此,为官必先反腐倡廉,反腐倡廉的旗帜要高举、真举、常举。

第四,座谈会法。所谓座谈会法是指党政领导案例在采编的过程中,必须根据编写目标,为使案例成为精品,需要倾听更多决策者、当事人的意见和观点而采取的一种资料收集方法。座谈会法的实施要领有三:

一是参加座谈人员要事先拟定,采编者在主持座谈中要有亲和力,也要有一定的幽默感,以便于座谈有个良好的氛围,但参加座谈的对象不可滥竽充数,也不可随波逐流。座谈事项要提前列出提纲交由座谈人员熟悉消化,以便能够围绕采编事项获取有价值的信息和资料。

二是要有效地防止冷场与热场的出现。出现冷场，可能是座谈内容生僻，也可能是座谈话题敏感。这时，采编者就要再次讲明目的意义，用启发式的语言甚至用提名式方法来活跃气氛，达到渐入正题的目的。出现热场，可能是某个话题引起共鸣，比如反腐败、比如某些社会弊端，一发而不可收拾以致偏离了座谈主题。这时，采编者就要适时将此话题打住，积极引导大家重入正题，以达到采编收集资料信息的初衷。

三是要在座谈中扮演好"主持人"的角色，对座谈内容不当场表态，不评头论足，不责备求全，不以势压人。有些不尽题意的可以循循善诱，也可以用请教的语言方式得到补充。座谈结束后，要及时梳理备用与可用信息资料，不足部分可以结合访谈、文献、观察等方法予以弥补。

俗话说："世上无难事，只怕有心人。"广泛地涉猎和占有资料，是案例采编者的天职，有效地利用文献法、访谈法、座谈会法和观察法是研究与开发案例的能力的体现，只有大量的、多层次、多职级案例精品的出现，才能有效地将领导者的知识转化为能力。党政领导案例的来源最难得的是第一手资料，能否编写出优质适用、规范典型的案例又关系到研修与培训的效果，在这些方面，还需付出更加艰辛的劳动。要知道，采编案例需要支出，案例的使用也势必是有偿的。国外许多案例库购置一个经典案例约 800 美元，一个典型的党政领导案例应在 3000 元（人民币）左右。

第三节　党政领导案例的质量评定

检验党政领导案例研修、培训以及教学的成效是否显著，一个领导者的能力是否有所提高，关键在于案例采编的质量。如果研修与培训的目标明确，教学师资力量也很强，但选用的案例却平淡无味，那结果肯定是事倍功半。因为大多数研修者和受训者均是领导干部，有着一定的理论素养、工作阅历和领导经验，在案例法条件下实施教学目标，他们既是学生也是先生，既是受训对象又是教学主体，缺乏高质量的案例群或者叫案例精品，所有的研修与教学努力都将是徒劳的、缺乏引力的活动。如何对所采编的案例进行验收评判，主要有以下几个方面：

第一，正确选题。选题是由研修与培训的目的而决定的，采编案例受研修与培训目标的制约，必须在有明确目标的前提下进行。好的选题一是观点正确，这是保证案例质量的首要问题；二是实用性强，案例是培养能力的，要看其培训功能大小，案例又是考核干部的，要看其有无考核功能；三是有典型性，通过对本案例的研修与培训，它更多地能在哪些方面给人以启发和资鉴；四是有普遍性，高层次的重大题材可以人人受益，局部的、低层次的题材也可以小见大；五是创新超前时效性强，一个案例精品，它总是在某一点上让人回味，引发思维，让人去探索更新、更深的东西。

第二，写法得当。编写案例是由特殊的文体来规范的，案例正文的直观感觉就像"纪录片"，是一种"白描"的写作手法。写法得当的案例一是描述到位。案例的目的是培养领导者独立分析、判断问题的能力，而不是引导他们接受现成的答案或者结论，而经验材料大都是让别人了解自己的情况与业绩，因此前者的写作手法是描述法，而后者的手法则是归纳法。一篇好的案例，在写作手法上，它的描述是客观的，不能掺入个人观点，虚实得当，主要内容、主要线条必须客观真实，而个别细节允许虚拟。二是结构合理。案例结构和经验材料、文学作品的结构不一样，看一篇案例好不好，第一，看它是不是按照逻辑顺序把事情的发生、发展、高潮写清楚了；第二，看它是不是按照逻辑顺序把杂乱无章的事情组织排列起来了；第三，看它是不是把事情的原因、经过、问题，以及主要人物、主要情节、主要观点都摆出来了。

第三，严谨规范。案例的构成要素一般来讲有标题、正文、思考题、案例分析这样四大部分，其附件应包括注释、图表、附录以及案例使用说明书。案例写作中最难把握的是标题和正文，这也是评判案例质量的重点所在。标题不能含糊不清，比如"艰难的创业""难忘的历程""是谁在制造摩擦"等，让人不知你所云何事何意。标题要求是写实性、提问式，不能带有浪漫色彩，比如"飞向21世纪的希望工程""他终于含笑九泉""科技为××插上了腾飞的翅膀"等。正文是案例的主体与精华，也是引发思考与资鉴的主要内容。案例正文首先要有个好的开头，开宗明义，点明主题，把关键人物、关键内容、时空背景一下子交代清楚。有一篇案例叫《权大还是法大》，开场白是这样写的："夜，悄声无息，泽阳县城完全被夜色笼罩着，只有几家建筑工地上的点点灯火忽隐忽现；泽水的湍流声也仿佛为谁哀鸣，又好像在诅咒谁。夜，依然是悄声无息。"60多个字把夜描写得神秘而凄凉，一点儿也没有进入主题，像是在写文学作品。其次，正文要有主线牵导下的基本情节、基本原因、基本数据以及主要问题，要写清楚事件、人物、决策在什么样的情况下发展到了高潮迭起、牵动人心的地步或者难以解决的地步，如何拿出最佳方案？如何解决这一问题？这就要有一个好结尾。结尾无论有无结果，都应该在描述上让人引发议论、引发思维。所列举的思考题要切合题意，要设法把研修、受训对象摆进去，让他们设身处地地去吸取经验教训，让他们在讨论中、在课堂上充分发表各自的见解。

第四，实用性强。编写案例的目的在于运用。无论是研修与培训，还是教学与考核，案例均有特殊的针对性。由于我们的对象是党政领导干部，领导活动又是极其复杂、拟真难度极大的综合性活动，因此所采编的案例必须看其是否与领导活动紧密相连，是否具有典型意义，是否对领导决策能力的提高具有指导意义，是否对领导干部的考核具有实际的可操作性。换句话说，一篇好的案例，主要是指其在研修方面既有知识性又有可读性，既有良好的培训功能又有现实的考核功能，实用价值很高。

标题范例一：

"无言的会议"。安徽凤阳小岗村的农民不甘贫穷，不畏风险，敢于实践，以自己的实际行动恢复党的实事求是的思想路线，并以灵活的"按手印"的方式宣布了我国农村一种新的生产关系的诞生。当时，就那么一张纸条子，你同意承包就按手印，不同意就继续挨饿，说是召集大家开个会，但并没有什么话可讲。于是，我们在采编这一案例时执意要把标题定为

"无言的会议",无声胜似有声!但按照案例的规范,这种标题给人含糊的概念,不知道个中要讲什么意思,为了保留这一好的题目,只好在下面增加了"安徽凤阳县小岗村"这样一个副标题。这一案例虽然篇幅不长,但可读性强,其中隐含的道理意味深长,不失为精品之列。

标题范例二:

"赶驴子上山的学问"。不明白中国革命历史的读者看到这样的标题,自然会想到这赶驴与党政领导有何相干呢?因此这个案例名再好也需要加一个副标题即"和平解决西安事变"。当阅读完这篇案例后,再回味这个标题,方感觉其意味悠长,极富哲理。西安事变发生的时候,什么是大局?停止内战,一致抗日,建立抗日民族统一战线就是大局。如果仅凭一时的义气,公审蒋介石甚至杀了蒋介石而导致更大规模的内战,就会削弱中华民族的国防力量,就会给日本帝国主义以可乘之机。因此,以毛泽东为代表的老一辈革命家高瞻远瞩,采取了和平解决的方式。有人担心蒋介石阴险狡诈,不会同意"八项主张",毛泽东风趣地说,你见过陕北的毛驴吗?你见过陕北的毛驴上山吗?毛驴是不愿意上山的。让毛驴上山有三个办法,一是拉,二是推。拉又拉不动,推又推不得,那就只有第三个办法——打嘛!蒋介石是不愿意抗战的,我们就采取对付毛驴一样的办法,拉他、推他,再要不干就打他。

标题范例三:

共和国首任硕士"村官"。硕士生当村长,这在我国建国的历史上的确史无前例,但要把标题写成"共和国首任村委会主任",尽管意思是一样的,但前者给人的印象更强烈,深化干部制度改革的时代气息更浓,人们都会感到这件事新奇,都想读一读这个案例,想搞清楚国家人事部的硕士研究生,他为什么要到家乡出任村委会主任。朱镕基总理曾批示说:杨本伦的选择代表了一个方向。那么几年之后,杨本伦为什么又离开故乡,走得无声无息呢?可见,标题就是形象,新闻工作者尤其注重标题,党政领导案例的编写也是这样。某种意义上讲,案例有个好的标题,它不仅让你把内容给读完了,而且它还能让你获得意外的收获,尽管你当时压根儿就没有要读下去的初衷。

高质量的案例要有三忌：一忌"直露"。案例不是直截了当，也不是让人看起来难以理解，它是在领导情景中隐含了耐人思考和寓意隽永的东西。二忌"分析"。案例的正文中肯定有了采编者的观点和思想，但在表述上，自觉不自觉地把分析性语言注入，强迫人家接受，那便违背了"白描"的规范。三忌"议论"。案例分析部分，采编者可以大发议论，但案例正文恰恰是不能议论，因为议论表明的是采编者的态度，往往使案例本身带上了褒贬的倾向。

第五，案例分析规范。一篇完整的案例，除了案例正文以外，便是案例分析与案例使用说明书了。有的学者主张把案例分析与案例使用说明书都作为案例正文的附件，有的学者则主张只把使用说明书作为附件。我认为一个完整的案例，尤其是党政领导案例，有正文、有思考题、又有相应的案例分析就足够了。有相当一部分案例，甚至有正文、有相应的思考题，也能满足研修、培训与教学的需要，因为通过教学，教师可以从受训者的讨论与发言中抽象和概括出更好的案例分析内容。由于党政领导案例法在我国的创立仅仅30多年时间，无论是教师还是受训者均有一个适应与普及推广的过程，因此，采编者在编制各种类型的实用案例时，还是应在完成案例正文的前提下，尽量编写相应的使用说明或案例分析。

关于案例使用说明。用我国管理案例专家余凯成教授的话说又叫作"教学注释"，它是用来为使用案例的教师提供案例正文中未提及的背景信息及注意事项的文件（或者称附件）。使用说明并无权威性约束力，仅供教师备课时参考，案例教学的课堂活动应鼓励见仁见智，发挥创造性，而说明书中的情况建议、方案只能是一家之言，是否采纳，悉听尊便。哈佛商学院的库存案例，有20%配有类似说明，而加拿大西安大略工商管理学院则每条必备，从规范上来讲，案例如果能有一个较为详尽的使用说明，无疑有着宝贵的参考价值。

案例使用说明应由采编者来撰写，因为他掌握的情况最多，并且有明确的写作意图和使用目的。案例使用说明也可以由教师来写，这种写作方法是在课堂讨论后，在大家发言后，由教师将讨论和发言的有关重点情况、重点内容、重点方案记录下来，编制而成。使用说明与实际使用有时并不一致，通过教学来修订、完善使用说明是非常必要的，也是教师的责任和义务。

从国内外案例库建设的经验来看，案例使用说明的规范主要有：①本案例的基本问题。指从一般的、原则的逻辑或角度界定的案例所隐含或反映的问题及其本质。②研修、培训与教学的目的用途。指本案例的适用对象，本案例从哪些方面培养提高什么能力以及要达到的基本目标。③给研修者、受训者布置的主要任务。一是让学员围绕案例思考题进行小组、课堂讨论，二是让受训对象来写案例分析，三是要求受训对象拿出解决问题的具体方案。④注明参考文献。案例的开发、采编及其教学活动，本质上又是一种科研活动，案例采编最基本的方法又是文献法，因此，案例采编任务完成后，必须将主要的参考文献列出，以便于科研活动的进一步完成。⑤案例分析途径与关键要点。小组、课堂讨论、撰写案例分析报告，这些均为案例教学的特点，教师应该在这些方面给予必要的指导，以防止课堂讨论与案例分析缺乏重点，漫无边际。讨论是否始终能围绕案例的基本问题，学员能否经过讨论拿出解决问题的最佳方案，这是案例研修与教学的关键，也是案例法的精华所在。⑥教学安排与时间分配。

关于案例分析。根据研究与教学的实践，我认为编写一篇完整的案例，除了正文之外，就是要有一篇好的案例分析。以往不少党政领导案例的正文后面，案例分析有几百个字，切中主题、画龙点睛，确实也给人以启发。但这是不够的，既然是案例分析，那就要抓住"分析"二字，就案例中隐含的问题、现实的意义、资鉴性以及启迪性有感而发，大加议论、引证，达到以案论理、以案证理的目的。当然，案例分析的内容在课堂上不能轻易拿给学员，学员只能从讨论发言中丰富案例分析，而不可以拿了案例分析再去讨论，这不符合案例教学法的规矩，也会造成学员不自觉地"偷懒"。

案例分析的写作要求是一案一议。这就是说，案例正文隐含了什么你就去分析议论什么，案例中反映了什么重点问题你就分析议论什么重点问题，并且拿出解决这个重点问题的策略、方法和途径。

案例分析要有现实意义。党政领导案例不同于工商管理案例，也不同于一般的管理案例，工商管理案例企业性强，反映的是企业家行为，一般的管理案例层次较低、业务性则较强，而党政领导案例层次较高，决策的事物复杂，综合性很强。因此，在编写案例分析的时候，必须考虑本案例在目前情况下对领导者有什么现实的针对性。比如《袁世凯的学历问题》，说近代中国袁世凯在学历问题上作假，那就是说当代中国政坛在文凭上、年龄上也需打假，尤其是一部分领导干部手中的文凭与档案中的年龄。比如《綦江虹桥垮塌案》，造成40人死亡、14人受伤，直接经济损失600多万元，该县县委副书记林世元由于受贿、玩忽职守被依法判处死刑。为什么会出现"一群大楼建起来，一批干部倒下去"呢？原因就是腐败造成了"豆腐渣工程"，"豆腐渣工程"又暴露了腐败。如何解决？一是必须建立完善的工程质量监督体制；二是依法严惩建筑工程中存在的腐败现象；三是要建立有效的工程质量终身责任制，从而使每个领导者在对待建筑工程这一重要的问题上从一开始就有所警觉，不至于在无情的法律和党纪政纪面前翻船。

案例分析要有普遍指导意义。从学科建设上来说，党政领导案例属于领导科学的分支，党政领导案例研修、培训与教学效果如何，实际上是对领导科学、领导艺术基本理论把握的一种检验。领导科学作为一门年轻的学科，具有科学性和艺术性两个方面。所谓科学性是指领导活动有着自身的客观规律，所谓艺术性实质上就是强调其鲜明的实践性，领导活动的实践是对领导的艺术的丰富和验证。正是在这个意义上，党政领导案例及其方法把领导科学理论与领导实践有机地结合起来，在如何有效地把领导者的知识转化为能力上发挥了其特有的功能。因此，案例分析方法是把领导科学理论与领导实践相结合的纽带和桥梁，对领导活动具有普遍的指导意义。

案例分析范文一：新任县委书记赵忠礼

省委之所以要起用赵忠礼担任平口县县委书记，就是相信他能够胜任，能够去收拾那个家底败光、民心丢尽、丢失政权长达两年的云华镇。而赵忠礼凭借多年的领导实践经验，采取了派驻"新军"，安营扎寨，公开亮相，敲山震虎，收拾"群鼠"，制变善断，除恶务尽，综治整建等一系列措施，给省委和平口人民交了一份满意的答卷。分析这个案例，就是要让身在基层的领导者们在复杂的决策过程中既要举重若轻，由大见小，又要举轻若重，由小见大，既在战略上藐视困难和问题，又在具体的决策中重视难点和挫折。那么这一案例给我们的普遍指导意义就是领导者要有忧患意识、警钟长鸣，领导者必须牢固树立全心全意为人民服务的宗旨，与人民同呼吸、共命运，作为执政党，如果任腐败现象泛滥，贪污贿赂横行，严重脱离群众，有一天丢掉政权并非不可能。

案例分析范文二：1·26假酒中毒事件

1998年1月26日，山西的老百姓由于饮用了散装假酒，导致222人中毒住院，其中30人经抢救无效死亡，数十人致残。事件使省委震惊，使国人震惊。但随着事件的处理，才使我们的领导者们警觉了：原来，贫穷、愚昧和贪婪是制造有毒假酒的毒源。半个世纪以前，女英雄刘胡兰从容不迫，为追求真理而英勇就义；而半个世纪后，就是在她出生的这个镇，镇党委竟然推荐表彰了制造假酒的村为"红旗支部"。苦涩、沉痛之余，领导者只有举一反三、亡羊补牢，从失职中去吸取教训了。这个案例的普遍指导意义在于："红旗党支部""先进镇党委"这些牌牌后面隐含了许多不真实的东西、许多流于形式的东西，什么"党员联户"，什么"村民自治"，统统成了装点门面的幌子。它说明我们党内、政府内存在的严重的官僚主义、不负责任发展到了何等程度！它说明在农村加强基层党组织建设，要走的路还很多很长。如何保持基层党组织的先进性、战斗性，领导者如何警惕经济上去了而党建滑坡，先进评上了而"灯下黑"，这的确是值得认真思考的课题。

案例分析范文三:"三盲"法官姚晓红

世纪之交的元月3日,"焦点访谈"曾经报道了"三盲"法官姚晓红因贪污、非法拘禁、报复陷害被依法判处无期徒刑的消息。就是这么个文盲、法盲加流氓的人,不知什么时候弄了个大专文凭,由工人转为国家干部,当上了县人民法院副院长,还曾被评为"人民的好法官",荣登全省十大新闻人物光荣榜。经查,姚晓红在担任法院副院长期间,共受理案件610起,均无立案登记,其中被扣留者228案297人次,属于典型非法拘禁者百余人,造成严重后果的有5起15人。姚办案的"绝招"就是对当事人实施非法吊铐殴打,而某些领导不以此为戒,反而认为姚"办事能力强"、对人要求非常"严格"。俗话说,"法网恢恢,疏而不漏"。这句话反映的是一种犯罪因果的历史必然性。但是,在现实生活中,有许多案件一压再压,久拖难办。为什么?关键是"法网"之上还有一张"网",那就是关系网、人情网。一个真正的文盲,能从司机到法院副院长,一个真正的暴徒,却能被评为人民的好法官,的确值得我们的领导者反省与深思。这一案例的普遍指导意义在于:依法治国必先从严治警,对法官更要严格要求、严格教育、严格管理;对各级各类领导干部的选拔任用必须严格把关,出了问题,要追究领导者失察的责任;对司法机关中存在的腐败现象要严加查处,打铁首先本身硬,人民法官队伍的整体素质必须花大气力予以提高,只有队伍纯洁了,才能有效地维护法律的尊严和司法公正。

总之,案例采编任务完成之后,采编人员要主动从案例的正文中走出来,站在领导者的地位和角度来撰写案例分析报告。采编人员要写出好的分析报告,必须熟悉领导者的活动,主动与领导者交朋友,努力提高分析问题的逻辑思维能力。当课堂讨论结束后,教师、采编人员应及时将新鲜的讨论成果加以总结概括,将新的成果进一步充实和完善到案例分析报告中去,久而久之,"众人拾柴火焰高",便能形成一批案例精品。案例分析、案例使用说明越规范,对案例库的建设就越有利。

第四节 经典案例赏读

案例一 赶驴子上山的学问——和平解决西安事变

1936年，日本帝国主义不断扩大对中国的侵略，而蒋介石则坚持"攘外必先安内"的不抵抗政策，继续实行内战，并调张学良为首的东北军和杨虎城为首的第17路军到陕甘一带进攻中央红军。在中国共产党抗日民族统一战线政策和人民抗日运动的感召下，张、杨与红军实现了停战，并要求蒋介石联共抗日。12月4日，蒋介石以"避寿"为名，亲自飞往西安督战。7日，张学良到临潼华清池向蒋"哭谏"，蒋介石表示，要抗日等我死了以后再说吧！拒绝了张"停止内战，一致抗日"的请求。9日，面对声势浩大的示威学生，张学良表示：一周内我将用事实答复学生们的爱国要求。12日，张、杨二将军发动"兵谏"，扣留了蒋介石和陈诚等军政要员，宣布取消"西北剿匪总部"，成立抗日联军西北临时军事委员会，通电全国，提出改组南京政府、停止内战、共同抗日、实行民主政治等八项主张。

张、杨发动"兵谏"，把"天"捅了个大窟窿，但究竟如何把下一步的事办好，心里都没个底儿。当时，全国上下一片"杀"声。东北军将士饱受国难家仇、背井离乡之苦，强烈要求杀掉蒋介石以谢天下；西北军将士多受共产党影响，不愿再受"杂牌军"之气，只有杀了蒋介石才能扬眉吐气；国民党内则"戏中有戏"，何应钦以救出委员长为名，多次派飞机轰炸西安，讨伐张、杨，意在炸死老蒋取而代之；日本帝国主义也在揣摩杀了蒋介石该扶持哪一个亲日派来执政；山西的阎锡山一时摸不准情况，发了一份"有利于抗战乎、不利于抗战乎，如何善其后乎"的指责电报；我们党内当时主张杀掉蒋介石的呼声也非常高，因为蒋介石在革命根据地多次围剿红军，中央红军历尽千辛万苦才到达陕北，并经受了张国焘右倾分裂主义的考验，红军的前途几乎被断送，现在把蒋介石给抓起来了，一个字：

"杀"。面对以上情况，杨虎城向张学良建议说，单凭咱俩的能耐是斗不过蒋介石的，要跟蒋介石斗，只有请共产党。于是张、杨二将军致电我党，请求派代表到西安参加谈判。

12月12日晚，中共中央军委机要科忽然收到西安发来的密电：蒋介石被张学良和杨虎城的部队给扣起来了。西安事变，震惊中外。究竟应该怎样解决这场事变呢？这在我们党内产生了重大的分歧，在毛泽东办公室召开的中央政治局紧急会议，一直开到天亮，会上争论十分激烈。毛泽东认为：临潼兵谏是一部分民族资产阶级和国民党地方实力派的代表，不满意南京政府的对日政策，要求停止内战，一致抗日，并接受我党抗日主张的结果。因此，事变是为了抗日救国，为了以西北的抗日民族统一战线推动全国的抗日民族统一战线而发动的。这是它的进步性质。但是，扣留蒋介石等人，使南京与西安处于公开对立的地位，而蒋介石的实力并未受到打击。因此，如果处理不妥，有可能造成新的更大规模内战的危险，妨碍全国抗日力量的团结。

周恩来以其特有的沉着和冷静，深刻地指出西安事变的两种发展前途。他说：由于事变的发动而引起新的大规模的内战，使南京的中间派走向亲日派，削弱全国抗日力量，推迟全国抗战的发动，以致日本更顺利地侵略中国。这是德、意、日国际法西斯侵略阵线所欢迎的一种前途。另一种前途，则是由于事变，结束了"剿共"内战，使我党提出的停止内战、一致抗日的主张反而得到实现，使全国的抗日民族统一战线更迅速地建立起来，这是国际和平阵线和全国人民所竭诚拥护并要使之实现的。

会议最后决定，全力争取实现第二种前途。应张、杨要求，组成以周恩来为首的中共代表团，赴西安参加谈判，使西安事变得以和平解决。

案例分析：

和平解决西安事变是以毛泽东为代表的中国共产党人从民族利益出发，深刻分析了当时国际、国内政治形势之后所做出的正确决策。当时曾经有不少同志担心和平解决的愿望难以实现，蒋介石阴险狡诈，不会同意"八项主张"，毛泽东风趣地说，你见过陕北的毛驴吗？你见过陕北的毛驴上山吗？毛驴是不愿意上山的。让毛驴上山有三个办法，一是拉，二是推。拉又拉不动，推又推不得，那就只有第三个办法——打嘛！蒋介石是不愿意抗战的，我们就采取对付毛驴一样的办法，拉他、推他，再要不干就打他。西安事变的和平解决曲曲折折，感人肺腑，尤其是周恩来率中共代表团所付出的极大艰辛，以及张、杨二将军包括东北军、西北军所付出的沉痛代价，至今令人缅怀，但西安事变的和平解决，确实成为时局转换的枢纽，对推动国共再次合作，团结抗日，起了重大的作用。

案例思考题：

1. 西安事变和平解决的意义及其深远影响如何？
2. 联系史实分析老一辈革命家高超的决策艺术。

案例二 郑和七次下"西洋"

明朝初年，蒙古的势力已被驱逐出长城以外，封建统治已十分巩固，加上社会经济的恢复和发展，国势日趋强盛，就有了向海外发展的可能。明成祖朱棣自认为是"奉天命天君主天下"的"供主"，要海外各国都来朝贡。他和历代功利主义的封建帝王一样，也要宣扬国威，向外示富。到了永乐年间，由于国力日渐强盛，朱棣要建立一个天朝大国的思想更加强烈，他对明朝初期对海外的消极政策深表不满，于是，就下令改变对海外的政策，决定派遣郑和出使西洋，以便在国外显耀兵力，向海外各国夸示中国的富强，宣扬明朝的威德，同时，用扬威海外来缓和国内一部分人对他以武力夺取皇位的不满。

郑和本姓马，名三保，1371年出生在云南的一个回族家庭里。他的祖父和父亲都曾经到过麦加朝圣。郑和在大约11岁时入宫做了一名小太监，后来，在皇室争夺王位的战争中立下了军功，受到皇帝朱棣的赏识，被赐姓名郑和，并委派他在内宫监做太监。

郑和受命后，立即着手进行远航的准备，他派人到各地督造各种船只，还从各地征调了大批航海专业人员。1405年6月，郑和率领27000多人的远航队伍，由苏州刘家河出发，分乘62艘大海船、700艘马船、240艘粮船、300艘坐船和180艘战船浩浩荡荡驶出长江口，第一次出使南洋。一路上，他们用水罗盘定航向，用观看星斗的方法进行夜航，绕过暗礁，穿过恶浪，昼夜不停地航行。船队首先到达占城（今越南南部），然后，往南到达爪哇、旧港、苏门答腊（今印度尼西亚），再往西航行到满刺加（今马来西亚）、古里（今印度南部）等国。第二年夏天，西北信风刮起的时候，船队顺风返航。此次航行于1407年9月满载而归。许多国家的使者接受郑和的邀请，随船前来中国访问。

此后，郑和又分别于1407年9月至1409年7月、1409年10月至1411年7月、1413年至1415年、1417年5月至1419年8月、1421年正月至1422年8月、1430年6月至1433年7月，六次奉命率领船队出使西洋，访问的国家和地区有越南、柬埔寨、泰国、马来西亚、印度、孟加拉国、马尔代夫、印度尼西亚、沙特阿拉伯等30多个。最远到达非洲东北沿海（今索马里）和非洲中部沿海（今肯尼亚）。

郑和出使的任务之一，就是招徕各国称臣纳贡，与这些国家建立起上邦大国与藩属之国的关系。因此，郑和到各国以后，第一件事便是宣传朱棣的皇帝诏书。向各国宣谕：明朝皇帝奉天承命的上邦大国之君，是奉"天命天君"的旨意来管理天下的，四方之藩夷都要遵照明朝皇帝说的去做，各国之间不可以众欺寡，以强凌弱，要共享天下太平之福。如果奉召前来朝贡，则礼尚往来，一律从优赏赐。第二件事便是赠送礼物。赐各国国王诰命银印，赐国王及各级官员冠服和其他礼物，表示愿意和那些国家建立和发展友好的关系。第三件事是进行贸易活动。以中国的手工业品换取各国的土特产品，使各国被中国的精美、完好的手工业品所吸引，从而愿意来中国称臣纳贡，进行贸易活动。

中国的丝织品和瓷器等，早就在亚非各国享有盛誉。亚非的很多国家早就想同中国发展贸易关系。只是由于朱元璋的"海禁政策"，才限制了这种贸易的发展，朱棣取消海禁并派遣郑和出使，表明了中国恢复同海外各国进行正常贸易的态度。海外各国也认为，同中国进行贸易，建立友好关系，是有利可图的事。所以，郑和率领的船队每到一地，都受到隆重的欢迎和热情的款待。船队带去的瓷器、丝绸、铁器等货物非常畅销，船队也从各国收购宝石、珍珠、珊瑚、香料、谷米、药材等大量货物。他们还了解当地的风俗习惯，尊重当地人民。如在古里，依照当地习惯，交易时，在众人面前拍掌为定，"或贵或贱，再不悔改"，给那里的人民留下了良好的印象。第三次出使到斯里兰卡时，还把大批金银供器、彩妆、织锦宝幡等，施舍给岛上的寺院，并建立石碑留念。所到之处，受到各国人民的欢迎。如婆罗洲人民，"凡见中国人去其国，甚为爱敬，有醉者则扶归家寝宿，以礼待之，如故旧"。直到今天，索马里、坦桑尼亚等国，还把当地出土的明代瓷器，作为同中国人民传统友谊的象征。在东南亚一些国家，如印度尼西亚的爪哇有地名叫三宝垄、三宝庙；泰国有三宝庙和三宝塔（因郑和叫三宝太监而得名），印度的古里和柯枝都建有纪念碑。

案例分析：

郑和的远航，大大促进了中国和亚洲、非洲国家的政治、经济、文化交流。郑和下西洋后，许多国家的国王、首脑或使者纷纷来中国访问，建立了邦交和贸易关系。中国到东南亚的侨民也迅速增加，他们带去了先进的生产技术和文化知识，为南洋的开发做出了贡献。郑和在七次远洋航行中，对航行的方向、航程的远近、停泊的处所以及暗礁险滩，都做了精密的航行记录，并形成了《郑和航海图》。同时，表现出高超的航海技术，在下西洋的航海实践中，郑和和船队的舟师、火长们综合利用当时最先进的航海技术，指挥着庞大的特混舰队安全航行，无论在编队航行的队形、指挥和通信联络方面，还是在天文航海、地文航海、导海仪器、季风的利用、驶帆技术、测量制图等方面，都取得了卓越的成果。

郑和下西洋，前后历经28年，其时间之早，规模之大，都是后来的哥伦布、麦哲伦所不能相比的。它比哥伦布发现新大陆早87年，比麦哲伦到达菲律宾早116年，比达·伽马到达印度古里早92年。当达·伽马到达非洲东岸后，在马林迪找到阿拉伯水手艾哈迈德·伊本·马季德领航，沿着郑和船队的航路横渡印度洋直达古里（今科泽科特）。郑和下西洋后，大大加强了中国与南洋的联系，航路畅通，贸易发展，在世界航海史上写下了极其光辉的一页。

2013年秋，习近平总书记正式提出"一带一路"的倡议。6年来，全球100多个国家和国际组织积极响应，支持和参与"一带一路"建设。2015年3月28日，国家发展改革委、外交部、商务部联合发布了《推动共建丝绸之路经济带和21世纪海上丝绸之路的愿景与行动》。随后，作为中国顶层战略的"一带一路"加快步伐。"一带一路"（The Beltand Road，缩写B&R）是"丝绸之路经济带"和"21世纪海上丝绸之路"的简称。"一带一路"贯穿欧亚大陆，东边连接亚太经济圈，西边进入欧洲经济圈。同时，"一带一路"旨在积极发展与古代丝绸之路沿线国家的经济合作伙伴关系，共同构建政治互信、经济融合、文化包容的利益共同体等。该战略构想的提出，为沿线国家优势互补、开放发展构建了国际合作的新平台与多边合作的契机，有助于我国对外开放战略升级。

案例思考题：

1. 郑和七次下"西洋"对后人有何启示？
2. 请结合"一带一路"实际谈谈如何扩大对外开放。

案例三　知识改变命运

1966年冬，姜锦程出生于山东省高密县柴沟镇大王柱村一个普通的农家，父亲给他起这样的名字，无疑是企盼这孩子将来有出息，圆庄稼人一个锦绣前程的梦。

姜锦程7岁入学，学习非常刻苦用功，每次考试均名列前茅。到高中，老师称赞他，同学们羡慕他，他自己也下决心要争取考上大学。不料，就在姜锦程做着大学梦的时候，不幸降临到全家人的头上，父亲由于积劳成疾，过早地离开了人世。三个哥哥要婚娶成家，一弟一妹年龄尚小，他这个学是无论如何也上不起了，沉重的经济负担，使姜锦程主动远离了那高考前收获的七月。

1989年春节后，姜锦程放弃学业，随建筑队到青岛，开始了自己的打工生涯。一天十几个小时干下来，他累得骨松架散，但他心里不服，他想尝试着用知识来改变自己的命运。他硬是咬牙坚持自学，拿到了一张建筑工程预算员的资格证书。偶然翻阅《青岛晚报》，他看到了该市职工大学招收"工业与民用建筑"专业大专生的简章。自己完全符合招考条件，为什么不去一搏？

1990年9月，姜锦程梦想成真，终于步入了大学的校门。从此，他开始了白天打工、晚上读书的"工学"生活。1991年初，建筑队移师威海，命运再一次给他提出挑战：是放弃学业，随建筑队奔波于生计，还是留下来继续读书呢？面对求学与生存的两难境地，他选择了前者。经济保障又从何而来呢？为坚持完成学业，他竟在青岛的闹市一角摆了个修鞋的摊位。从1991年初到1999年底，姜锦程白天修鞋，晚上上课，共捧回来三个大专文凭：1995年，他拿到的第一个大专文凭是工业与民用建筑；1998年，他拿到的第二个大专文凭是外贸英语；1999年，他拿到的第三个大专文凭是英语。

姜锦程说："我当时留在青岛，身上有200元钱，买了一套修鞋工具后，仅剩下4块钱了，买了4斤挂面，一天一斤，然后靠修鞋挣来的钱生活、读书。你问我拿了第一个大专文凭之后，为啥还要拿第二个、第三个？实话说，当我拿着第一张文凭去一家又一家建筑公司应聘时，均失败而归。有一天，我给一位中年妇女修鞋，她乐得合不上嘴，说自己的儿子考上了律师。这件事对我启发很大，但经过咨询，考律师必须懂英语，我这才动了再拿文凭的念头，为了改变自己的命运，我想当律师。10年了，每到春节，青岛万家灯火、举家团圆，而我这10年春节都是在鞋摊上渡过的。母亲来信让我娶个媳妇，我想，自己的大学梦是实现了，但我还想圆一个律师的梦。1998年10月，第一次参加律师考试，成绩仅差5分，1999年10月，第二次参加律师考试，成绩仅差2分。我就是不服，我把那装满了几个化肥袋的书第三次倒出来，硬是苦修一年，到2000年，我第三次走进了'中国第一考'的考场。11月12日，天气格外的晴朗，我以颤抖的手拨通了查分电话。电话中,柔声细语的小姐告诉我:'姜锦程233分,今年的录取线为231分。'我放下电话,泣不成声。因为2000年律考的过线率只有10%,再就是10年的风风雨雨,按理说我应该是宠辱不惊了,但我还是不能自制。尤其是当琴岛律师事务所以宽广的胸怀接纳了我的时候,再坚强的人也会情不自禁的啊!"

2000年12月25日,姜锦程应邀为母校(青岛市职工大学)300余名师生做了报告,赢得了经久不息的掌声与喝彩;12月31日,中央电视台《东方时空》节目组《百姓故事》栏目对姜锦程做了采访报道。姜锦程向朋友借了一套西服,面对全国的电视观众说:"为了实现梦想,我付出了10年的青春与汗水,但我无怨无悔。因为10年的耕耘换来了知识,而知识改变了我的命运。"

案例分析:

这是一篇典型的考核案例。阅读之后需要回答的问题有三:一是要说明知识经济的概念,二是要谈谈你的知识经济观,三是要阐述如何调整人生坐标把知识转化为能力。

所谓知识经济,就是建立在知识和信息的生产、分配和使用上的经济,确切地讲就是以知识为基础的经济。早在1912年,经济学家熊彼特在《经济发展理论》一书中指出:不是资本和劳动力,而创新才是资本主义发展的根本原因,创新的关键在于知识和信息的生产、传播及其使用;美国经济学家马克卢普发表了《美国的知识生产和分配》,详细地分析和论证了知识和信息在经济发展中的作用。从20世纪初所萌生的创新理论,到20世纪60年代的知识产业思想,对工业革命曾经产生了巨大的影响,而完整意义上的知识经济概念是从20世纪70年代以来开始形成的。

1973年,美国的丹尼尔·贝尔发表了《后工业社会的来临》,把人类社会分为三个阶段,即农业社会、工业社会与后工业社会,而后工业社会将是知识经济社会;进入20世纪90年代后,知识、技术和信息对经济发展的贡献越来越大,成为经济和发展的关键环节。美国加利福尼亚州的罗默发表了《新经济增长理论》,把知识看作重要的生产要素即可以大大提高经济效益的生产要素；1990年，未来学家托夫勒在他的代表作《力量的转移》中把知识和信息看作创造财富的新体系；1993年，德鲁克在东欧解体、冷战结束后出版的《后资本主义社会》中指出：无论是250年的资本主义发展还是近100年的社会主义及其意识形态，两者均会被后资本主义所取代。知识将成为重要资源，创造财富的活动其核心是知识创新，未来以知识为主体的社会，它的领导者是知识工作者即知识经理人。未来社会是知识经济社会，而联合国教科文组织顾问、系统哲学家E.拉兹洛在其《决定命运的选择》一书中开宗明义地指出：在20世纪末和21世纪初，规定世界上权力与财富性质的游戏规则已经改变。权力不再以诸如某个办公室或某个组织的权威之类的传统标准为基础，一个比财富和权力更灵活的新基础将以知识和信息为标志。所有这些，都预示着一个大时代的到来。知识经济时代的主要特征：

1. 科技投入不断增加，经济发展呈现可持续化

传统工业技术发明的指导思想大都是单一地、尽可能多地利用自然资源来获得最大利润，而极少考虑环境与生态效益，这种人为地向自然界索取甚至掠夺，不能不说是技术与科学分离的悲剧。而高技术的产生则把科学与技术融为一体，它的指导思想是科学、合理、高效地利用现有资源，反映了人类对自然界与人类社会的科学全面的认识。据统计，随着知识产业的大量涌现，发达国家知识产业效益已占到其国民生产总值的50%以上，美国占到2/3以上，科技对生产力增长的贡献达到70%，美国早在1996年信息产业的投资额就高达2500亿美元，发达国家平均把2.3%的国民生产总值放在研究与开发上。关于信息的意义，哈佛大学信息中心主任安瑟尼·G.欧廷格教授说："没有物质，就什么东西也不存在；没有能量，就什么事情也不发生；没有信息，就什么东西也无意义。"

2. 信息高速公路逐步开通，资产投入呈现无形化

知识经济是以无形资产投入为主的经济。传统工业经济需要大量资金、设备，有形资产起着决定作用，而知识经济则是知识与智力，无形资产的投入起着决定性作用。目前，不少西方国家高技术企业的无形资产已超过了总资产的70%。20世纪90年代信息高速公路的出现（NII），掀起了信息化热潮，风靡全球的国际通联网（INTERNET）惊人的发展更好地实现了与地理距离无关的实时信息交流，从而把远程教育、医疗、购物、求职等变成了既节省资源又轻而易举的现实。统计资料表明：世界首富比尔·盖茨2017年营收达到1104亿美元（约合人民币7581亿）。信息的公开化、大众化，为领导决策的民主化提供了前提，同时也为社会监督提供了可能。哈佛的专家、教授们认为：信息为领导者决策的科学化提供了有效手段。

3. 高品位的创新与创造，使世界经济呈现一体化

知识经济是世界经济一体化条件下的经济。在当代，高技术产业较之传统产业的领域十分广阔，任何国家都不可能在这一产业中全面领先，只能在这一领域中坚持有所为又有所不为，因为知识经济时代是一个大市场，靠无形资产的投入实现可持续发展，关键在于是否占有一席之地，你是否能在创新与创造的前提下成为世界经济一体化不可或缺的一部分。当今世界经济中，软资源即技术、管理与知识开始上升为主要地位，品牌也成为重要资源。凡此种种，都表现为你中有我、我中有你的一体化行为，都以高品位的创新与创造紧密相连。

4. 知识经济的核心是知识价值，经济与战略决策呈现知识化

知识经济是以知识决策为导向的经济。未来经济事务中，科学决策的宏观调控作用必定有日渐增强的趋势。比如美国在1992年实施的全国信息基础设施即信息高速公路等一系列高新技术经济导向政策，出乎意料地为美国经济的持续增长起了巨大的作用。由此可见，无论是一个国家，还是一个地区或部门，如果自觉或不自觉地看轻知识的价值，仍然单纯地在以物质资本为核心上抱残守缺，除了可笑的无知以外便是可怜的短见而已，因为"真正的力量已经不再是知识，而是知识的知识。"

综上所述，知识经济作为一个时代的象征，它给我们最大的、最直接的启示在于创新和高效，它同农业社会、工业社会的生产要素相比，具有无限性、快捷性和波及性，也就是说它的创新与发明是源源不断的，更新速度异常之快，而每一项新的创造都可以更多地惠及人类，恰恰应验了培根早年关于"知识就是力量"的论断。可见在知识经济时代，一切都以知识为基础，所有财富的核心是知识，所有经济行为都依赖知识而存在，它对整个国民经济和综合国力的贡献，远远超过了传统的生产要素，并对经济增长、社会发展的轨迹和趋势起重要作用。

我们经常提及的近代科学已经走过了300多年历程，尤其是进入21世纪以后，科学与技术发展更是一日千里，成为人类现代文明的基石，成为技术革命、产业革命的基础和先导，成为推动经济和社会持续进步的决定性因素，知识经济就是在此基础上产生和发展起来的，促使它产生和发展的源泉在于当代世界的技术进步和知识增长，而知识和信息对经济、社会的增长与发展的作用，已经超过了资本和自然资源，这无疑使我们这些还在传统农业经济条件下为解决温饱、为实现传统工业化而不懈努力的人们为之一震。

知识经济时代的悄然来临，再一次给我们这样的警示：知识的创新、传播和应用已成为未来知识经济时代发展的重要的、取之不竭的资源和动力；现代社会和国家对科学的支持能力、组织能力、推动能力变得更加强大。作为领导者，从更高更深的层次来总结现代科学发展的历史经验，展望科学的未来，将有助于我们更好地认识科学发展的规律，提高在知识经济条件下的决策能力与水平。那么由知识的积累上升为科学，最主要的经验表现在以下几个方面：

1. 科学的价值观和科学精神

马克思主义认为，科学的价值在于求真，在于它的真理性，而认识客观世界的社会价值在于能动地改造世界。在当代，科学之所以被任何一个国家、一个地区乃至一个单位视为其发展战略的基础或核心，正是由于它不仅仅为人们提供了由必然王国到自由王国的系统知识，还在于它为生产力的发展和人类文明进步提供了"资源"和动力。科学的价值是通过科学活动的内部结构实现的，科学活动的行为规范和科学精神的形成与科学的本质相联系，同时又为科学得以健康发展提供保证，并随着科学的发展而不断发展和完善；科学以探求真理、揭示规律为目的，科学工作者重要的品格就是实事求是的精神；科学的前沿无止境，世界也没有穷极的真理，科学创新必须首先解放思想、勇于开拓；科学无国界，但科学家有祖国，创造自主的知识产权，造福国家和人民，历来是科学家崇高的理念和精神动力，对科学的贡献是对人类文明的贡献，而决不可把科学知识视为牟取私利的手段。

2. 科学的继承和发展

牛顿有一句名言："我之所以能比别人看得远，是因为我站在巨人的肩膀上。"这句话再恰当不过地说明了科学发展的基本特点实质上是科学知识、科学理论、科学方法的历史继承、发展、创新和突破。科学的意义在于发现和突破。在某一科学领域中，当知识积累到一定程度，就会随着量变而产生重大突破。比如放射性元素镭的发现、克隆技术的发明、核磁共振成像与CT、人造卫星及遥感技术等，都会使某一学科领域的知识水平和知识结构发生根本性变化，并且会导致许多新理论、新学科的建立，进而使一门或几门相关学科得到迅猛发展。正如贝尔纳所说，许多科学观念的改变就合成一场科学革命。可见，科学革命其中包括一些重大的科学突破，往往不仅仅是重大知识和方法上的创新，某种意义上讲是对原有知识结构和理论体系的重整与更新。近现代科技史表明：科学的新发现本身就孕育和带动技术的创新，科学革命往往也是技术革命的基础、动力和先导。改革开放总设计师邓小平同志提出的"科学技术是第一生产力"的观点准确地反映了我们这个时代的特征。

3. 科学的开放性和社会建制

自然科学是全人类共同创造的精神财富，是各民族共同的智慧和结晶。古代科学是多源的，它主要起源于古希腊、古埃及、古巴比伦、古印度和中国。从公元6世纪到16世纪欧洲的文艺复兴，阿拉伯人曾对世界的科学和发展做出过特殊的贡献：他们不仅翻译了大量古希腊的科学文献并加以发展，而且为文艺复兴提供了历史中介，不仅沟通了东西方的科学交流，还通过"丝绸之路"把中国的四大发明传入欧洲。16世纪以后，欧洲作为近代科技的中心，诞生了一代杰出的科学家，比如哥白尼、伽利略、培根、牛顿等。到了现代，由于交通和通信的便捷，科学的国际交流与合作变得更加广泛，成为一个开放的体系，它不仅对国际开放，也对未来开放，任何发明创造，尽管在一定的时空上受到某种限制，但最终都必然汇入人类科学的海洋。关于科学的社会建制，自从19世纪以后，社会对科学技术表现了强烈的关注与需求，它便表现出了对社会越来越大的依赖性，使得现代科学成为社会和国家的一种事业，科学立法、科研管理、基金会、国际性科学组织等，便发展成为一种完整的社会建制。这种建制树立了自己的科学目标、科学精神、科学价值观、科学道德规范以及科学活动方式和方法，并与政治、经济、文化、教育等建制互为影响，从而决定着国家、民族和人类的文明进程。

4. 科学的源泉和动力

古希腊哲学家和思想家亚里士多德曾经说，哲学与科学的诞生有三个条件：一是人们对自然和社会现象的困惑和惊奇，激励了好奇心与求知欲；二是从事理性思辨；三是古代的民主制为哲学和科学的自由思想提供了空间。以上表述，实质上是讲古代哲学与科学的繁荣赖以发展的源泉、动力和条件。现代社会对科学发展的推动力变得更加强大，对其影响也是多方面的，其中起决定作用的主要有四个方面：一是社会对科学进步的需求；二是社会为科学研究所提供的物质条件；三是营造尊重知识、尊重人才、崇尚科学、鼓励创造的文化氛围与社会环境；四是良好的科教基础与科普水平。

由此看来，面向知识经济时代的领导者，能否站在时代前列，接受知识与科学的洗礼，牢固树立科学价值观与科学精神，进一步解放思想，坚持科教兴国，支持改革创新，积极倡导和营造有利于科学进步的良好环境，最大限度地发挥对科学、教育、人才的支持能力、推动能力和组织能力，把职守期间的聪明才智在知识经济大潮中用绝、用活，是新时期考察识别领导干部是否称职的重要内容和依据。

知识经济的出现，标志着人类社会正在步入一个以知识资源为主要依托的经济时代，知识经济引发的经济革命，将是重塑全球经济及其走向的决定力量，并极大地改变着人类的生产和生活方式。如果一个民族、一个国家在世界上没有经济竞争力，就不可能有科技与文化的竞争力。全球化和知识化的知识经济的兴起，为人类社会发展注入了新的生机和活力，对中国的发展至关重要，并将产生深远的影响，应该说这既是一个机遇，同时又是一个挑战。

然而，在我们的现实生活当中，在我们各级领导者的决策当中，轻视教育、轻视知识、轻视人才的现象还是不容忽视的，这同我们所面临的知识经济时代的要求是格格不入的。人类历史上最重要的一次产业革命，是200年前的第二产业升级，它的结果是带动了落后的第一产业，促进了经济的迅猛增长。遗憾的是这一次产业升级时期，我国正处于腐败的清政府闭关自守时期，使我们失去了一次宝贵机会。知识经济的再现，无疑又是一次世界性产业升级的机遇，这也是我们缩小与先进国家差距的最佳时机。身为领导者，应该以什么样的姿态来面对这次机遇和挑战呢？

第一，调整人生坐标与价值取向。当前，随着社会主义市场经济的确立和知识经济大潮的冲击，许多新思想、新观念都会对传统的思想和观念发生碰撞。因为在知识经济时代，社会是开放的，知识是共享的，在加大社会开放度的同时，作为党和国家的领导干部，坚定的共产主义信念、全心全意为人民服务的宗旨不能动摇，正确的、向上的、甘于奉献的价值取向不能改变，在这一前提下，努力增加民主意识、竞争意识、文明意识、创造意识、科学意识以及开放意识，注意吸收一切优秀的知识与成果，以此来丰富和完善"自我"人生。在全球化资本、技术与人才流动中，如果你是当代中国的领导群体中的一员，必须具备崇高的历史使命感和责任感，你选择了领导干部的职守，就等于选择了甘于奉献，你的人生坐标就必须同国家、民族和人民的利益紧密相连，同我们自己的独特文化紧密相连。人口众多，资源相对贫乏，经济与科技相对落后，教育与文化素质较低的国情是每个领导者考虑问题与决策的出发点。

第二，选择适合自身发展的"营养菜单"。在未来的知识经济社会里，知识老化周期的加速，作为领导者无论你目前所拥有的智力还是决策能力多么现代化，如果缺乏知识更新的手段与条件，墨守成规，就难免会"江郎才尽"。要适应建设高素质干部队伍的客观要求，首要的任务就是学习。我们每一位领导者都应面向知识经济的机遇和挑战，自觉地设计和选择一份适合自身发展的"营养菜单"，缺什么知识就补什么知识，缺什么能力就锻炼、提高什么能力。"既没有知识，也没有能力的领导，只能使他领导的工作倒退回小生产管理阶段。"未来社会，是一个人终身受教育的社会。作为领导者，学习法律知识重在提高法制观念；学习科技知识重在尊重人才，营造科教兴邦之环境，学会决策的科学化；学习经济知识重在掌握经济工作之规律，坚持"发展是硬道理"；学习管理知识则重在提高决策水平，让管理出效益。"营养菜单"有了，案例法就是你首选的"烹调大师"。

第三，营造创新机制的良好环境。面对知识经济的浪潮，仁者见仁，智者见智，许多专家和学者都把健全和完善面向知识经济时代的国家创新体制、科学创新体制提到了至关重要的位置。目前，不少领导者确实在一线岗位勇于拼搏，积极进取，建立了一定的政绩。但为官一任，保一方平安，富一方百姓这种领导者的思维方式，在知识经济时代就显得不够了。要明白面向知识经济的时代，我们将经历工业化为主、工业化和知识化并重、知识化为主这样三个阶段。在这三个阶段中，领导者有一份"天职"就是"造势"，即营造实施科教兴国战略，建设创新体系，增强全民创新意识的良好社会与文化氛围及其环境。

第四，身体力行的倡导与推动。中国近代的新文化运动中，先进的中国人曾经举起两面大旗：一面是民主的大旗，一面是科学的大旗。正是由于马克思主义在这场运动中得以传播，运动的中心内容和性质便逐渐同中国革命的实际结合起来，才使中国革命的面貌焕然一新。当代的领导者，仍然应该高擎民主与科学这两面大旗。因为知识经济的兴起将进一步加速全球的民主化进程，民主与科学密不可分，知识经济的内涵和外延都将在当代新技术革命中起到至关重要的作用。一城一地的传统文化氛围如果能够同知识经济的浪潮相呼应、相融合，必定会产生某种导向性的效能。而一个领导者或领导群体的作用就在于既身体力行、率先垂范，又积极倡导、常抓不懈，有效地发挥党委和政府的支持、组织和推动功能，最终把这种功能变为全民的自觉行为。毫无疑问，无论你那片热土在今天的经济序列中排在什么位置，无论人们的生活水准处在什么样的状况，而当这片热土在知识经济领域里能有一席之地，能有所作为，我们便可以满怀信心地预知其未来。

案例思考题：
1. 简要说明知识经济的概念。
2. 谈谈你的知识经济观。
3. 阐述如何调整人生坐标把知识转化为能力。

案例四　袁世凯的"学历"问题

咸丰九年（1859年）九月十六日，在河南省项城的袁氏城堡中，曾捐纳同知身份的袁保中喜得贵子，这时，剿捻前线正好传来出兵大捷、凯旋班师的消息，再加上袁氏家族"保世克家，企文绍武"的辈序，这一男婴遂取名世凯。袁保中靠银子捐的官不过是一个地方乡绅，而叔父袁甲三却官至总督，声名显赫，同辈中的兄弟袁保恒、袁保庆也先后出任过内阁中书和道员，"累世勋阀，三代煊赫"，袁世凯家族的荣耀由此而来。

袁世凯从小过继给了先后在济南、扬州、南京等地做官的袁保庆，他15岁的时候，经历了家道由盛转衰的骤变。同治十二年（1873年）七月，养父袁保庆染上霍乱死于南京，不久生父袁保中病死，再往后叔父袁保恒又突然死于时疫。在天意人事作弄下的袁家，只好"将所有田土剖为十二股"，各自谋生去也。袁世凯就是在这样的情况下养成了放荡江湖的性格。

袁世凯8岁在济南拜举人王志清为第一位启蒙塾师，11岁在扬州师从王伯恭学八股制艺，到20岁时，先后两次乡试不中，干脆一把火将随身诗稿文章烧掉，到上海与苏州名妓沈氏过了一段情笃甚密的落魄生活，科举功名的路子再无心问及。在袁世凯浪迹登州时，其父辈好友淮军统领吴长庆收留了他，并为他捐了"中书科中书"的名分，委任一个帮办营务的差使，开始了安身立命的军旅生活。袁世凯连秀才也不是，早年曾捐过一个监生，无奈之下又拜江南才子、南通名士张謇为师，希望军务之余再习诗文。不料，所写文章"文字芜秽，不能成篇"，令张謇无从删改，科举入仕的路子从此断了。

光绪八年（1882年），朝鲜发生"壬午兵变"，名为保护国的清朝派吴长庆率军平息。袁世凯在张謇保举下，以水师帮带办理前敌事务，先期渡海入朝。这时，淮军纪律散漫，奸杀劫掠，眼看要误大事，袁世凯冒着胆子正法了7人，恩威并施，竟然把先头部队给稳住了。随后，吴长庆的武弁无故伤及韩人，被袁诱而杀之；有人偷食鸦片，被袁世凯砍头示众。这种先斩后奏的做法，吴长庆不仅没有责怪，反而大加赞赏，称他"不愧将门之子"。军中打油诗称："本是中州歪秀才，中书借得不须猜；如今大展经纶手，杀得七个人头来。"侵朝日军被击溃后，袁世凯又时常代吴长庆出面与日本、帝俄等国使节办理外交事务，博得"非唯知兵，且谙外交"的赞许。为此，吴长庆回国后向朝廷请功，拟提拔袁世凯为五品同知。

袁世凯听到这一消息，实际上是喜忧参半。喜的是平地起高楼，五品同知前程无量；忧的是本人档案中中书科中书原来是假冒的，也就是说他本人并无文凭。如果这事一旦被吏部和朝廷察觉，定然会兴师问罪，吴大人受责难不说，他本人的前程就此休矣！怎么办？袁世凯抓耳挠腮，急得像热锅上的蚂蚁。就在这时候，他的老师周家禄一语点破了其中奥妙："花银子呗！"

经过一番周折，袁世凯按照老师的点拨，一次领回来5个月的俸禄，将这笔钱交给其拜把子兄弟"嵩山四友"之一的徐世昌。徐世昌在落魄时结识了袁世凯，袁世凯又曾资助他中了举人，京城上下有几个熟人。于是，徐世昌找门子、拉关系，终于买通了吏部文选司一个姓何的山西蒲州人，外贴一千两银子，成全了袁世凯，即把袁世凯堂弟袁世保的文凭划归袁世凯名下。

后来北洋在咨复吏部的呈文中这样写道："袁世凯本为将门之子，投效戎行，原名曰世保，现改名曰世凯。"

案例分析：

"火到猪头烂，钱到公事办。"为了一纸文凭，袁世凯竟然弄虚作假。即使是近代中国这样的乱世，无科举功名能爬到"大总统"高位的实属罕见，不然怎么能称为"窃国大盗"呢？

袁世凯出生于官宦门庭，在迈向人生的第一步本来是照习"八股"的，但家道中衰养成了浪迹江湖的性格，再加上从小精熟官场之道的尔虞我诈，从不把学业放在心上，所做的制文大都随心所欲，不成规矩。他的一位老师说，袁世凯将来若得势，恐怕不是以杀伐定国，就是要以杀伐乱世了。袁世凯做官之后，有人指责他"骄矜用兵"，"擅启边衅"，遭到朝廷查办；当钦差到达以后，一路上到处立有袁世凯的功德事迹，袁大发雷霆，尽数让人拔去，有不少人跪于道路两旁，不让拔碑，用鞭子赶也赶不走。钦差见此情景，感慨万分，便不再查办。殊不知，26岁的袁世凯亲自导演的这出官场戏不仅没有丢官，反而加三品衔。袁世凯骗取学历的目的不外乎是一个"官"字和一个"权"字，他的骗术娴熟自如，一是老师的点拨，二是自己浪迹江湖的悟性，三是恩威并重，结交了一帮效命的党徒。"有钱能使鬼推磨。"区区一纸文凭用银子讨回来了，打通李中堂、荣禄、西太后的门子同样靠的是银子。文凭有了，官位有了，权力就有了，银子还愁吗？

现在的问题是当今改革开放形势下，不少领导干部也在学历问题上动起了脑筋。诚然，由于历史的原因，没有相应的文凭，"知识化"的要求每每与自己的升迁擦肩而过。眼下，知识经济时代又来临了，现有的学历势必不能适应变化着的时势，怎么办？离职读书不合算，在职攻读又不能保证，出高价来买文凭简便但风险较大，你说急人不急人？好端端的一个领导干部，大家知根知底，看着他成长起来的，突然在一个早晨，他的履历中学历一栏变成了什么"研究生""博士生"。你的学历"提高"了，但你和群众的距离却疏远了，因为这份"学历"后面隐含着虚假和肮脏的东西。

假学历、假文凭是新形势下生长出的一种怪现象，是一种毒瘤，它既败坏我国高等院校的声誉，也败坏一部分领导干部的声誉，更败坏我国社会风气，使少数不法分子有利可图，形成极其恶劣的社会舆论导向。假学历、假文凭的诱惑力屡禁不止，说到底是权力与利益的诱惑，正是在这种阴暗的背景下，有迫不及待买的，有半推半就卖的，有明目张胆送的，还有神神秘秘拉皮条的。任其发展，势必败坏党风，把我们国家的教育体制给搞垮。试想，胡长清这样的人不仅能买下北大的文凭，而且能堂而皇之地站到北大的课堂上去讲学，这将意味着什么呢？

有人不无讽刺地说，现在除了假话是真的，什么也有了假的。既然假冒伪劣已经充斥了我们生活的方方面面，那么文凭、学历也需要打假。打这种假，首先应从领导者做起，中央组织部曾下发的"关于在党政干部中重新审核文凭"的通知和有关规定，表明我们的党和政府整饬"吏治"的决心和信心，在广大干部群众中引起了强烈反响，"南郭先生们"脸红心跳了，吏治更加清廉了，群众才会买账。

案例思考题：

1. 分析袁世凯骗取学历的目的与手段。
2. 试述文凭也需打假。

第三章 中国党政领导案例的教学

第一节 党政领导案例教学法的基本概念与特征

案例教学法的基本概念有广义和狭义两种理解。广义的案例教学法是指包括案例基础理论、案例开发理论与方法、案例应用理论与方法等内容组成的一个大系统的理论知识体系；狭义的案例教学法仅指在案例应用过程中，案例教学的基本理论与基本方法。我们研究的党政领导案例教学法，属于狭义的概念。目前，在我国企业管理案例教学研究领域内，普遍流行的是广义的案例教学法概念。这种狭义概念的确立，是逐步建设党政领导案例学科体系的客观需要，是深入探讨党政领导案例教学特殊规律的客观要求。

党政领导案例教学，是指在领导案例开发的基础上，以形象、拟真的党政领导工作情景为教学环境，对具有典型意义的领导、决策事件，运用引导、启发、讨论等教学手段，吸取其成功的经验，接受其失败的教训，以达到提高受训者理论思维能力、分析判断能力的一种新型的培训方法。它的基本特征是以领导案例为基本教材，以领导者为主要培训对象，以案论理，以案正理，以培养智能为主，以传授知识为辅，重在将知识转化为能力。因此，掌握案例教学方法与技巧的程度，是衡量案例教学师资水平及其培训效果的基础和前提。

党政领导案例教学法的基本概念，包括以下几方面的含义：

第一，它说明了党政领导案例教学的基础性工作，就是开发出具有真实性、典型性、系统性、适用性的党政领导案例，否则，就难以保证和提高党政领导案例教学的质量。

第二，它说明了党政领导案例教学的基本目标，就是通过案例教学，提高党政领导干部的理论水平和政策水平，培养党政领导干部发现问题、分析问题、解决问题的独立能力。其中，根本目标是培养党政领导干部的独立工作能力。

第三，它说明了党政领导案例教学的基本方针。根据案例教学目标的要求，在案例教学的全过程中，应当贯彻"三结合、三为主"的方针，即案例教学与基础理论教学相结合，以案例教学为主；学员、教师、组织人事部门人员相结合，以学员为主体；学员自学、互学与教师辅导、讲授相结合，以学员自学、互学为主。

第四，它说明了党政领导案例教学的基本方法和方式。为了实现教学目标，贯彻教学方针，党政领导案例教学的基本方法是启发式、引导式。基本方式是以学员自学为主，采取小组讨论、课堂讨论、专题讨论、自由结合讨论等多种群体讨论方式，进行学员与学员之间、学员与教师之间的双边交流，形成思维共振，以引发智慧，启迪思维。通过上述党政领导案例教学法的基本概念及其含义的分析，可以看出，它与传统的党政干部培训方法相比较，存在着多方面的区别。传统培训法的基础工作是编写教材，教学目标是传授知识，教学方针是以理论教学与教师传授为主，教学途径是以理论事，教学内容是系列教材，教学方式是"灌输式"，教学重点在于明确结论，解决是什么的问题。而案例教学法的基础工作是开发案例，教学目标是培养能力，教学方针是以案例分析与学员讨论为主，教学途径是以案论理，教学内容是实用案例，教学方式是自学、讨论的启发式，教学重点在于寻找对策、方案，解决为什么与怎么办的问题。

经过对比分析，可以看出党政领导案例教学法具有四大特征：

1. 能力主导，重在分析

新时期党政领导干部的培训目标，是由传授知识、充实理论、提高水平、培养能力等多目标形成的一个目标结构。不同的教学方法，在这一目标结构中，会选择不同的主导目标。传统培训方法选择的主导目标是传授知识、充实理论；而案例教学法选择的主导目标是培养能力。因此在教学过程中，案例分析的要求更多地不在于得出什么样的结论，重要的是为什么要选择这样的结论或方案，从而达到增强研修者思维能力、工作能力、创造能力的目的。

2. 学生主体，教学相长

新时期党政领导干部的培训组织，是由学员、教师、组织人事部门多元性构成的一个群体结构。不同的教学方法，在这一群体结构中，会确定不同的教学主体，传统培养法是以教师为教学主体；而案例教学法是以学生为教学主体。在案例教学过程中，教师起指导作用即节目主持人的作用，他的任务是选择案例，组织好课堂讨论，而学员作为教学活动的主体，应充分调动他们知识积累与实践活动的经验，通过发问、思考、解疑、谋略、决策，让大家都受到教育和启发，从而达到教学相长的目的。

3. 案例主线，辅之理论

新时期党政领导干部的培训内容，是由基础理论课、方针政策课、应用专业课、案例分析课等多单元组合成的一个课程体系。不同的教学方法，会确定不同的主线课程。传统培训法是以理论、政策为主线课程的；而案例教学法是以案例课为主线课程，辅之理论、专业课程，把基础理论与案例教学有机地结合起来。

4. 以案论理，引发创见

新时期党政领导干部培训的教学途径，呈现出多元性的趋向，归纳起来有两条主要途径，一是以事证理，或称以案论理；二是以理论事，或称先理后事。不同的教学方法，会选择不同的教学途径。传统培训法选择的是以理论事的途径，即通过系统的理论知识讲授，使学员从理论中引申出相应的实践事例加以对应证明；而案例教学法则选择以事论理的途径，即通过大量的工作案例分析，使学员从案例中引申出相应的理论，获得自己的认识、观点、创新经验和工作方法。当然，案例教学并不排斥其他教学方法，相反，它必须和其他教学方法相辅相成。

现代案例教学法起源于企业（工商）管理教学领域，由于其独特的功能，迅速推广到多种教学、培训领域中。但是，从理论和实践的成熟程度来看，企业管理案例教学法处于领先地位。党政领导案例教学法，作为案例教学法的一个新的分支，既有与企业管理案例教学法相互联系的共性，又有与企业管理案例教学法相互区别的个性。其共性特征，在上述与传统培训法的对比分析中，已做了阐述。其个性特征表现在以下几个方面：

1. 宏观性

企业管理案例教学偏重于微观活动的个体分析，而党政领导案例教学偏重于宏观活动的总体分析，着眼于党和国家的路线、方针、政策，以把握党政领导工作的战略全局和根本方向。这种宏观性特征是由党政领导工作的特殊地位、特殊任务、特殊作用所决定的。

2. 综合性

企业管理案例教学注重于微观经济工作能力的培养，而党政领导案例教学注重于政治、经济、科技、教育、文化等综合工作能力的培养。这种综合性的特征，是由党政领导工作的特殊范围、特殊职能所决定的。

3. 软化性

企业管理案例教学注重于定量分析和硬技术（即数学方法）的应用，而党政领导案例教学注重于定性分析和软技术（即行政、政治、教育、社会心理方法）的应用。因为党政领导工作不同于企业管理工作，标准、指标、定额、计量、参数等量化的工作内容较少，而路线、方针、政策、原则等定性化的工作内容较多。与此相适应，党政领导案例教学具有软化性的特征。

4. 艺术性

企业管理案例教学虽然也提倡经营工作中要讲究管理的艺术性，但是由于企业管理工作中计量性、程序性、规范性、业务标准性的工作占绝大多数，所以更讲究管理的技术性。而党政领导工作中非计量性、非规范性、非程序性或突发性、偶发性的工作占绝大多数，处理这些工作只有软性的政策原则，需要党政领导干部运用经验和判断能力，灵活掌握政策原则，艺术性地处理问题，创造性地进行工作。与此相适应，党政领导案例教学特别注重培养领导的艺术。

案例法教学以高度的拟真方式,为教学双方提供了一个特殊的客观环境,案例又是只给情况、问题和条件,引而不发,研修者、受训者通过创造思维,各抒己见的讨论与交流来达到集思广益、共同提高的目的,的确是培养能力的一种绝好形式。教学主体由保姆式"知识喂养"的教师到学员的转换,迫使你去思考、归纳、抉择,这是其他教学方法所不能代替的。因此,案例法的确是培养和提高能力的有效途径,是理论与实践相联系的纽带与桥梁。

第二节 党政领导案例教学的基本原理与基本程序

党政领导案例教学是以其独特的动态发展过程来反映其教学规律的,无论你是处于教学的主体地位还是教学的主导地位,都应很好地加深对这种规律的理解与认识。根据这些年来的教学实践与研究,党政领导案例教学的基本原理,主要有系统原理、相似原理、实证原理、能级原理以及弹性控制原理。

1. 系统原理

党政领导案例教学的实体要素是案例、学员、教师、组织部门领导和工作人员,这四个实体要素相互依赖,相互制约,形成一个具有独特功能的案例教学系统。党政领导案例教学的系统性表现在四个方面:

(1) 它是多目标相结合的系统。党政领导案例教学的目标不是单一的,而是多目标的,包括传授知识、提高水平、引发智慧、启迪思维、培养能力。对这种多目标关系的协调和把握,本身就是一种系统活动。

(2) 它是多要素相关联的系统。党政领导案例教学的基本要素,从实体性角度划分,包括案例、学员、教师、组织部门人员;从范畴性角度划分,包括教学目标、方针、内容、任务、方法、方式等。这些要素之间存在着各种各样的关系,有纵向关系、横向关系、交叉关系。如何正确处理各方面的关系，调动各种实体要素尽可能释放更大的能量，协调各种范畴要素尽可能合理地匹配，这本身也是一种系统的活动。

（3）它是多方法相配合的系统。党政领导案例教学并不排除一般的教学方法和党政干部普遍的培训方法，相反，它与这些方法兼容并蓄，形成一个具有党政领导案例教学特色的方法体系。如何正确地借鉴其他教学方法，如何认真地总结案例教学法经验，使之日趋成熟，这本身就需要建立党政领导案例教学法的系统观念。

（4）它是多步骤相联系的系统。党政领导案例的教学过程，包括多个阶段、多项步骤。前一阶段、前项步骤是后一阶段、后一步骤的基础；后一阶段、后一步骤是前一阶段、前一步骤的延伸。如何抓住关键步骤，中心环节，以带动整个教学机器的良性运转，这本身就需要在党政领导案例教学过程中建立系统观念。

建立党政领导案例教学的系统观念，关键是体现人工系统的四个根本特征：一是目的性，必须明确党政领导案例教学的根本目标，就是培养党政领导干部工作能力，并以这个根本目标，指导整个案例教学活动。二是整体性，必须强调党政领导案例教学的整体效益，使每个阶段、每项步骤、每项工作、每种方法、每个成员的局部效益服从于整体效益的需要。三是相关性，必须全面考虑党政领导案例教学各种要素、各个目标、各种方法、各个阶段的相互关系，当其中一方面因素发生变化时，要主动地调整其他因素，使案例教学活动具有较强的灵活性和可调性。四是环境适应性，在改革开放的新时期，对党政领导干部的能力要求是不断发展变化的，党政领导案例教学必须能动地适应这种变化，通过不断完善和发展党政领导案例教学法，来及时满足党政领导工作新情况、新问题、新任务的需要。

2. 相似原理

党政领导案例本身就是党政领导工作实际情景的相似模型。党政领导案例教学就是通过案例这个相似模型，向学员提供与其工作环境相似，工作任务相似，岗位职能相似，工作过程相似，工作方法相似，工作经验相似等等的高度拟真工作情景，使学员身临其境，独立分析，互相交流，获得新的能力与知识。在案例教学中，案例内容——学员工作实践经验、掌握的理论知识——教员辅导、引导的内容，三者之间的相似点越多，相似线越长，相似面越宽，相似体越大，案例教学的效果就越明显。

在党政领导案例教学过程中，应用相似原理关键是解决好如下两点：

（1）在案例教学计划阶段，根据案例教学的具体目的和要求，寻找与教学目的和要求相似度高的教学案例，或根据学员工作实践的特点，寻找与学员实践相似度高的教学案例。在一定情况下，也可以根据案例内容，寻找与案例主角相似度高的学员。

（2）在案例教学实施阶段，要运用各种手段和方法，调动学员所贮存的与案例内容相似的工作经验，理论和政策知识，进行案例分析和讨论。教师要多角度、多渠道地与学员沟通案例与案例理论、案例与能力之间相似点的联系。

3. 实证原理

传统教学大多具有演绎性的特征，它是根据教材中确立的范畴、定理、方法，进行逻辑判断，得出明确的理性结论和答案。案例教学则不同，它是从高度拟真的实际情景出发，从具体典型的实际工作问题出发，进行实证分析，多角度地归纳出多种可行性的决策方案。因此，案例教学过程是一个实证分析、个体化探讨归纳的过程。在党政领导案例教学中，应用实证原理，需要明确以下几点：

（1）必须明确实证分析的对象不是某个理论体系，而是党政领导工作实践的相似模型，理论只是案例实证分析的一种主要工具。

（2）必须明确实证分析的内容不是某个范畴、原理和原则，而是党政领导实际工作中的情况、问题和对策。

（3）必须明确实证分析的结果不是唯一的结论或答案，而是适合于党政领导工作复杂局面的多种设想，多种方案。实证分析不追求理性的唯一解，而追求实践可行性的多元解。

（4）必须明确实证分析的过程不是逻辑演绎式的，而是对党政领导实际工作的多种情况、多种因素、多种问题及原因，多种设想方案，多种可能后果的一种归纳性、权衡利弊式的分析过程。

4. 弹性控制原理

党政领导案例教学一方面强调学员的自主灵活性，给学员的学习以较大的余地或宽容度，即弹性；而另一方面又必须强调教学的整体性和统一性。为此，需要适度控制学员的学习弹性。这种适度的弹性控制，需要做好以下几方面的工作：

（1）在制定案例教学计划时，安排学员和学习内容、学习时间、学习进度，既不能超负荷，也不能低负荷，而应该适应于学员的实际水平，做到相对满负荷，这样能够符合党政领导干部时间短、密度大、收效快的学习需要。

（2）在案例教学实施阶段中，要鼓励学员的积极性。学员的积极性表现为：阅读案例多搜集情况，分析案例多提出问题，讨论案例多发言交流，撰写案例分析报告多设想方案。学员的消极性表现为：阅读案例走马观花，分析案例不动脑筋，讨论案例一言不发，学习结束收获甚微。由此可见，这其中的弹性因素必须由教师、教学主管部门加以调控。

（3）在案例考核中，确立案例考核评分标准时，不能以低水平作为基准，也不能以太高的水平作为基准，而应以学员的平均先进水平作为基准。这样能够鼓励学习先进者，鞭策学习后进者，使学员的群体水平提高到一个新的高度。

（4）在案例准备中，要经常保持一定数量的机动备选案例，当案例教学的情况发生变化时，能够应付自如，保证案例教学能连续稳定地进行。

5. 能级原理

党政领导案例本身具有特殊的功能，不同类型的党政领导案例具有不同的作功能量，按其能量的大小，形成其层次、级别的系列。因此，党政领导案例教学中如何正确使用案例，必须符合案例本身的能级要求。

首先，选择案例要使案例能级与学员的现有的岗位能级、能力能级、知识能级相对应。对后备干部来讲，案例能级还必须与未来的岗位能级、能力能级、知识能级相对应，做到案尽其能。

其次，案例学习中的理论辅导的理论知识能级要与案例分析所需要的理论知识能级相对应，做到理尽其用。

再次，案例教学中使用的各种方法和手段的能级要与具体的教学目的、任务的能级相对应，做到法尽其使。

最后，就是要注意案例教学中各种要素能级的发展变化，现有的案例经过修改以后，能级提高了，使用的能级也必须相应提高。现有的学员经过实践锻炼，能级提高了，学习的案例，理论辅导的内容，也必须相应提高。随着案例教学的不断推广和实践，案例教学的要求，同样也必须不断完善和提高，与此相适应，教学手段和方法的能级也必须不断提高。

案例教学的一般规律是同传统的教学方法及其特点相比较而存在，相作用而发展。教学的实践告诉我们：案例教学的一般规律是以受训者或研修者为主体，以领导案例为主要教学内容，以培养、开发领导者智能为目的，以案论理为方法特征，在高度拟真的领导场景中，运用了系统的原理、相似的原理、实证的原理并以启发和引导的手段来调动你的思维与创见。随着案例教学研究与开发的不断深化，党政领导案例教学的基本原理、基本规律、基本程序都将进一步得到丰富与发展。

党政领导案例教学是一种系统的教学活动，是一个完整的过程，这个完整的过程大体可分为三个阶段，即案例教学的准备阶段、案例教学的实施阶段、案例教学的考核阶段。

案例教学准备阶段的任务是：根据培养对象的层次、特点、基本要求与领导工作的发展趋势制订案例教学计划，准备必要的教学条件。为此，要有针对性地选择相应案例，配备高素质的师资。案例的数量要适中，不同类型、职级的案例比例搭配要恰当。比如培养对象为县（处）级，重点分析案例与一般阅读案例大体为1:4，地（厅）级案例又占整个案例教学的5%，受训者阅读、熟悉上一个职级的领导案例及其工作场景，具有超前介入价值，潜移默化地起着某种激励功能。承担案例教学的师资除具备一般教师应有的素质外，还必须掌握领导案例的基本理论、方法和技巧，应具有一定的案例研究、开发、教学与组织能力，比较熟悉领导工作及其特点，与领导者有较多的共同语言，对案例教学志趣浓厚，有开拓创新精神。

案例是案例教学的支柱。进行案例教学，首先要选择案例。案例的选择不能是主观随意的，而必须遵循对应主体、合理搭配的科学原则，使选择的案例与教学对象、教学目的相匹配。

对应主体的原则：学员是案例教学的主体，当教学对象确定之后，学员主体也就具体化、明朗化了。这种具体化的学员主体，有其自身特点所决定的具体的案例学习需要。高层党政干部需要培养掌握总体路线、方针和政策，宏观决策、组织、调控的能力；基层党政干部需要培养执行路线、方针和政策，微观决策、组织、调控的能力。对应学员主体的不同需要，在案例的内容、难度、范围、篇幅选择上，要有所区别，有所针对，使其学用结合。对应于高层党政干部的需要，所选择的案例在内容上应以综合型为主；在范围上应以宏观型为主，在难度上应以多种矛盾交织型为主，在篇幅上应以中、长篇为主。对应于中层党政干部的需要，所选择的案例，在内容上应以综合与专业型为主，在范围上应以中观型为主，在难度上应以多种与单一矛盾结合型为主，在篇幅上应中短结合。对应于基层党政干部的需要，所选择的案例在内容上应以专业型为主，在范围上应以微观型为主，在难度上应以单一矛盾型为主，在篇幅上应该以短篇为主。

合理搭配的原则：案例本身有不同的类型，每个案例之间存在着内容、范围、难度、篇幅等差别。因此，选择教学案例还必须考虑案例本身的合理搭配问题。合理搭配要求案例的数量适中，不同类型案例的比例恰当。这种数量比例关系，要根据具体情况而定。根据案例教学的实践情况来看，重点分析的案例两天一个为宜，一般分析性案例一天一个为宜。

案例教学的实施阶段是决定案例教学成败的关键。在这一阶段，需要充分发挥案例教学的优势，调动受训者的积极性、主动性和创造性，真正实现领导案例教学的目标，达到举一反三、触类旁通的效果。案例教学的

基本程序与步骤是:

1. 理论教学

案例教学并不排斥必要的理论课教学,相反二者是相辅相成的。但是理论课教学必须服从案例课的需要,它是为分析案例所必备的。案例教学需要什么理论知识,教师就针对性地讲授、辅导什么理论知识。做到"专精结合",即不平铺直叙地介绍某种理论体系,又不空谈范畴、原理和方法,而是围绕不同案例分析的专项需要,针对性地辅导专业性较强的理论知识,使受训者在较短时间内,以案例为基点,吸收相关的理论精华。同时,这些理论知识不是自成一统的,而是围绕案例中提出的是什么、为什么、怎么办三大中心展开的,不能搞成理论与案例两张皮。

教师所要辅导的理论内容,在量上要尽可能的少而精,不盲目追求所谓的"大而全"的理论体系。从这个意义上讲,建立具有案例教学特色的理论课程体系,是完善和发展党政领导案例教学的一项战略任务。

2. 阅读案例

个人阅读分析案例的目的是使受训者独立地了解和掌握案例的内容及背景材料,找到案例所描述的情景中存在的问题以及问题产生的原因,拟定各种针对性的备选方案,比较各种方案的利弊,抉择最后实施方案。阅读案例是分析案例的基础和前提,分析案例是阅读案例的发展和深化。个人分析案例要把握好案例分析的基本角度,坚持案例分析从两个基本角度出发。一是当事者角度。只有站在案例当事者的立场去观察、认识、思考、分析、解决问题,设身处地地去体验,才能真正地进入情景境界;二是领导者角度。领导案例教学是要培训领导者全局性、综合性的工作能力,这就要求受训者应站在领导者的立场上,从全局的综合的角度去评估、审查、分析案例当事者的思想、认识、观念、决策、措施、行为等,并提出自己对问题的认识和解决的办法。

个人分析案例要注意解决好以下两方面的问题:

(1) 掌握案例分析的基本方法。案例分析方法是多种多样的,由于分析者个人的经历、素质、职务、思维方法等与案例不同的具体情况,可以采取不同的案例分析方法。但是，党政领导案例教学的根本目标，是培养学员在党政领导工作中发现问题、分析问题、解决问题的工作能力，这种能力实质上是一种全局性、综合性的决策能力。所以，在案例分析过程中，也必须体现这种决策能力的培养。

（2）要将案例分析得出的基本认识转化为文字语言表达的有效形式。学员在分析案例之后，要撰写案例讨论发言提纲。案例讨论发言提纲写得好坏，直接影响案例讨论的效果。

3. 小组讨论

组织受训者讨论案例，是案例教学实施阶段的重要一环。它是沟通个人阅读分析案例和课堂案例讨论的纽带。领导案例涉及面广，信息量大，内容复杂，矛盾交织。同时，每个学员的工作经验和理论知识总有一定的局限性。因此，个人通过阅读分析案例拟定的实施方案，并不一定是最佳方案。这就需要通过小组讨论这种相互启发的交流形式，总结归纳出本小组的最好方案，作为小组集体智慧和课堂讨论的材料。小组讨论案例追求的目标是群体效应，是获得尽可能多、尽可能好的群体成果，加大可供优化方案的余地。为此需要创造一个畅所欲言，鼓励创新的讨论环境，减少影响创新与交流的心理障碍，最大限度地调动受训者的能力和水平，使他们充分发表自己的见解。

创造良好的讨论环境，要做好多方面的工作，包括：

（1）建立规模适度、结构合理的学习小组。

（2）合理布置小组讨论场所，准备必要的讨论"硬件"。

（3）明确组员各自的责任和目标。

（4）制定合理灵活的讨论规程。

（5）建立高效的讨论信息传递渠道，做好讨论原始记录工作。

4. 课堂讨论

课堂讨论案例是案例教学实施阶段的中心环节，它对教学水平、学习水平是一次公开检查。因此教师、受训者、教学组织部门要通力配合，组织好课堂案例讨论。在课堂案例讨论中，教师应选择合理的方式，注意引导、启发和沟通，防止"漫谈"的倾向，防止观点单一的一边倒，防止感情用事的死抬杠，不扣帽子、不打棍子、不以势压人、不恶意中伤、不走谱离题。当受训者观点比较单一时，教师可以通过对立观点的假定，或者补充某些新信息，启发受训者从多角度去分析案例中的问题；当某些受训者的观点有一定创见时，教师可以提供新的理论和事实加以完善，强化该观点的广度和深度，但不能显露教师的倾向性；当讨论中出现抬死杠时，教师要协调双方的关系，沟通不同观点的联系。

课堂案例讨论中，教师应该注意以下几个问题：

（1）正确把握课堂讨论的进程，注意案例情况—主要原理—根本原因—事物性质—选择方案的分析程序。

（2）选择合理的讨论方式，防止"漫谈式"的倾向，积极发挥引导、启发、沟通的作用。教师可以通过针对性的连续提问，引导学员对其观点进行审查和验证；当讨论中出现意外情况，如冷场、热场、乱场时，教师需要正确地指导，及时打破僵局。

（3）要掌握一些课堂讨论的调度技巧。虽然课堂案例讨论事先要进行筹划和设计，但是课堂讨论中的"逆反行为"和意外情况也可能发生。对这些问题如果处理不好，调度不当，会使"小患"酿成"大灾"。因此，教师应该掌握一些课堂讨论的调度技巧。

学员在课堂案例讨论中，应该注意以下两点：

（1）树立自主自立的观念，积极参加讨论，主动发表意见。要自觉防止依赖他人发言、等待教师点名或不到绝对把握之机不发言的倾向。

（2）要有良好的讨论风度。学员在课堂讨论中的地位是平等的，不能有高低贵贱之分。因此，每个学生应该养成平等讨论的良好风度，包括不随意攻击对方，不随便扣帽子，认真听取他人发言，不任意打断他人发言，不离题泛泛而谈，不感情用事死抬杠等等。

5. 教学总结

案例讨论总结是对案例成果进行集中的一个必要环节。通过案例讨论总结，可以使受训者对案例分析广度和深度有一个总体性、综合性的认识，这对于提高受训者的总体认识水平是非常必要的。案例讨论总结的方式，可以是受训者集体总结，也可以是教师总结。受训者集体总结通常的做法是，在小组代表进行发言总结的基础上，课堂讨论的组织者通过受训者讨论选出一个或几个最佳方案作结束；教师总结的做法较多，可以做简练的结论性总结，还可以拿出教师的分析意见来进行总结，采取哪种方式和做法要根据具体情况而定。但是，切忌把案例讨论总结等同于课堂讲授。案例没有唯一解，也不要作解题式的结论。案例讨论总结之后，学员要撰写案例分析书面报告。对于书面报告，要求做到科学性、理论性、实践性、可行性、逻辑性相结合。

案例教学考核阶段是对受训者案例学习成绩的总评定阶段，也是对案例教学情况进行总结的阶段。案例学习考核不同于常规的学习考核，而是连续的动态的多项考核。因为在案例教学中受训者主体的水平和作用表现于案例教学实施的全过程，表现于案例阅读、案例分析、案例讨论、书面报告等多个环节，所以，案例学习考核是多环节多方面的综合考核。这一系列的考核方式，动态地对应于案例教学实施的各项步骤和学习要求，可采取"分项记分，累计加分"的方法，根据受训者学习水平，对应地评定各项指标应得分数，以累计数得出受训者案例学习成绩的总分。

党政领导案例教学的基本程序告诉我们，学员的主体地位贯穿于案例教学的全过程，而教师的主导地位（节目主持人式的引导、辅导与指导）始终是围绕着学员这个教学主体而进行的。学员的主体地位及作用表现是：自动进入案例场景，自愿扮演案例角色，自主分析案例问题，自觉参与讨论交流，自创提出方案对策，自我培养决策能力；教师主导地位及作用的表现是：教学大纲和考核标准的设计者，教学过程的控制者，理论学习的辅导者，案例分析的指导者，案例讨论的引导者，不同意见的沟通者，创新观点的强化者，学习成绩的评估者。

第三节　党政领导案例教学的方法技巧与效能分析

管理案例与党政领导案例教学的实践告诉我们，要保证案例教学的质量，最大限度提高受训者分析问题、解决问题的能力，教与学双方必须在案例教学整个实施过程中，把握以下最基本的技巧与方法。

第一，问题分析法。问题分析法是受训者在阅读与讨论案例过程中常用的一种有效方法。领导案例是围绕着领导实际工作中的典型问题展开的，案例分析实质上是发现问题、分析问题、解决问题的思维过程。如何全面科学地分析问题，就成为案例分析的关键。采用这种方法，首先可以使受训者或阅读者界定案例中存在问题的性质。这就需要在认真阅读思考的基础上，搞清楚案例中提供的领导工作的现状如何，从而运用自己的经验和学识判断领导工作的正确标准，全面掌握案例提供的情况，并对案例所提供的背景与信息资料进行正确鉴别。

其次，可以使受训者从案例所提供的情景中寻找问题发生的原因并加以验证。产生领导工作问题的原因实质上是领导工作涉及的各种因素超过一定度量的变化与差异，寻找原因就是通过案例分析寻找这种变化与差异，各种差异分析得越清楚，可能原因就越显露。对产生问题的可能原因进行深入的纵向分析，也就是从表面的直接原因入手，通过不断地问为什么，层层追寻，直至找到根本原因为止。这就要求不能满足于表面情况的案例分析，要深入到案例情景的深层次，寻找其潜在的根本原因。同时，还要求不能脱离案例，主观猜测原因。这就需要以案例中的事实为依据，来证明所认定的原因是正确的，或是不正确的。

经过上述的分析步骤，案例中的主要问题和根本原因搞清楚了，这就为案例分析的方案设想、优化选择以及评审的进行，提供了正确的目标、科学的依据，也就为整个案例分析奠定了坚实的基础。

"问题分析法",提供了分析问题的具体方法与技术,它包括两项基本步骤:

第一步,界定案例中存在的问题。具体的分析方式是:

(1) 以差距的形式把问题所在明确地表达出来。差距(问题)等于党政领导工作的标准减党政领导工作的现状。为此,就需要搞清楚案例中提供的党政领导工作的现状如何,就需要运用自己的经验和学识判断涉及案例党政领导工作的正确标准是什么。要做到这样,必须全面掌握案例提供的情况、背景和信息资料,并且对这些信息资料进行正确的鉴别,去伪存真。

(2) 要通过对案例中的问题产生的时间、地点、人物、环境、条件等情况的分析,把案例问题的性质、特点和范围搞清楚。为此,就需要对案例问题进行时间界定、空间界定、范围界定、性质界定。

(3) 分清主要问题和次要问题、现实问题和潜在问题、例常问题和例外问题。这样才可能搞清楚案例中的党政领导工作该抓哪些问题,不该抓哪些问题。

第二步,分析案例问题产生的原因。具体的分析方式是:

(1) 从案例提供的情况、环境变化和差异中寻找原因。产生党政领导工作问题的原因实质上是党政领导工作涉及的各种因素超过一定度量的变化与差异,寻找原因就是通过案例分析寻找这种变化与差异,各种差异分析得越清楚,可能原因就越显露。

(2) 对产生问题的可能原因进行深入的纵向分析。也就是从表面的直接原因入手,通过不断地问为什么,层层追寻,直至找到根本原因为止。

(3) 对寻找到的原因加以验证。这就需要以案例中的事实为依据,来证明所认定的原因是正确的,或是不正确的。

第二,畅谈会法。畅谈会法是小组案例讨论的一种有效方法,它的基本精神是强调自由思考、畅所欲言,提倡相互交流启发,以增加联想的机会,使小组成员的各种思维产生共振和连锁反应,从而诱发出更多的案例分析思路以及创见。畅谈会法应遵循的基本原则:不允许对他人的分析意见进行扣帽子式的攻击或做出定论；发言者提供的案例信息越多越好，分析问题和设想的方案越多越好；欢迎独立分析，自由思考，解决案例问题的思路越广越好；参加讨论的成员要积极寻找对他人分析设想建议的改进和联合。

畅谈会法要求参加案例讨论的人员不要太多，一般在10人以内，使每个成员都有充分发言的机会，每个发言者的发言时间一般不受限制，但是要求发言的内容围绕案例进行，尽量简短集中。但是，整个讨论的时间要有所限制。一般每次讨论的时间不超过2小时，时间过长会使学员产生疲劳。发言的方式可以是连续式的，也可以是间断插话式的。

第三，角色扮演法。角色扮演法是案例课堂讨论的一种有效方法。党政领导案例提供的各式各样人物，是案例各要素中一个最活跃的因素，案例中高度拟真的工作情景多是围绕相关人物展开的，不同人物的不同思想、观点和做法，构成了案例中矛盾的交织点。因此，在案例课堂讨论中，再现案例中不同人物的模拟角色，会加强案例讨论的真实感，有利于反映案例中真实思想观点在讨论中的直接交流。这时候的教师，完全可以以一位"导演"或"节目主持人"身份出现，对关键角色、关键环节、关键"发言表演"，进行必要的安排和指导，以提高案例角色表演的拟真性。角色扮演法一般与课堂案例讨论中的对抗辩论式、观点交锋式的组织形式相配合，达到案例教学的目的即可，切忌过分造作。

角色扮演法有如下几个步骤：

（1）确定案例中的主要人物与不同角色；

（2）挑选与案例中主要人物角色具有较强相似性的学员，担任各种角色；

（3）学员熟悉所担任的角色形象，包括思想、观点、气质、风格等等，使自己进入案例角色；

（4）对担任案例角色的学员的"发言表演"进行相应的指导或单独"导演"，以提高案例角色的拟真性；

（5）对担任案例角色的所有学员，进行必要的"彩排"，对关键角色、关键环节、关键"发言表演"进行必要的安排和交代；

(6) 案例角色在课堂讨论中，寻找适当的时机，登台"亮相"。

第四，课堂讨论中特殊情况的处理技巧。一是对讨论中"冷场"的处理。所谓讨论中的"冷场"是指无人发言，出现僵局。冷场的原因有多种，需要针对性地处理。如果是初次参加案例讨论的学员，因为不了解如何进行案例讨论而形成冷场，这就需要教师应用"样板示范"的技巧，预先训练样板，及时推出，打破僵局。如果是由于案例阅读分析或小组讨论准备不足而形成冷场，这时，教师可指定小组长对本组讨论的初步意见进行汇报式发言，以带动其他小组成员进行补充，形成讨论。如果是必要的案例背景资料不全，使学员无从下手讨论，而形成了冷场，这时，教师可抛出一些案底性资料，引导受训者对这些新资料进行分析和鉴定，从而打破僵局。

二是对讨论中"热场"的处理。所谓讨论中的"热场"是指对立观点的双方互不相让，互相攻击，"面红耳赤"，相持不下，出现激烈冲突的局面。这时，教师切忌强化或支持某一方观点，可以采取"课堂讨论休息"的方法来缓和冲突；可以让持中立观点的受训者发言，进行"折中处理"，使冲突双方逐渐冷静下来；也可以限定发言的轮数、次或时间，使冲突双方的冲突点减少，以逐步地缓和下来。

三是对讨论中的"乱场"的处理。讨论中出现了离题性的漫谈与"闲聊"的局面，教师可以采取"热处理"的方式，以正题性发言制止离题性发言；必要的时候，还可以采取"冷处理"的方式，即出面用案例中的直接问题进行发问式干预，使受训者的发言迅速集中到正题上来。至于受训者在讨论中为了图方便或急于知道所谓的"标准答案"，可能要求教师抛出案底。这时，教师切忌"当好人，抛案底，作答复"。而要通过反问的方式，让受训者自主思考案例中的情况如何，问题原因在哪里，有哪些可行的解决方案；或者列出某个受训者代表的意见，来引起受训者们"评审式"的讨论，诱导出受训者的独立见解。

没有一流的教官，难以造就一流的将帅。在新形势下，案例教学作为理论与实际相结合的纽带与桥梁，不失为提高领导者素质的有效途径，势必提上日程得以科学、合理的规范。这不仅给受训者提供了便捷、生动的研修方式，同时也给案例教学师资提出了新的、更高的要求。

长期以来，干部教育一般规律是以教师为主体，以传授知识为目的，以理论事，重在理解记忆，讨论与考核围绕着一元解来进行。

"兵无常势，水无常形"。在市场经济条件下，领导者面临的工作即客观对象及其环境纷繁复杂，丰富多彩，从而决定了领导者个体单凭经验决策的局限性，也就是说一个领导者无论如何不能穷尽他对未来突发事物的正确判断，从而制定出切实可行的最佳方案。如何开发领导者的智能？怎样才能提高领导者的应变能力？采用案例教学法，以各级各类典型案例的评审、剖析，达到以案论理、教学相长之目的，是积累知识、经验，避免循规蹈矩，实现决策民主化、科学化的好形式，是其他教学方法所不能替代的。因为典型案例中所提供的领导工作情景完全是客观的真实，一般中包含了特殊，特殊中又包含着一般，领导者以高度拟真的身份与"即发事物"提前"遭遇"，似曾相识的感觉信号极强，相关的应变准备充分，就容易克难制胜，增长才干。因此，当代干部培训机制中如果缺乏或者没有规范的案例教学，实质上是不完整的培训机制。

案例教学法不排斥任何传统的有效的教学方法，相反，它同各种教学方法相辅相成，互扬其长，互避其短。教学实践告诉我们：案例教学的一般规律是以受训者为主体，以领导案例为主要教学内容，以培养、开发智力为目的，以案论理为方法特征，在高度拟真的领导活动场景中，运用启发、引导式手段启发思维与创见，考核与讨论则围绕着多元解来进行，进而提高受训者素质。案例教学的一般规律是同传统教学的方法与特点相比较而存在、相作用而发展的，它随着教学实践的进程将不断得到充实和完善。

实践的观点是马克思主义认识论的首要的和基本的观点。领导者的能力不是凭空产生的，而是实践锻炼与学识积累的结果。党政领导工作案例是领导实践的再现或复原，分析、评审案例的教学活动，实际上也是一种模拟或间接的实践活动，因此，案例教学也就成为实践第一观点的具体运用。这是把马克思主义哲学作为案例研究、开发与教学的方法论基础，体现其科学性的突出表现。案例教学与研究的科学性还表现在整个研究与教学过程中，遵循、运用了系统科学、相似理论、教育学、心理学等许多学科的原理和方法，受到理论界、学术界的关注。案例教学法的科学性与实用性是相互联系的统一体。它的适用范围是各级党政领导干部及其后备人员，它的实用价值同样受到干部管理、培训部门的欢迎。主要表现在以下几个方面：

第一，案例教学目标和领导实践对领导者的要求相一致。传统的培训方法目的在于传授知识，而案例教学目标则在于培养能力。当代各级领导者要由知识型向智能型转化，可以说是找到了最佳的切合点，更具可接受性。因为案例教学法突出能力培养，较好地解决了理论与实际相脱节的问题，是对马克思主义实践与认识规律的最好说明。

第二，案例教学内容和当前领导者即受训对象的知识需求相符合。有关干部统计资料表明："十三五"期间，党政领导干部大多经过上级组织人事部门的考察与选拔，也具有了一定的实践经验与理论功底，缺乏的则是新学科知识与新鲜经验的吸收与消化。案例教学的特点是受训者需要什么就讲什么，是用已获得的知识来分析问题、启发思维，这就更能调动受训者的学习积极性与主动性。

第三，案例教学方式和受训对象的心理特点相协调。鉴于当代领导者群体的年轻化与知识化程度，枯燥乏味的说教式、灌输式教学方式与培训目标极不适应。采用案例教学恰恰能变填鸭式为启迪式，变单向输入为双向交流，变纯理论教学为以案论理、以案证理，变单学科为多学科，把知识有的放矢地变为领导能力、工作能力，加深了对基本理论的理解和把握，还可以达到教学相长的目的，既实实在在地考核了受训者的整体素质与水平，又实实在在地提高了师资任职水平。

党政领导案例及其教学是适应新时期党政领导工作科学化、现代化的要求，在借鉴吸收企业（工商）管理案例研究成果基础上创立的一门综合性、应用性学科，它的研究与应用，在干部培训、选拔、任用中取得了良好的效果。但是案例研究与开发、案例教学法的推广与运用，远不能适应目前培训目标的需要，工作难度还很大。一是案例采编与开发的成本较高，能够开发合格的典型案例的专门人员缺乏。领导经验材料的堆集不等于案例，决策失误的典型案例更不易采编。如果没有上级部门定期下达采编任务，保证相应的经费，那么案例就无法得以更新，数量与质量上当然也就无法满足教学的需要。二是案例研究队伍与教学师资队伍不整齐。案例研究及其教学的开展，实际上是对现有师资提出了更高的要求，组织成功的案例教学，教师的素质要求将更加全面，所支付的精力远比传统教学要大。如果没有上级部门分期分批地培训师资，加大师资培训力度，案例教学的优势就难以有效地发挥。正视以上差距和问题，下决心把案例教学法自上而下地规范下来、坚持下去，它的实用价值远比我们想象的要大得多。

关于案例教学的效能分析。按照党的十九大提出的全面加强党的建设的总要求，建设一支适应社会主义现代化建设需要的高素质干部队伍，是我们事业不断取得成功的关键。要完成这一历史性的战略任务，必须探求尽快使领导人才脱颖而出的有效途径和方法。既然案例教学法符合广大受训者的需求及其心理特点，在干部培训过程中有着极强的实用性，那么就有必要进一步揭示案例教学的主要效能，从理论上与实践上为案例教学的推而广之提供更为可行的佐证和依据。

党政领导案例作为典型化了的真实情景的载体，集理论和实践于一身，融会贯通，具有较强的针对性、直观性、实践性，易于促进受训者"能级"的适应和决策水平的提高。

随着我国干部人事制度的改革与深化，着力培养"五个好"党政领导人才，已成为用人制度上的显著特点。运用案例考察领导者的水平和能力，是知人识人的重要手段之一。这种方法就是根据拟任职务的岗位职责要求，编制案例让被考察者在规定的时间运用已有知识和经验，分析、判断、解决案例中的问题，可以比较准确地了解其组织协调、思维判断与科学决策的能力，对其知识面、专业水平是一个很好的检验，从而有效杜绝在用人上的不正之风。

案例教学法的推广运用，还可以使受训者确立思维多向性、系统性与求异性，达到个体与群体间的优势互补。

首先，案例教学法可以使受训者确立思维的多向性。领导者在任职期间所面对的新情况和新问题层出不穷，原来粗浅的、随意的、经验的思维方式远不能适应变化着的形势，这就要求不断扩大思维空间和范围，在较短时间里接受较多信息量。案例教学正是在引导受训者在阅读分析案例时，建立多向性思维方式，以校正其看问题想办法的角度，通过多层次、多角度的思考分析，达到使受训者从复杂的社会现象中看到事物的本质，在众多矛盾中抓住主要矛盾，在变化莫测的事物发展中把握方向，在诸多困难中找到相应的方法。

其次，案例教学法可以使受训者确立思维的系统性。马克思主义唯物辩证法和系统论的思想告诉我们，客观世界是一个有机的联系的整体，其中任何一个事物，不但内部各要素、各方面互相依存、互相作用，而且同周围的其他事物也是互相联系、互为作用的。这就要求受训者认识事物时不能仅仅局限于一点、一面、一线，而是应站在当事者立场上，以决策者的角色、以健康的心态、以全局的观念、以整体的利益为出发点，运用系统的思想和方法，对问题的实质进行缜密而严谨的思考，做出正确的决策。

第三，案例教学法可以使受训者打破常规，确立思维的求异性。领导者的岗位职责特点，决定了他在一定时期必需重复从事某一类决策，比较容易形成自己特有的思维定式。从积极的意义上讲，这种方式对于处理日常事务，尤其是解决带有普遍性、重复性问题十分有利。但又容易起着某种禁锢作用，表现为一定程度的线性的、僵化的简单套路。运用案例教学法中的求异特性，则可以改变这种思维定式。案例中所含事物情景各别，处理方法各异，可以使受训者自觉地克服墨守成规、不求进取、安于现状的惰性，或多或少地吸收任何受训者主体的真知灼见，变个体功能为群体功能，变群体功能为主体功能，达到知识增值、优势互补，迸发出创造性的火花。既从更深层次上活跃了党内民主生活，体现了决策的民主性，又使受训者提高了民主意识，得到了党性锻炼。

在我国，党政领导案例的教学由实际示范到初步推广普及，已经走过了40多年的历程，在广大理论研究工作者、教学科研工作者与实际工作者的共同努力下，一个理论与实践相结合的案例教育体系基本形成。面对社会主义市场经济的新形势，进一步探讨案例教学的一般规律、适用范围及其效能，对于规范和推广案例教学法，完善学科建设，全面提高各级领导干部的素质，具有极为重要的现实意义和长远的意义。各级党校、行政学院以及高等院校经过大量的教学实验，也深刻地体会到：

案例教学其一是加深了对基本理论的理解和掌握。马列主义、毛泽东思想以及邓小平理论是无产阶级革命运动和社会主义建设实践的产物，但要理解并掌握它并非易事，因为这种从实践中概括出来的理论具有高度的抽象的特点，只有把它的基本思想、基本原则运用于实践，才能感觉到它的具体性，理论的真理性只有在实践中才能得到更为明显的表现，理论的有用性只有在运用它解决实际问题时才能得到证明。

其二是案例教学能将已经掌握的理论直接转化为能力。能够把握基本理论，只是解决问题的重要前提条件之一，一个领导者能力的大小，最终要看其对问题解决的程度如何。

其三是案例教学有效地激发了研修者、受训者的积极性与主动性，实际考察了他们的素质和水平，同时也锻炼提高了师资的任职条件。

案例及其教学法在现代化管理过程中的开发应用，对于提高党政领导干部决策能力，加快我国干部人事制度的改革，培养高素质的干部队伍，在平等、公开、竞争、择优前提下扩大知人用人渠道，更新受训者的思维观念与思维方式，进而推动改革、扩大开放、建设有中国特色的社会主义，确实有着不可替代的作用及其效能。案例作为一个一个的领导知识、领导经验的"存储器"，谁早一天自觉地去领略它，谁就会变得比昨天更聪明。

第四节　党政领导案例库建设

从党政领导案例的功能来看，它除了自身的培训功能和考核功能外，还有就是它的储存功能，这里所说的储存功能说的就是案例库建设。案例教学法引入中国后，通过近40年的教学尝试，收效最大的当数管理案例教育，管理学院像雨后春笋，它不仅培养了一批批莘莘学子，还不断地培训出了一批批优秀的企业家。近40年来，管理学方面的著述成果累累，各级商学院的案例库建设也各显千秋。比如由赵涛主编的《管理学案例库》一书，共收录典型企业管理案例20多个，学生通过阅读讨论这些案例，再加上对《管理学》的研修，体验理论在实践的含义，对日后提升管理思维和创新能力打下坚实的基础。其次就是党政领导案例的教育与培训了，近40年来，它与管理教育并驾齐驱，不仅积累了较为丰富的案例教学经验，而且通过以案论理、以案证理的方法，培训和提升了各级党政领导者的智能。现在的问题是，党政领导案例库的建设还处于零打碎敲的状态。实现中华民族伟大复兴的中国梦，关键在人，关键在培养造就一大批一大批的党政领导精英。"九层之台，起于累土，千里之行，始于足下"，建设一流的中国党政领导案例库的工程时不我待。

当一篇党政领导案例的采编结束后，通过教学培训的实践与评审，凡属于教学培训效果好的经典案例，通常应将其"入库"，进入案例库的管理程序。就党政领导培训而言，各级党校、行政学院和公共管理院校，均应设立这一学科的案例库。案例库的基本组织流程是：根据上级党委政府以及培训机构下达的采编计划和任务，对采编来的案例组织专家教授进行评审，评审结束后以现代电子化手段将各案分门别类收存以备教学培训之需。案例库自身也可以征集的灵活方式，通过给有关专家学者、实际工作者发函，有针对性地征集经典的、时政性案例。中央应委托中央党校设立中国党政领导案例总库（如"中国共产党干部管理工作案例库"），确保案例的数量、门类与质量，总库对各级党政领导案例库具有指导职能，做到案例信息互通，经典案例共享。总库每年暑期召开一次党政领导案例库建设研讨会，提升教学管理水平，加强学科建设，交流学术心得。

在党政领导干部的培训研修和选拔等工作中运用案例的方法，是已被实践证明了的有效方法，为了切实保证教学、研修、考试与研究工作的需要，类似哈佛"案例交流中心"的案例库建设便提上了日程。案例库实质上是研修与培训的"弹药库"。案例库的基本职能是：收集各级党政领导案例，进行规范性编辑处理、分类、入库，并为各级党政领导干部主管部门以及院校的培训教学提供服务。无论是征集还是提供服务均采取有偿形式；研究党政领导案例采编、应用的一般规律，研究案例法及其效能，加强国内外学术界的交流与沟通，及时掌握和发布案例研究与教学方面的信息；在一定条件下开展案例师资培训与相应的学术研讨，搞好案例法的普及与推广。案例库建设是一项全新的事业，必须选拔那些理论功底扎实、科研教学能力较强、实践经验丰富的人从事这项工作。案例库的工作要做到"三结合"，即同组织人事部门相结合，同教学科研单位相结合，同实际工作中的领导者相结合，只有这样的工作机制与科研机制，才能发掘出更多更好的案例精品，才能进一步繁荣学术，完善学科建设，做到教学相长。

与此同时，还要进一步建设高素质师资队伍及其相应的质量评估体系。关于案例教学的师资问题，应该根据我国事业单位人事制度改革的实际，在聘任制的基础上有所侧重，有所创新。案例教学对师资建设提出了更高的要求，要胜任案例教学，就要优化这方面的师资配置，就要为这方面的教师多吃"偏饭"。前面所提到的挂职锻炼、进修深造、承担重大科研项目、加强与党政机关以及企事业单位的交流合作，从具有较深理论功底和丰富实践经验的党政领导干部中及高等学校、科研单位的专家、学者中选聘专职或兼职教师，都是"规模适当、结构合理、素质优良、专兼结合、动态管理"原则下建设高素质师资队伍、提高师资水平的有效途径与方法。

案例库所收存的案例，要把握党政领导案例的特性：一是真实性。每一个个案，都是党政领导活动的真实再现，尽管人名、地名可以虚拟，但事件的内容不可虚拟。二是典型性。每一个个案，都必须具有典型意义的教学培训功能，都必须具有启发性完整性的研修效用。三是综合性。党政领导案例与管理案例等最大的不同就是综合性，它是可以将古今中外所有的典型个案集于一身，无论战例、判例、病例，可选择性很强，只要与提高党政领导者的智能相关，就要"眼观六路，耳听八方"。四是时效性。党政领导案例的某些个案，随着时代的演进不具培训意义就会进入储存状态，鉴于案例更新率每年为25%，采编新的案例的任务显得任重而道远。

范例：

全国基层党建创新案例库，由人民网·中国共产党新闻网于2010年12月1日正式推出，是在"全国基层党建创新案例征集"和"第一届全国基层党建创新论坛"基础上建立的，旨在发现基层党建改革创新先进典型，交流基层党建改革创新经验，研究和探索基层党建改革创新规律，推进基层党建改革创新实践。是可供地方党组织和党员干部在线提交基层党建创新案例的平台。

"全国基层党建创新案例库"具有资料性、培训性、可检索性功能，分创先争优活动、学习型党组织建设、干部选拔任用、党内民主建设、党风廉政建设、服务型党组织、党群工作建设、党员教育管理、党内关怀帮扶、城市社区党建、国有企业党建、基层党建责任制、党建工作信息化、城乡统筹党建格局、基层干部队伍建设、基层民主实现形式、组织设置方式创新、组织建设综合创新等18个大类。网友也可按全国31个省区市，对全国基层党建创新案例进行分类别、分地区的检索。

全国基层党建创新案例库是借助新媒体推动基层党建创新的一次探索实践，是对各级干部对基层党组织工作创新效果的记录与总结。把理论指导和实际应用结合起来，使之成为干部教育培训的参考素材，通过这些案例总结各地党建创新的经验，可以从中把握社会发展的动向和趋势，挖掘出治国理政的规律，对于各地基层党组织进一步创新工作方式方法，具有一定的指导作用和参考价值，也是党政领导者的良师益友。

第五节　经典案例赏读

案例一　同文馆的创建

两次鸦片战争之后，洋务派们深切地感到西方的进步不仅仅是船坚炮利，更重要的是其科技的领先。要从根本上改变这种劣势，最急需的就是翻译人才。为了和洋人打交道，懂得他们的语言是最起码的条件。中英、中法《天津条约》《北京条约》规定，嗣后英法两国送交中国的文件，概用本国文字书写，暂附中文译本，但遇有歧义之处均以他们本国文字为准。加上洋务派学习、了解西方科技、军事、实业的需要，创办培养翻译外国文字、熟识外国历史文化的人才成为洋务派的当务之急。因此，1861年恭亲王奕䜣上奏皇帝，建议在八旗子弟中挑选天资好的孩子，学习外国语言文字，以为清政府培养"通事"和"译员"。

咸丰十一年（1861年）一月二十日，咸丰帝正式批准在京师设立总理各国事务衙门，任命奕䜣为总理衙门大臣。同一天，上谕准许设立同文馆，由总理衙门负责创办。因广州、上海没有送来教习，未能按时举办。奕䜣不得不商请外国人充当教习，最后由英国驻华公使威妥玛介绍了兼通汉文的包尔腾任英文教习。这位包先生的薪金，第一年（其实是6个月）为300两，第二年1000两；汉文教习每月8两，年薪96两，与外国教习差距甚大。同治元年（1862年）六月，同文馆正式创立、开学。

同文馆创设之初，学生只有10名，全是十三四岁的八旗子弟，学习英文，为英文馆。同治二年（1863年），奕䜣又奏请设立了法文馆和俄文馆（因为最先与中国订立条约的就是英、法、俄三国）。

同治六年（1867年）六月，奕䜣又奏请设立了天文算学馆，招收20岁以外科举出身的正途官员学习天文、算学等自然科学知识。从此，同文馆的学生不仅学习外国语言文字，并且还学习自然科学和技术。可以说，天文算学馆的成立是中国正式把西方科学作为教学内容的开始。自此，同文馆已不再是初级的外国语言科学堂,而变成一所综合性的学校,标志着近代科学开始渗透于中国传统的教育之中。同治八年(1869年),清政府任命美国传教士丁韪良为同文馆总教习(即教务长),之后,才有了总管同文馆校务的人员,课程也有了较大的改进,增加了许多应用学科。同治十一年(1872年),同文馆增设了德文馆。同治十二年(1873年),同文馆附设了印刷所,并备有中文活字和罗马体活字以及手摇印刷机7台。同文馆师生翻译的书和考试卷等都在此印刷,同时为总理各国衙门印刷文件。光绪二年(1876年),同文馆制订了"八年课程计划"。同年,又建立了近代中国最早的化学实验室和博物馆,有了近代科学技术的实验设备和实验教学,这在中国教育史上是十分重要的一步。到光绪三年(1877年),同文馆的学生已经增加到120人。光绪四年(1878年),建立了天文台和物理实验室。光绪二十二年(1896年),增设了东(日)文馆,学习日文。

同文馆的创建,并非一帆风顺,它毫无例外地遭到了封建顽固势力的责难和非议。顽固派认为:让中国人学习西方的"奇技淫巧",是大逆不道。轮船租赁、洋炮购买,既便利又节省,"何必为此劳债"?举办同文馆为不急之务,"舍中法而从西法为非","师法西人可耻"。而洋务派则认为,顽固派是不识时务。

随着洋务派官僚在各地开办工厂、制造轮船和枪炮,科技人才的培养引起了广泛的重视。洋务派认为,要改变中国武器落后的状况,学习西方的制造技术,必须先学西方的基础理论。他们认为西方之所以船坚炮利,"无一不自天文算学中来"。因而同治五年(1866年)十二月,奕䜣等奏请在同文馆设立天文算学馆才得到了清廷的认可。这样,同文馆不仅在学习内容上有较大的变化,而且招生条件也有了变化。一是招取汉举人及恩、拔、岁、副、优贡,汉文业已通顺,年在二十以外者;二是招取前项正途出身五品以下满汉京外各官,少年聪慧,愿入馆学习者。奕䜣等洋务派官员的这个措施是一个大胆而又坚定的改革,这种改革的目的是为了使所培养的新型人才可以肩负重任。但洋务派的这一举措又遭到了以倭仁为首的顽固派官僚的反对和攻击。

顽固派认为，天文算学乃机巧之事，重名利而轻气节；"立国之道，尚礼义不尚权谋，根本之图，在人心不在技巧"；更严重的是"师事夷人"有危害，"用西人教习正途，所损甚大，数年之后，不尽驱中国之众咸归于夷不止"，"夷人吾仇也"，"师事夷人"即为事仇，其罪大矣。

同文馆的馆政，直接隶属于总理衙门，凡有重大事项，均由奕䜣奏请皇帝。但除徐继畲为掌管同文馆大臣之外，还设有监察官，由掌管中国海关总税务司的英国人赫德担任，以头品顶戴布政使衔管理控制同文馆。赫德主要是监管同文馆的财务，同文馆的教习多数是赫德从海关总税务司聘用的。丁韪良作为赫德聘用的总教习，实际上是同文馆的第一任校长。丁韪良操纵了同文馆的教育权，赫德掌有同文馆的财权，可以说同文馆实际上是在外国人的控制之下，这与洋务派的初衷是不一致的。丁韪良曾经形象地说，"在大学说来，赫德算是父亲，我只是一个保姆而已。"所有这些，是近代中国"师夷长技"的实践中不可避免的奇特现象。同文馆每年分为两个学期，有两次假期，每期休假4~5个星期。学制有两种：学习外国语言及其他学科的需要8年毕业；学习外国语言者5年毕业。同文馆的课程设置，随着其自身的发展，经历了三个阶段：

第一阶段：即开办阶段（1862年~1866年）。主要任务是培养外语翻译人才，课程是外语，学生系八旗子弟，大约为十三四岁儿童。第二阶段：为扩充时期（1867年~1869年）。开始设立天文算学馆，不仅有西文，还有"西艺"。近代自然科学首次进入中国学堂。第三阶段：完善时期（1870年~1902年结束同文馆）。美国传教士丁韪良担任总教习，总理校务，增设了许多实用课程，门类比以前更齐全、完备。根据《同文馆题名录》于1876年公布的课程表记载，八年制学生所学课程，详列如下：一年：认识写字，浅解词句，讲解浅书；二年：讲解浅书，练习文法，翻译条子；三年：讲解各国地图，读各国史略，翻译选编；四年：数理启蒙，代数学，翻译公文；五年：讲求格物，几何原本，平三角，弧三角，练习译书；六年：讲求机器，微分积分，航海测算，练习译书；七年：讲求化学，天文测算，万国公法，练习译书；八年：地理金石，富国策，练习译书。对年龄大、没时间学习外国语的学生，可借助译本学习。

五年制课程如下：一年：数理启蒙，九章算法，代数学；二年：学四元解，几何原本，平三角，弧三角；三年：格物入门，兼讲化学，重学测算；四年：微分积分，航海测算，天文测算，地理金石；五年：万国公法，富国策，天文测算，地理金石。光绪二十七年（1901年）六月，清政府重臣张之洞、刘坤一建议"将科举略改旧章，令与学堂并行不悖，以期两无偏废；俟学堂人才渐多，即按科举递减取士名额为学堂取士之额"。之后，张之洞与荣庆、张百熙联名奏请递减科举，注重学堂，认为要培养人才就要兴办学堂，除此之外，别无他途。只是因为各省学堂尚未普及，他们又提出"乡会试中额，请自下届丙午科起，每科分减中额 1/3。俟末一科中额减尽以后，即停止乡会试"的主张。

光绪二十七年（1901年）八月，清政府颁布"兴学诏书"，鼓励兴办学堂，指出"兴学育才，实为当务之急"。于是，在短短几年内，全国各地就兴办了许多的学堂。此时，建立统一的学堂系统，不仅必要，而且也可能了。

光绪二十八年（1902年）初，清政府任命张百熙为管学大臣，张百熙接任后，拟订了《钦定学堂章程》。《章程》中包括《京师大学堂章程》《考选入学章程》《高等学堂章程》《中等学堂章程》《小学堂章程》《蒙学堂章程》等。从形式上看，这是一个完整的学制体系，因颁布于光绪二十八年（1902年）壬寅，又称"壬寅学制"。壬寅学制从纵的方向分为三段七级。第一阶段为初等教育，蒙学堂4年，小学堂3年，高等小学堂3年；第二阶段为中等教育，中学堂4年；第三阶段为高等教育，高等学堂或大学预科3年，大学堂3年（政、文、商、农、格致、工艺、医7科）。全学程共20年。横向上与高等小学堂平行的，有简易实业学堂；与中学堂平行的，有中等实业学堂、师范学堂；与高等学堂平行的，有化学馆、高等实业学院、师范馆。

"壬寅学制"虽然正式公布，但并没有施行。光绪二十九年（1903年），张百熙、张之洞、荣庆又重新拟订了一个《奏定学堂章程》。这个《章程》

对学校系统、课程设置、学校管理都做了具体的规定。因其公布于光绪二十九年（1903年）癸卯年，故又称"癸卯学制"。这是中国教育史上颁布的第一个全国公开实行的学制，一直沿用到宣统三年（1911年）。

在办学堂之外，为了迅速掌握西方先进的科学技术，清政府还向美国、法国、英国、德国派遣了大量留学生。其中，派往美国的共4批计120人，派往欧洲的共4批计85人。

案例分析：

19世纪末，随着西方资本主义列强的侵略，中国的民族危机日益加重，一部分带有资本主义思想的官吏和上层知识分子联合发动了一场变革运动——维新变法。在维新运动中，思想较为开明的光绪皇帝连续颁发了几十项除旧布新的旨令。其中，关于教育方面的最为突出，叫作废除八股，改革科举取士制度，广设学堂，提倡西学。戊戌变法虽然以失败告终，但维新运动中提出的教育改革措施并未完全夭折，清朝统治集团为了缓和社会矛盾，开始在社会各个领域实行新政。晚清新政在教育方面的改革主要有四项内容，即废除封建科举制度；建立新学制；厘定教育宗旨；改革教育行政机构。其中，壬寅—癸卯学制的建立，是清末"新政"的重要内容。同文馆就是在这样的历史背景下创建的。同文馆亦称京师同文馆，是洋务运动的主要标志，其目的是为了维护封建地主阶级的统治，其途径是依靠洋人办学前后存在了40年，它在学习西方方面，使鸦片战争以来向西方学习的思想成为现实，影响了维新派和清末的教育改革，是中国近代教育史上改变旧的封建传统教育的首次尝试，在实践上把两千年来的封建教育打开了一个缺口，是近代中国学习西方的"尖兵"，迈开了向西方学习的第一步，是近代中国新教育的开端。

案例思考题：

1. 如何理解自力更生和对外开放的关系？
2. 同文馆的创立对我们今天的教育改革有什么启示？

案例二 日本企业界的忧患意识教育

日本企业家素以精明和有远见著称于世,更善于取他人之长、补自己之短,广泛学习和模仿世界上其他国家的先进技术、经验和文化传统。日本人借助中国传统的儒家文化创造了独一无二的日本企业文化便是一例,其中日本人借助《孟子》中的"生于忧患,死于安乐"的名言,认为在企业经营和发展中仍是如此。日本人认为,如今世界市场的角逐加剧,如果没有忧患意识,安于现状,墨守成规,就不能参与市场竞争并从中取胜,结果势必会被市场所淘汰。因此,企业面临的首要任务,是创造有利于竞争的环境,在看到危机时奋力拼搏,以推进企业再上新台阶。

日本企业家小山秋义对创业的经验总结是"怀抱炸弹"。这一经营思想出于中国的兵法之策,主要包括"危机、自信、成功"6个字。所谓"危机",是指在企业经营中要始终具有一种危机感,犹如怀抱炸弹,激发奋进;所谓"自信",是指要具有信心,对"炸弹"敢抱、善抱,最大限度地刺激人的全部智能和热情;所谓"成功",是指要激发员工"怀抱炸弹"背水一战,抓住契机取胜,变企业的危机为生机,"置之死地而后生"。

小山秋义认为,企业要发展,全体员工都应该成为创业者,要有明确的竞争目标,具备"怀抱炸弹"经营的精神,即使是处于优胜地位的企业,亦同样要看到危机,看到竞争强手如林,切莫过于安乐。《老子》曰"故抗兵相加,哀者胜矣",此中道理是非常深刻的。正是由于这种"怀抱炸弹"的经营思想,企业警钟常鸣,使得小山秋义创办的企业,由最初的4个人发展到17个会社企业集团,年销售额高达100亿日元。

日本著名企业家松下幸之助认为,正确运用自我否定的策略,能使企业不断获得创新的机缘。在经营过程中常常对自己的企业领导行为进行反思。在担任松下电器公司总经理期间,看到欧洲最大的菲利浦电器制造公司因满足于自身优势而走下坡路的教训,于是提出为了松下公司的将来,必须克服自满情绪。他说:"现在松下电器公司被公认为是最优秀的电器公司,这种观点本身就是很危险的。"他预言:"今天的强者将成为明天的弱者。"

为了确保松下电器公司今后立于不败之地，在"强化经营体制，改变企业现状"的口号下，松下曾多次自我否定，有时不惜推翻现有的工作模式与企业规划格局，进行一系列的体制改革与技术革新，并为此起用了一大批具有新思想甚至在过去反对过自己的人才。正是由于松下公司经常查找自己的不足，能做到居安思危，未雨绸缪，才使得松下电器公司长盛不衰。

案例分析：

讲到忧患意识，是中国人民的宝贵精神财富。追本溯源，最早的记载大概见诸周武王《几铭》，以后是《易经·系辞》："安而不忘危，存而不忘亡，治而不忘乱。"再以后是《孟子》："生于忧患，死于安乐"，把忧患意识和立国安邦的关系，讲得十分深刻。到了汉唐以后，历代的大政治家、大思想家，几乎都以不同的表达方式，做过许多类似的精辟论述。这种思想代代相传，源远流长，影响深远。不仅中国，世界上其他国家和民族，也大都以忧患意识教育和激励自己的人民。日本在第二次世界大战后取得令人瞩目的经济奇迹，至今日本中小学教科书上仍然写着："日本国土狭小，没有资源，只有靠技术，靠奋斗，否则就要亡国。"美国前总统里根1988年4月2日发表讲话："美国若再不加强科学技术的研究，增加科研经费的开支，美国很可能沦为二流国家。"在一些发达国家传媒上，也不时发出诸如能源危机、生态危机、人口危机、道德危机等呼声。这固然反映了这些国家的实际情况，同时也是以此来警醒国人，要有忧患意识，要居安思危。

"人无远虑，必有近忧"。面对着变幻无常的市场环境，面对着激烈的，甚至是残酷的市场竞争，一个领导者如果缺乏忧患意识与危机激励，总是沉湎于歌舞升平，上行下效，就会误党、误国、误民。一方面，随着社会的进步，新的科学技术不断涌现，人们的消费需求在不断变化，求新、求优、求廉、求异的心理普遍存在，给企业带来新的危机；另一方面，新的市场竞争对手和新的竞争手段不断出现，任何停留在原有水平上的企业，总会被市场淘汰，这是由客观规律决定的。何况这些都将对人们的世界观、人生观和价值观产生着深刻的影响。

面对着四伏的危机和莫测的市场环境，愈早采取相应的措施和行动，愈有机会转危为安。因此，明智的领导者均不断强化危机意识，看到实际存在的危机随时都会制约着企业的生存与社会的发展进步，主动激发奋进，做到防患于未然。

案例思考题：

1. 日本的企业文化为什么能够合理而成功地借助中国传统的儒家文化达到教育职工的目的？

2. 领导者为什么首先要具备忧患意识？

案例三 洛克菲勒的兼并奇招

大卫·洛克菲勒，1936年毕业于哈佛大学，世界巨商老洛克菲勒之孙。他参加过第二次世界大战，当过政府公务员，当过银行职员，由部门业务主管一步一步地升任全美最大银行的首脑人物，在华尔街，他创造了比老洛克菲勒更为显赫的商业奇迹。

大卫从哈佛大学毕业之后，很想凭借家族的势力及其影响有所作为，但一位同年女友却说，"你只不过碰巧生在这个家里罢了，除了你爷爷赚来的钱，你还有什么？"这席话对他的刺激很大，教育也很深。于是他横下心来，先在伦敦经济学院就读，后又在芝加哥大学读完了经济学博士课程。在答辩时，他以比较符合洛克菲勒家庭的清教徒传统即俭朴节约的治家观念写了长达260多页的博士论文《未用资源和经济浪费》，内容涉及工商业、银行业、垄断行业等各个方面，其父母申请旁听，他们要实地看看儿子的出色表现。答辩成功，导师满意。最后一个问题是："大卫·洛克菲勒，你能为我们谈谈你现在站在这里的心情吗？"大卫说："我想，我终于证明了，除了这个姓氏之外，我身上还有一些别的东西。我的价值不在于洛克菲勒，而是在于我自己。"

拿到博士学位之后何去何从？洛克菲勒站在"十字路口"，又面临了人生的选择。他的父亲希望他从事银行工作，也有人劝他去发挥政治上的才能。最后他还是决定到纽约市市长那里去积攒点从政经验。因为他在伦敦读书时，经常去大通银行的分行工作，虽然只是肤浅地了解银行业务。在市政府，他本着"懒惰是最严重的浪费"信条，对时间严格规划，非常轻松地处理好手边的事务，工作成绩令上司满意。但是，在他身上，有一种"洛克菲勒自我中心主义"不时地表现出来。比如他一接电话便说："市政厅，洛克菲勒在说话。"于是，市长便很委婉地暗示他："大卫，在接电话时可不可以换一种说法，比如说市政厅，我能帮您做什么？"奇怪的是，实习期刚满，洛克菲勒的从政生涯便告结束。他说，我对竞选政治不感兴趣，这一领域的危险在于它不停地讨好选民，由他们来决定自己的政治生命等于浪费自己全部的时间。由于当时发生了日本偷袭珍珠港事件，大卫又抱着为国效力的想法应征入伍。严格的军事训练，对他与生俱来的优越感又是一个不小的打击。上司发现了他法语方面的才能，曾调他担任少尉情报官，在北非，他实际上是史密斯少将的助理武官。不过，天生的优越感最终又打破了洛克菲勒的将军梦。战争结束，当父亲问他想干点什么时，洛克菲勒这才实实在在地说，我还是干点最简单的吧。在大通银行，他开始从海外部助理这个最低一级的经理做起。两年后，调海外部的拉丁美洲处，之后他在古巴波多黎各和巴拿马开设分行，还创办了一份很有影响的金融季刊《拉美要闻》。1956年，升任大通银行副董事长，这一年大卫刚满41岁。

关于大通银行的发展计划，洛克菲勒的思维更为出奇。经过调查分析，洛克菲勒指出，大通银行有28家分行，但只有两家设在曼哈顿，这对于吸收新兴的"中产阶级"存款相当不利，这也是大通的劣势。怎么办呢？最好的办法就是将在全美只排在第15位的曼哈顿银行吞掉。曼哈顿银行有一个完善的分支机构网络，这正是人家的优势所在。由于在1799年曼哈顿银行的营业执照上写了如果没有银行全体股东一致批准不得并入其他公司，吞并计划告吹。大通的劣势不能很快转化为优势，这该怎么办？

谁都没料到，洛克菲勒别出心裁，立即又提出了一项由曼哈顿银行兼并大通银行的计划。当他把"发展为曼哈顿银行那样完备的市行体系要花很长时间，它已有100多年历史了，又有良好声誉，合并是最好选择"的理由讲完后，得到了大通董事们的赞同。大通银行并入曼哈顿银行，用不着全体股东一致同意，看似小虾吞掉了大鱼，但这一合并，使新成立的大通曼哈顿银行成为全美最大的银行（曼哈顿银行资产为16亿，大通银行资产为60亿）。

1968年，洛克菲勒在65岁退休之后，荣登其渴望已久的董事长宝座。他说："在我成长的过程中，只遭受过几次战术性的挫折，但没有战略性的失败。""我在大通工作的26年里，从来没有像现在这样对未来充满信心。"

案例分析：

按照常理，小鱼是被大鱼来吞的，但在市场经济条件下，漫不经心的"大鱼"往往反被"小鱼"而吞。在纽约的一条街上，几家裁缝为了抢生意，竞争到了白热化的程度，都称自己的店是"全美最好的店""纽约城里最好的裁缝"，而一家由犹太人开的店却反向思考，打出了"本街最好的店"的广告。犹太人的店并不比人家强，却收到了蛇吞象的效果。这种小鱼反吞大鱼的案例尤其是《京东方科技的兼并奇招》，被收入哈佛MBA案例库。

再就是著名的萨奇兄弟，他们之所以能够迅速成为世界广告业的巨头，除了依靠独具匠心的广告作品之外，更重要的是兄弟两人是真正的企业家。他们具有超人的胆识，善于利用时机，通过兼并、联合等各种形式，打破常规，扩大自身的实力。萨奇兄弟集团的发展历程，就是一部不断吃进其他企业的记录册。

1972年他们开始崭露头角，到1976年便一鸣惊人，一举买进了康普顿广告公司英国分公司的绝大部分股份。这是一家在伦敦注册的股份公司，其规模是萨奇兄弟公司的两倍，因此这次小鱼吃掉大鱼的收购轰动了英国广告界。人们开始领略到萨奇兄弟的胆略。通过这一举措，萨奇兄弟公司得以在伦敦股票市场登记注册,为他们筹集资金提供了莫大的方便。

兄弟二人还以此为契机,告诉伦敦金融界,广告生意并不是哄人上当受骗的买卖,而是值得信任的可靠行业。继收购康普顿广告公司之后,萨奇兄弟公司一鼓作气,接连吃进了另外好几家英国广告公司。到1979年,成立不满十年的萨奇兄弟公司成为英国最大的广告集团。这一飞速的扩张进程,令许多广告业的行家瞠目结舌,因为在他们的记忆中,从来没有任何企业有着如此不凡的业绩。

在萨奇兄弟的团队中,查尔斯是政策的制定者、战略家,他的弟弟莫里斯则是政策的执行者、精明的战术家。在对外联络上,莫里斯是广告公司的董事长,而查尔斯只是顶着一个"主任"的头衔,尽管他实际上大权在握,一切都由他说了算。也许,这是因为莫里斯是伦敦经济学院的高才生,由他担任董事长更有利于公司业务的开展吧。这种独特的管理体制恐怕只能存在于萨奇兄弟公司,换了别人,必然要为谁是"一把手"而争斗不已。他们不断扩充自己的实力。

在以后的几年中,萨奇兄弟几乎每个月都要接收一家广告、公关及咨询公司,并把业务范围从英国本土拓展到大洋彼岸和世界各地。到了1985年,萨奇兄弟公司的广告代理量已经达到30亿美元,是初创时的2000倍,营业收入猛增至4.4亿美元,利润是公司建立时的360倍。

也许有人会问,萨奇兄弟的事业怎么能够在如此短的时间内取得如此辉煌的成就?他们的资金是如何筹集的,莫非会点金术不成?其实答案很简单,他们的大部分资金并不是自己的,而是所收购、兼并的公司的。萨奇兄弟的高明之处,就在于用别人的钱办自己的事。每买进一家公司,萨奇兄弟只需先付一笔订金,其余部分分期付款,并与所购买的公司的利润挂钩。由于萨奇兄弟都是理财专家,他们所选中的公司都是营业状况良好、收益丰厚的企业,因此买进后能够为集团带来滚滚财源。等到集团的实力增强了,影响增大了,银行就会争着贷款,筹集资金就更是易如反掌。就这样,萨奇兄弟像滚雪球一样,使自己的事业越滚越大,迅速成为世界广告业的巨头。

小鱼吞大鱼的启示在于，联合大企业是一种实现多种目的的控股形式，它由各种性质不同的利润中心构成，其主旨是对各中心加以协同，这种强强联合、优势互补的另一个目的就是通过兼并和盘购，促进资本增值。风险决策、负债扩张不等于蛮干，看准了机遇就要善于抓住机遇而不可丧失机遇。强强联合，可以实现合并企业的优势互补，优化资源配置，降低生产成本，提高劳动生产率，促进先进技术的研究和开发，达到扩大市场占有额，获取更大的经济效益的目的。同时还能够提高企业的国际竞争力，促进国民经济的发展。

诚然，强强联合与企业兼并不同，企业兼并是建立在通过以现金方式购买被兼并企业或以承担被兼并企业的全部债权债务等为前提下，取得被兼并企业全部产权，剥夺被兼并企业的法人资格。通常是效益较好的优势企业兼并那些效益较差的劣势企业。也就是说，兼并之后，劣势企业将不再存在。而强强联合则是建立在大企业相互合作的基础上的合并，不存在剥夺另外企业法人资格之说，也就是联合之后，既优势互补，又共同发展。正如宋代诗人释宗杲《颂古》中的诗句：大鱼吞小鱼，直路太萦纡。古帆休更问，处处得逢渠。

案例思考题：

1. 洛克菲勒关于"小虾吞大鱼"的思维给我们的启发是什么？
2. 试以辩证的方法，联系实际谈谈优势互补。

案例四　日升昌票号

道光三年（1823年），在山西省平遥县诞生了中国历史上有"汇通天下"之说的第一家票号——日升昌票号。

日升昌票号的前身叫作西裕成颜料庄，老号设在平遥县西大街路南，分号设在北京崇文门外草厂十条南口。它是一家自产自销、产销兼营的颜料手工业作坊。作坊设于财东李大全所在平遥达蒲村，销售地主要在山西和北京。西裕成在清嘉庆年间创立，至道光年间转业，历时20多年，成为众多颜料庄中资力雄厚、规模较大的一家。经理雷履泰，正值中年，富有才华，善于运筹，是晋商中数得着的头面人物。

当年，平遥、介休、祁县、太谷、榆次等地的商人，多在北京开设各种商号，每逢年终，免不了要给山西老家捎些银两。以往的办法是靠镖局运现，既不安全，费用又高，又很不方便。在这种情况下，大家就和北京西裕成经理雷履泰商议："能不能不从北京往老家捎银钱，而将现银交给北京西裕成颜料庄，然后再由北京写信给平遥西裕成老店，让亲属们到老号兑取现银。"雷履泰经过思量，觉得这是给同乡们办好事，便应承了。因此，开始时，这种两地汇兑并不出什么汇费和手续费。后来，同乡们对这种便利的办法大加赞赏，要求汇兑的人越来越多，为不使西裕成为难，在双方同意的原则下，这种汇兑便有了汇费。雷履泰越来越感觉到这种生意远比其他生意油水大，若不分寒暑，常年广为开展，必获大利。精明的雷经理将详尽的经营办法与东家李大全商量后，李大全决定出资30万两，于道光三年（1823年）将西裕成颜料庄改名为日升昌票号。由此，产生了中国历史上的专营汇兑的第一家票号。

日升昌票号成立后，银钱汇兑业务果然繁荣。经理雷履泰是商场中的能手，熟悉生财之道，由此及彼地推想到全国各大城市，特别是沿海一带。经深入调查晋商所经营的药材、茶叶、夏布、绸缎、京广杂物等进货地点，就选派了一批精明干练、诚实可靠的伙友，先后在广州、汉口、天津、北京、长沙、西安、开封、重庆、厦门、桂林、南昌、苏州、上海、扬州、镇江等地设分号，招揽汇兑业务。此地交款，彼地用钱，手续简便，资信可靠。年复一年，日升昌票号业务蒸蒸日上。至今，日升昌总号（平遥县）老院内还留有这样一副对联：日丽中天万宝精华同耀彩，升临福地八方辐辏独居奇。

道光六年（1826年），继日升昌票号之后，平遥产生了第二家票号——蔚泰厚票号，股东为介休北贾村商贾大户侯荫昌，他是步李大全后尘，第二个"敢吃螃蟹"的人，将其独资的绸缎布庄改组成票号，生意最鼎盛时资本高达800万两白银。其信用不仅为海内商号、满清政府所称赞，而且令东洋人佩服。光绪二十六年（1900年）六月，日本驻广州领事上野吉在给政府的报告中称："票庄者为山西人专业之银行，称为山西帮或汇兑局，中国通商各埠到处有之，以义善源、源丰润、日升昌、百川通、蔚泰厚等最有信用。"

据统计，从道光三年（1823年）至光绪三十二年（1906年）的80多年中，平遥县共设立票号22个，形成了[BF]票号业的"平遥帮"。他们在全国各商埠广设分号，高达400余个，涉及城镇80多座。仅日升昌在外地设立的分号就有40多处、蔚泰厚30余处，从而形成了一个遍布南北各地的庞大金融网络，成为"汇通天下"的山西票号的主力军，主宰了当时中国的金融业。"北有票号，南有钱庄"，就是对晋商、对票号的真实写照。

案例分析：

地处山西中部的平遥县，自古以来商业发达，交通便利，不仅从事商业经营的人数众多，而且形成了地方性商品的集散市场。"东拱帝京，西连秦蜀，南通太行，北入云中、雁门，龙节虎旗，驰驿奔轺，从去从来，络绎辐辏"，是一块经商设坊的宝地。清代中叶，平遥小县由"车水马龙、铺户林立"发展到晋中大市场，有工商业600多户，时有"拉不完，填不满"的"小北京"之说。晋商中，以颇具胆识的雷履泰为代表，审时度势，果断地将传统经营改为银两汇兑，首创中华"第一家银行"即日升昌票号，从而结束了官府或商家异地运款采用的传统镖运，不仅给票号带来丰厚的经济效益，而且将晋商的业绩推向了高峰。平遥票号的产生不是偶然的，有其深刻的社会背景和历史条件。

第一，"票号"是社会商品经济发展的需要。当中国封建社会及其经济发展到明代中叶以后，由于社会生产力的提高，特别是资本主义萌芽的产生，国内的商品货币经济有了非常明显的发展，较前更为活跃。众多的地方性区域市场，必然促使全国性统一的大市场的形成和发展，而商品经济的发展自然对金融资本提出了新的要求，促使封建金融机构开始突破以往单一的兑换范围，逐步过渡到信贷的形式，加上埠际贸易的发展，使商品流通幅度扩大，出现了跨地区、跨行业债务清算和现金调拨、平衡等诸多新问题，票号由此应运而生。

第二，商品货币经济给金融业的发展提供了便利条件。明代中叶，随着赋税制度的改变及其推行，标志着税制由劳役经济向货币经济转变，尤其到了清代，税制由"一条鞭法"发展至"摊丁入亩"，不仅税制简单化了，只要交银子就免去了杂役，而且货币地租也有了新的发展，加上纸币的产生和流通，商品货币交换日趋频繁。在这种条件下，汇兑形式水到渠成。

第三，早期的金融组织为山西票号的产生提供了条件。票号实质上是账局的延续和发展。早在乾隆年间，山西汾阳的王庭荣投资4万两白银，在张家口开设有永泰公、亨记和大州玉分号账局，供商人借贷而从中获利；与此同时，还产生了经营兑钱业的钱庄（也叫钱铺、银号），这种日渐活跃的高利贷资本给票号产生提供了客观的社会基础。

综上所述，平遥票号不仅为中国封建社会后期商品经济的发展提供了独特方式，而且为中国官商银行的建立和发展提供了借鉴。日升昌票号功不可没，晋商功不可没，它适时改善了中国近代的金融流通方式，为近代官商银行的建立培养储备了人才，提供了有效的经营方法，更为当代的领导者、经营管理者适应市场经济的大潮提供了可资借鉴的思路及良策。

案例思考题：

1. 试述日升昌票号的历史地位及其作用。
2. 山西平遥成为晋商的发祥地给领导者的启示是什么？

第四章 中国党政领导案例教学的师资

第一节 案例教学师资的培训方法与途径

党政领导案例法是被实践证明了的有效方法，它的应用与推广势在必行。但是要普及和推广这一方法，首先遇到了这样两个问题：一是有没有具备培训与研修足够的针对性强的案例数量，即"枪炮子弹"问题，二是有没有能够适应案例教学的高质量的师资问题。

目前，我国培养干部的院校中，几乎所有的教师都习惯于传统的"传授式"或叫作"填鸭式""灌输式"教学方法。究其原因，一是教师们传统的观念没有受到冲击，教师就是教，学员就是学，自古至今，理所当然，传统观念不容易激发教学上的改革与创新；二是教学方式本身受着教学计划、教学目标和教学内容的制约，它给案例教学与研修方式余留的空间很小，教师的积极性主动性不大，犯不着为探索新的教学方式去标新立异，客观上阻碍着案例法的应用及其推进；三是教学体制所形成的环境制约。

党政领导干部，凡是由上级组织安排到学院培训、进修，总是抱定一种要学点什么的心态与要求而入学的，而教师则往往是抱着我要为受训对象讲点什么的要求进行教学准备的，案例教学一向没有什么硬性的规定，况且真正的案例教学法尚在实验性阶段，即便做出硬性规定，师资问题又难以适应，案例教学与客观的教学环境这对矛盾难以处理，案例教学的体制没有从根本上建立起来。

"兵马未动，粮草先行"。既然案例法的推广与普及势在必行，教师就必须先走一步，只有把案例教学的师资问题解决好了，才能保证案例教学的质量及其规范。根据实践，案例教学师资的培训方法与途径有以下几种：

1. 集中培训

近40年来，无论是全国性的还是地方性的案例师资培训班已举办了数十期之多，应该说已经初步形成了一支案例教学的师资队伍，但这支队伍的发展以及教学活动还很不平衡，对案例教学的认同上也还存在某些异议。事实上，这40多年来，由于有了一批理论研究工作者和教学工作者积极倡导与推广，党政领导案例教学已然起了开启风气的作用，并且让我们深深地感觉到了它的生命力及其发展前景。如何在现有条件下成功地举办案例师资班呢？

第一，制定详尽的培训计划。目前的形势是什么、为什么要办这样的班、办这个班的目的与要求是什么、参加培训的对象、办班的时间、地点、期限、教学内容、主讲人、图书资料、学习方式等都应该在培训计划中广而告之。师资培训有两点非常重要：第一点是主讲人员的聘请必须有一定的知名度，如果能邀请到国内外一批知名学者，就能够大大增强培训的吸引力与培训效果；第二点是要将培训的主要参考资料与最新文献信息予以公布，因为教师参加培训，除了对知名学者的敬重就是他对资料与信息的占有。

第二，培训内容的精心安排。关于培训内容，至少有两大部分需要刻意安排：一是请知名专家学者详尽介绍国内外关于学科前沿的最新情况、最新成果以及前瞻性预测；二是要给大家系统地传授党政领导案例的基本理论、采编方法、教学方法，使大家加深对案例法特点的理解与共识，尤其要注意选择案例法推广、应用和普及最好的院校或者党政领导干部现身说法，通过传统教学法与案例教学法的比较研究，来增强推广与普及案例法的信心。

第三，培训方法的别致讲究。师资培训的方法，也要分为两大部分、两个阶段。第一部分我们把它称为讲座式阶段，主要任务是让大家从理论上掌握基本概念，从采编上掌握基本方法，从教学上掌握基本技巧；

第二部分我们把它称为模拟式阶段，主要任务就是让老师做一下换位实践的演练。在这一阶段，要选择2~3个案例精品，让教师"完全处于党政领导干部状态"，事先阅读案例、小组讨论案例、课堂发言完全模拟领导者身份分析案例，经过分析拿出解决问题的"最佳方案"。这个阶段的演练，主要是让教师通过"换位思考"，去提高未来案例法教学临场的实际经验。

第四，培训的"额外"要求。一个案例法教学的好的师资，至少要充当以下这样几个角色：①他首先是一位传统的合格的教师，能够把案例法的基本理论、方法传授给人。②他是一位压得住阵脚的"节目主持人"，深知案例法教学的特色是受训者为主体，以案证理。③他是案例采编的"制造商"。从事案例教学的师资，必须学会采编案例，一般来说，采编案例的能力与教学能力及其科研能力成正比。④他又是领导者的知心朋友。领导者是通过教学的过程与教师发生联系的，你学识高超，教学能力强，又能写出高水准的案例，这本身证明了你同领导者的沟通能力，从事党政领导案例的师资要主动同领导者交朋友，这样才能做到教学相长。因此，师资培训的"额外"要求就是：在培训结束之前，你应该按照培训计划，交一篇让人满意的案例。

2. 研讨交流

党政领导案例的开发研究与教学活动尽管已经10多年时间了，也出了不少可喜的成果，但是使这些成果得到应用与推广，还存在着较大的差距，尤其是案例教学的科研人员和教学人员，他们的科研水平与教学能力如何尽快得以提高呢？我想除了对他们的专门培训之外，还有一个很好的方法，那就是有效地利用名师、名校以及群团组织为媒介，举办较高水准的研讨交流活动。办好研讨交流活动，切实提高案例师资的任职水平与科研能力，需要认真准备，并在实施过程中做好这样几件事：

第一，科学制定研讨目标。研讨活动的内容，实际上包括这样两个方面：一是案例教学，二是案例采编。这就是说，参加研讨交流的人员既有教学工作者，也有科研工作者，研讨交流应围绕以上内容来进行。在预测研讨目标时，首先应科学地考虑研讨的时间、地点和规模。一般来说，暑假期间是研讨活动的最佳时期，以 5~7 天为宜；地点的选择应当同案例研究与教学推广具有代表性的地区、院校相呼应，同与会代表们的休养、度假相联系，规模大小应视举办单位的承受度量力而行。其次由于大多数教师以教学、科研以及案例采编为一体，因此在发放通知的时候，应充分考虑研讨的目的，在现阶段无疑在于提高教师教学与科研水平，在于案例法的普及与推广，研讨的目的最好能够得到政府、企业的资助，因为研讨的目的不存在什么直接的经济效益而重在社会效益，研讨交流需要的倒是优良环境的营造，需要党委和政府实实在在的支持。

第二，特邀专家学者参与。研讨交流活动如果是地方性的或者是条块性的，重点围绕一二个主题，能够在某些问题上形成共识，相互启发也就可以了。如果要举办全国性的、甚至是国际性的研讨活动，就一定要事先同知名的专家学者取得联系，征求他们的意见、建议，争取他们对研讨活动的参与。专家的参与，其重要意义和作用表现在两个方面，一是研讨本身代表了他们的研究方向，代表了他们在学科前沿的学术创新；二是他们的研究与教学成果客观上起着某种导向作用，决定着研讨活动的规格、决定着研讨活动的凝聚力与吸引力。他们研究与教学成果的展示，对繁荣学术、促进交流、沟通信息起着决定的作用，具有普遍的指导意义。与专家对话，是难得的机遇，它可以使你避免许多重复劳动，走出误区，你自己的研究成果也可以通过专家们的鉴赏得到指教和验证。教学研究，如果只教而不研，你可能只是一个好的教师；教而研之，在学术上不断有所长进、有所创新，就有希望成长为某一门学科的专家，那么这一门学科也才能由此得到丰富和发展。研讨交流活动，要注意重视专家的作用。

第三，认真组织论文评审。以文会友，这是研讨活动的一大特点，它客观上反映了研讨活动的学术水准。在研讨活动之前，事先就要拟定研讨内容的题目，让与会者有充分的时间进行准备，有条件的话，最好让专家对参加研讨的论文做出指导，进行反馈，这样做，研讨的质量更高。研讨期间，大会应认真组织专家对论文进行评审，要特别推荐、表彰优秀论文的作者，这样做既是对科研成果的一种权威性认定，也是作者进行专业技术职务评定的依据。荣誉感是激发创新思维的一种兴奋剂，也是扩大科研再生产的一种动力。荣誉容易使人停滞不前，一个真正致力于学科建设而孜孜不倦的人，永远也不会以眼前荣誉而满足。被评审出的优秀论文除了颁发相应的证书，还应做好这样两件工作：一件是积极推荐在重要学术刊物上发表，大力推广，使优秀成果产生社会效益；另一件就是将其汇集成册，或出版发行、或整理保存，以备参考。从科学继承和发展的角度上讲，科学的意义在于发现和突破。在任何一门学科领域中，当科研成果积累到一定程度，就必然会随着量的增加而产生突破与飞跃。因此，领导者应该确保教师们从事科研、进修方面的必要经费，在吃"偏饭"上多开"绿灯"。

3. 挂职锻炼

为什么案例教学的师资问题总是不尽如人意呢？原因主要有两条：一条是党政领导案例教学法的应用与推广毕竟时间不长，教师由传统教学到案例教学需要一个适应、磨合的过程；另一条就是案例教学的对象是党政领导干部，你要一个教师整天面对领导者去讨论概括领导艺术，他会感到由于实际经验的欠缺而捉襟见肘。怎样来解决师资的任职水准，使他在未来的案例法教学中得心应手呢？

第一，教师要学会同领导者交朋友。领导干部长期身在基层，有着较为丰富的领导工作经验，他崇尚的是教师严谨的治学精神和渊博的学识。因此，传统的以传授知识为目的，以理论事的教学模式完全可以满足受训者的知识要求。但案例教学就不同了，案例教学是以受训者为主体，以传授知识为辅助，是以案论理、以案正理的教学模式，教师会常常感到同受训者缺乏共同语言而困惑，受训者也会常常为教师肤浅的例证而无奈。案例教学法的普及与推广预示着：教师必须彻底改变过去那种到点上课，一本讲义修修补补"卖"一辈子，从不与受训者沟通，也无须同他们沟通的现象。热情、主动地同他们交心，了解他们的思想方法和工作方法，学习他们如何深入基层、调查研究，如何做群众工作，什么时候唱"红脸"，什么情况下唱"黑脸"；了解他们如何把握自身的个性特征，处理好班子成员之间的关系，正确地贯彻执行民主集中制原则；了解他们如何发扬民主，认真听取来自各方面的意见和建议，实现民主决策和科学决策；了解他们的世界观、人生观和价值观。相互交流对大是大非还是平常的待人接物的基本观点和做法，也要熟知他们的情感世界，他们对上对下、对待家庭、对待身边的人都有着某种特殊的思维方式。同领导者交友要真挚而坦诚，没有什么师道尊严，也不存在任何利用与交换规则。对教师来讲，坚持这样做，有利于因材施教，可以收到有的放矢、教学相长的良好效果。

第二，要给教师提供挂职锻炼的机会。教师挂职锻炼是由案例法教学的特殊性决定的，挂职的唯一目的是为了熟悉领导者的工作、生活情景。一般来说，从事案例教学的师资如果缺乏领导工作的实践，就很难胜任案例教学的目标要求。学院要针对这一状况同组织人事部门和有关党委、政府部门达成协议，把从事案例教学的骨干师资定期派到相应的基层单位工作一段时间，让他亲身感受实际的领导环境、决策程序和决策过程，亲身体验一段社会上的民俗民情，把这方面的感性认识上升到理性认识，然后再把这些理性认识运用于案例教学至关重要。俗话说"九等公民是教师，海参鱿鱼全不知"。只有亲身体验领导的实践活动，才能通过"解剖麻雀"获取真知灼见，这不仅有利于案例教学质量的提高，也有利于精品案例的开发与采编。

案例教学师资培训的方法与途径很多，主管部门为教师创造条件"吃偏饭"，这只是一个方面，而最根本的还是我们教师本身积极性、主动性的发挥。当你一旦接受了案例教学任务要面对不同职级的领导者时，就等于接受了挑战，就等于接受了一种责任。要想得到受训者的认同，就必须花费一定的时间和精力去向受训者学习，去向领导者的实践学习，去向这一学科前沿的专家学者学习。

第二节　妥善处理好教学与科研的关系

自从案例法引入我国党政领导的培训与研修以来，学术界中有人对案例的采编一直抱着某种成见，往往不承认案例为科研成果。为此，那些为获得更高专业技术职务的教师们便面临着如何出研究成果和发表作品的困惑。教师往往走着两个极端：一个极端是在案例教学上水准较高，能够得到广泛的认同，但他的研究成果却与案例无关；另一个极端是把大部分时间和精力放在出成果上，案例教学则多以应付，教绩平平。凡此种种，客观上固然受着职称评定的制约，但主观上则反映了教学与科研的关系处理不当。

1. 对案例教学与案例采编的再认识

首先，案例法教学是一种新型的教学模式，这不排斥传统的课堂传授方式，它与传统的知识讲授相辅相成。由于我们的培训对象是党政领导干部，已经具备了一定的知识积累，因此培训目标主要是能力的提高。案例法教学正是适应了培训的目标要求而设置的，因此从培训内容到方式均进行了一个大的转换，即以受训对象为教学主体，以一个一个的案例为培训内容，以课堂讨论分析为主要方法，以提高决策能力为培训目的。这种转换意味着教师要做更多的课前准备，如果缺乏教学经验和领导经验，就难以胜任。一个教师，如果能够被安排到案例法教学的岗位，那无疑是一种荣誉，是院校方以及受训者对其能力的肯定。

其次，案例法教学的优秀师资同时也是案例精品采编的高手。国外学者认为，案例写作是一种非常难下定义的活动，获得学术上的回报需要很长时间。因此，在你做这件事的时候你需要有一种信念支持你。从事教学，每一次走进教室都可以得到某种满足，可从事案例写作，有时候几个月也得不到任何报偿。案例这种东西，它不是学术论文，又不是文学作品，它倒像为管理者拍摄的一部部纪录片，这种"纪录片"不是简单地摄制，而是事先选好切入点，把管理者决策的思路、方案隐含其中，丝毫不加评论地交给阅读者和受训者，让他们调动思想，从中受到启迪，从而起到启发思维、增长能力的效果。

教学是科研的前提和基础，科研则是对教学的支持和促进。对于教师来说，如果连本职工作都不能胜任，那就应该另辟蹊径，去从事更为单纯的学术、科研活动。正是由于有人把案例看作在课堂上发给学员的讲义，对提升职称没有什么意义，因此，对青年教师来说，从事案例写作是一种高风险的发展战略。但是，也有一些学院把案例编写看作科研成果或教学工作量，这不仅有效地调动了教师从事案例研究的积极性，使他们把案例写作当成一种荣誉与责任，而且大大活跃了院校的学术风气，从根本上解除了教师因为案例是否应该算作科研成果或学术成绩的后顾之忧。当然，如果未经仔细审阅认定就标榜一个案例是什么成果、是什么学术性成绩，那未免草率，但一个案例精品的形成也可能代表了对领导者管理范围一个新领域的突破。这样的案例可能导致更深刻的学术见解，甚至有可能形成新理论发展的基础。那些至今还不承认案例是科研活动的人实际上恰恰是根本就不懂得案例的人。

能妥善地处理好教学与科研关系的教师是其能力的体现。一般来说，案例是为教学而编写的，因此它应该属于课程建设范畴，教师的案例写作从广义上应当予以承认，这种认识虽然肤浅，但也是最起码的。千万不要忘记：我们的案例不是培养拿手术刀的病历，不是培养为人断官司的法官，也不是培养未来的职业老板，我们的案例是在最高层次上进行综合性开发，去培养造就一代党政领导干部，是在培养选拔从国家机关到地方政权中那些手握重权的人。从这个意义说，从事党政领导案例教学与科研是再有意义不过的一项关系国运民生的神圣事业。因此，一个从事这样神圣而高尚事业的教师，教学上不求长进，科研上不知进取，总是陷于一两篇案例算不算成果，总是牵挂由于成果的数量会不会影响职称的提升，那就显得太渺小而短见了。

2. 深入实际的科研精神是最重要的

案例既然是领导者典型的工作、生活情景的再现，那么不去深入实际，充分地考察和了解领导者的决策过程,关在房子里是出不了什么好的研究成果的,因为党政领导案例的实践性很强,从事案例写作也就有一个实践、认识,再实践、再认识的过程。深入实际,调查研究,有效地运用文献法、访谈法而形成的案例是真实的、本来意义上的案例,而关在房子里虚构、假想而成的案例,尽管在教学中可能会有某种作用,但这种作品不是本来意义上的案例,会给人以误导,国外学者把它称为"沙发案例",即坐在沙发上凭空捏造的故事。

为什么这样讲?案例教学法的使用完全依赖研修者、受训者对其领导者或者叫管理者身份的认同能力和对所提供的资料(案例情景模型)的相信程度,认为案例是根据一个真实情景编写的,这是对整个研修、教学过程诚实性的保证。一旦大家开始怀疑所描述情景的真实性,那么领导者对案例给予的认真严肃地执行管理、决策职责的能力也就淡漠了,由此,案例本来应给领导者所提供的资鉴意义随着其虚假成分的存在也就被自觉不自觉地弱化了。

有不少教师在下面采编案例时,有计划性,并且抱的希望也很大,但是一旦要访谈当事人的时候却往往苦于等待,被领导者们繁杂的应酬给延误了。深入实际搞调研采编,要有高度的灵活性。在基层工作的领导者们,他们的时间划分大体上叫作三个三分之一,也就是说,一年忙碌下来,有三分之一的时间开了会,三分之一的时间下基层,三分之一的时间要应酬。

有一次,我们负责到山西最大的县,也就是中国人都忘不了要到"大槐树"下寻根祭祖的那个洪洞县,找县委书记采编一篇关于培养农村优秀干部的案例。事先我们电话约好有半天时间进行访谈,但是到了洪洞以后,市委有事把县委书记叫走了。我们跟踪追击到了市里,市里同志说,领导们都陪着省里的同志去看治理汾河的工程去了。回到洪洞,我们已无心再等,但县委组织部部长非常热情,提出要陪我们去看一看农村改革开放的典型——官庄村。兴趣不大,又不好意思,便一块儿去看了,没想这一看,竟然搞出了一篇上乘的案例,而且非常符合关于培养选拔农村优秀领导干部的案例规范。

案例法教学与案例的开发与研究在我国是一项全新的事业，也是一项开拓性的事业，对于教师而言，无论是教学还是科研尚有一定的难度。但是"科学没有平坦的道路，只有那些敢于登攀的人，才有希望到达理想的顶点"。教学与科研既是对立的，也是统一的，教师既要辛勤耕耘，也要注重收获，没有收获的耕耘是一种徒劳的浪费。科学的精神是求真求实的精神，对案例教学与科研的再认识，是妥善处理好二者关系的基础和前提。只有决心与这一项全新的、开拓性的事业相伴，才有可能在"打扫战场"的时候获取良多。国家运动队伍中有许多"陪练"，他们的工作注定与金牌无缘，但他们终生无悔。

第三节 党政领导案例教学的弹性原则

当领导者的培训与研修活动已经按照教学计划开始实施后，教师对教学案例的把握性究竟有多大呢？目前，国外的一些学院和培训机构为了从一开始就能抓住学员的注意力，在案例开发上增加了许多视听辅助手段，如电影电视案例、光盘及磁带案例等等。我国目前在对党政领导干部的警示教育中有影视形式，但它还不是本来意义的党政领导案例。以上做法，目的只有一个，就是为了把案例教学的效果搞得更好。国外专家学者认为，在案例教学上，无论采取什么手段，能够满足教育目的和学员的期望值、研究资料的准确性、提供和表达资料的方式以及案例的有用寿命期最为关键。这些因素，不是在教学中一成不变的，而是需要教师认真把握的，我认为这是运用教学案例的可调性因素或者叫弹性原则。

一个案例是否能在课堂上还是在研修阅读中满足特定的教学研修目的，这实质上是对案例质量的验证。当教师在编写案例的时候以及在从事案例教学活动的时候，你面对的将是有一定实践经验的领导者，这是最基本的定位。仅用公开选拔领导干部的案例进行培训活动显然是不够的，这种案例较为短小，具有案例的真实性和典型性，但缺乏更多复杂场景的描述，讨论和分析的深度也较为欠缺,它的应试性较强而培训意义不大。

因此,一个案例在没有真正通过教学使用之前,教师必须对它进行评价和预测,这种评价和预测的针对性就是培训对象。如果培训对象是行政首长,而教学案例则大谈党务工作及其决策,尽管行政首长也需熟悉党务,但它与培训目标相差甚远。党政领导案例的综合性很强,如果你老是用东部发达地区的案例让西部的领导者去分析评判,启发与收获不能说不大,但它对西部的实际工作没有更多的资鉴意义。

在这种情况下,课堂上的不成功,不是案例有毛病,而是教师在选择案例时根本就没有考虑运用教学案例的弹性原则。有经验的教师认为,在课堂教学之前就应充分评估案例的可教性,如果一个案例没有一个好的问题焦点,它就起不了什么作用。让人兴奋的案例,是经过教学检验的案例,没有经过教学检验的案例,它会不会在教学中获得成功,那要靠的就是教师的经验和直觉了。

当研修与培训对象在阅读案例的时候,其中必须有大量的丰富的背景资料,其中必须有针对性地提出问题,使他们知道正在发生什么情况,为什么会这样,我该怎么办?有两条标准可以衡量案例的课堂接受程度:一条是课堂讨论进行的如何,大家能否切中要害,讨论分析有一定的深度;一条是大家情绪是否热情饱满,参与性是否较强。如果有人一针见血地说明了问题,课堂讨论再也无法去调动,这意味着案例教学的失败,教师应很快从中猛醒过来,再不要去用那个你认为是好案例但大家又都不买账的案例。培训与研修的对象经常这样讲:我想要的案例是我可以在合理的时间内阅读和理解的案例,是能让我信服和使我兴奋的案例,它使我终身受益。

教师还常常会遇到这样的问题:一篇案例在教学中用过多次,案例有没有时效性?它的有用寿命期有多长?党政领导案例的教学与科研活动,是一门实践性很强的学问,这是由党政领导工作的实践性所决定着的。无论是一个时期还是一个时代,党政领导工作要围绕它制定发展战略、发展目标、发展步骤,其中必然会遇到许多新情况和新问题,如何分析和解决这些问题,分析和解决这些问题的思路是否正确,这里会有更多鲜活的案例需要我们很好地开发与采编。

从这个意义上讲,每一个具体的、一个时期的案例都有一个时效问题,我们决不能拿计划经济时代的案例来从事市场经济条件下的案例教学,案例的更新是经常性的工作,时效性失去了,其储存功能仍在。但是,我们决不可忘记,党政领导案例又是综合性很强的案例,"前事不忘,后事之师","温故而知新"。

从广义上理解,看待党政领导案例,决不存在什么过时的概念,它的时效性是相对而言的,它的使用寿命期是永恒的。最古老、最久远的领导者决策案例中,始终都闪烁着智慧与思想的火花。这里主要是有个如何来读、如何来用的问题。时代在前进,一个领导者毕竟不能穷尽所有的决策场景,更多的、更为典型性的鲜活案例大多是由教师来完成的,有些案例使用了10年,有些案例可能成为必修课程,但有些案例使用一两次便被放弃了。

从国外案例教学比较分析来看,案例更新率平均每年大约在25%左右。有时候一个旧案例往往在教学实践中比新采编的案例更适用。认识案例的短命会激发写作者倍加重视采编的规范与教学需求。经典案例永远也不会过时。

既然由于时效问题会把暂不用的案例储存起来,那么如何搞好案例库建设就显得非常重要和必要了,可惜由于种种原因,目前我国还没有建立起一个较为完全意义上的党政领导管理工作案例库,管理案例研究会的工作停滞不前,案例采编的有偿性原则亦无从实现。可见,中国党政领导案例的研究、开发、教学以及与此相应的交流与案例库建设任重而道远,还需要我们付出极大的努力。在这方面,教师将起着决定意义的先导作用。

我国从1987年开始引进案例法教学活动并取得了一系列可喜的研究成果,一批专家学者深深地热爱这一事业,始终不渝地坚持这一研究方向,目的只有一个,那就是要率先探索一条如何用案例的方法培养我国党政领导干部的路子，并从中总结和概括出某些规律性的东西，从而不断完善这一学科建设。作为党政领导案例的师资或者科研工作者，目前应了解和掌握的主要文献有：

1. 《中国领导科学文库》

主编刘海藩、胡彬，1996年11月由中共中央党校出版社、警官教育出版社出版。本书作为中国领导科学理论与实践之精粹与博览，是各级领导干部实现领导科学化的一部常备工具书，也是领导科学教学研究的必备参考书。该书的《案例卷》即"领导案例选编与研究"，荟萃了1987~1996年10年以来我国在党政领导案例研究、开发以及教学方面的概况与主要成果，较为详尽地介绍了案例与案例教学法、案例的采编评价与教学、党政领导案例与考核案例，列举了党和国家重大决策范例16个，部委、省市县级领导决策案例70个，企业管理案例9个，在每一组案例后面增加了必要的点评述语。

2. 《领导全书》

主编张诚业、方建文、康鑫，1997年由中共中央党校出版社出版。本书作为一部大型的工具书和参考书，共四卷24章，每章分正文和附录两大部分。第一卷为领导基础卷，主要阐述了领导科学的研究对象和任务、领导科学的形成、发展以及掌握这门学问的必要性，尤其对领导决策和组织管理做了深入探讨；第二卷为方法艺术卷，它是针对领导工作常常遇到的实际问题以大量典型事件，综合心理学、组织行为学、公共关系学等学科知识，从用人激励等方面论述了领导者如何走向成功；第三卷为实务操作卷，本卷是将前两卷的基本理论和方法运用于具体的领导实践，结合典型事例阐述了领导者掌握实务技能的一般程序与方法；第四卷为权智谋略卷，本卷以发展的眼光，选取了大量古今中外领导活动的成功经验，给领导者以历史的资鉴与启发。作为案例研修与教学，第二卷至第四卷中不少内容的参考性很强。

3. 《国外实用领导方法与艺术》

主编孙钱章，1996年9月由中共中央党校出版社出版。本书以"扬弃中的借鉴，应用中的参考"为指导思想，较为详尽地阐述了国外领导方法与领导艺术发展的历史与现状，分7个篇目分述了领导权力、决策、运筹、用人、权力监控、思维、方法艺术论，最后重点列举国外领导案例230余个供大家研修鉴析。这些案例，平均每案不足千字，并加以简要点评，是我们教学中试举的例证，也是教师将其扩展、延伸进行正规化案例教学的基础性参考。

4. 《哈佛领导全书》

主编彭诗琅、侯耀东，1998年由当代世界出版社出版。本书较为系统地研究和介绍了哈佛大学现代领导的理论和方法，重点介绍了其运用案例法培养工商管理硕士的模式，论述了其造就政界、商界以及科技界一代骄子的成功秘诀，是我国目前比较系统论述西方现代领导理论、领导方法和实务的大型工具书和参考书。该书中介绍的所有案例均系哈佛商学院培养工商管理硕士的经典案例。了解哈佛，对于我们引入案例法从事党政领导案例的研究与教学具有重要的指导意义。

5. 《中国企业管理案例》

主编余凯成，1993年由中国经济出版社出版。这是一套我国企业管理干部培训的系列教材，内容包括岗位培训、学历教育和教学参考三大部分。本书主编余凯成教授是率先将案例法引入我国的知名专家和学者，他对我国党政领导案例这一学科的创立给予了很大的指导与支持。可以说，中国企业管理案例是借鉴了哈佛工商管理案例，中国党政领导案例又借鉴了企业管理案例及其方法，余凯成教授在这中间起了桥梁与纽带的作用。

6. 《党政领导干部培训案例》

主编南楠、郑社奎，1989年由山西人民出版社出版。本书是中共山西省委组织部在1987年承担中共中央组织部"干部工作新方法研究"课题的基础上，吸收引进国外企业管理案例法而形成的优秀成果之一，也是我国党政领导案例最早的、以县（处）级党政领导干部为培训研修对象的情景模型，它不仅为我国党政领导案例的研究与教学首开先河，而且为这一学科建设奠定了坚实的基础。本书收入的 45 篇案例，尽管均属于计划经济时代的产物，但所有案例中的基本原则和基本方法至今对我们的研修、培训与教学有着重要的指导意义和深远影响。

7. 《领导决策与案例研究》

中共长治市委组织部编，1984 年由北京出版社出版。本书是中共中央组织部关于"干部工作新方法研究"的系列成果之一。1987 年，当山西省委组织部将案例研究的成果付诸实验时，参加这一课题研究的有关地、市组织部门相继推出了各自的案例成果，其中丁贵生、胡晋安主编的《领导决策与领导艺术》（新华出版社 1990 年版）代表性也很强。这些著作，大都是在论述一段领导科学的基本原理之后，再辅之以几个案例进行点评分析，有理论、有实践，可读性与培训效果都非常好，对全国的案例研究与教学实践起了重要的推动作用。

8. 《党政领导干部考核案例概要》

主编杜玉林，1992 年 10 月由中国统计出版社出版。本书第一次较为系统地提出并研究了关于用案例的方法对干部进行考核的创新思维及其实践意义。这就是说，案例不仅具有培训功能，而且具有考核功能，运用案例的方法对干部进行考核，一方面可以测评领导干部的能力倾向，另一方面可以直接用于选拔评价领导干部。此外，本书还详尽论述了案例考核与考核案例的一般理论及其编写规范，论述了案例考核与考核案例的有机联系。

9. 由于山西在案例研究方面的影响和推动，20 世纪 80 年代至 90 年代初，全国相继出版了许多具有研究和实用价值的著作和教材

如孟继群的《决策实例分析》，辽宁人民出版社 1989 年版；杨章明的《现代管理实例分析》，上海学林出版社 1990 年版；郑凤林的《行政管理案例分析》，广西科技出版社 1991 年版；郁强的《现代管理实例分析》，上海学林出版社 1990 年版；唐守贞、王启厚的《领导史例成败比较》，山东人民出版社 1989 年版；浙江省委党校的《领导决策实例分析》，浙江人民出版社 1988 年版；凌厚锋、刘明辉的《领导学原理与案例》，福建人民出版社 1991 年版；吴东起的《行政管理案例分析》，广西科学技术出版社 1991

年版；杨祥懋的《领导活动案例选》；等等。

10. 《乡镇领导工作案例选学》

主编刘士义，1990年由新华出版社出版。这是由中共山西省委干部教育工作领导组为适应中央关于加强农村基层政权建设，"要把乡镇干部分期分批培训一遍"的要求而编制的乡镇干部岗位培训教材之一，也是我国最早的较为完备的培训乡镇级干部的情景模型。本书按照党建与政权建设、调研与科学决策、选贤与任能、思想政治工作与精神文明建设、领导方法与领导艺术等5个篇目，共收入乡镇领导案例64个，其目的在于提高乡镇干部的整体素质，通过培训，有效地提高他们分析问题、解决问题的能力。2000年2月，长治行政学院的同仁们又编写了一本《乡镇工作案例》（温福亮主编，华夏文化艺术出版社），该书共收入54个案例，是不可多得的培训乡镇领导干部的教研参考。

11. 《行政案例40篇》

主编葛孚光、纪友伟，1989年由中国展望出版社出版。本书系随着行政管理学科在我国的恢复和发展，按照人事与组织、行政法制、行政决策、行政方法四个部分而编制的辅助读本，在当时历史条件下，是从事行政管理学研究、教学人员的一部不可多得的有价值的参考书，它曾经对基层党政领导干部增强法制观念、提高业务水平起了促进作用。本书中运用案例的方法，仍然可以从中央组织部"关于干部工作新方法研究"的成果中得到体现。

12. 《哈佛商学院MBA案例教程》

主编圣丁，1997年由经济日报出版社出版。本书在介绍了哈佛商学院案例教学法基础上，着重阐述了该学院在人事管理、营销战略、会计与财务、生产与作业管理、劳动管理、经营活动管理、竞争与决策等方面的先进理念，尤其是该学院关于怎样做一个出色的经理方面，是最具特色的必修课程，这一课程的方法就是我们通常所说的案例法。它要求学生从真正的"职业老板"的角度去考虑问题，重视课堂讨论式的分析和辩论，重视学生的参与性及其思考过程，其别具一格的教学体制值得我们很好地研究与借鉴。

13.《管理案例编写指南》

原著迈克尔·林达思和詹姆斯·厄斯金，翻译张吉平，1991年由大连出版社出版。本书是加拿大西安大略工商管理学院和大连理工大学管理学院合作教材编译项目之一，也是我们如何编写案例的重要参考书目。西安大略工商管理学院有"北方哈佛"之美誉，该学院每年自编案例200多个，位列全球第二。本书不仅对案例的理论和方法有精辟的介绍，而且详尽论述了案例编写过程中的有关环节和问题，被该校甚至哈佛商学院用作指导案例编写的教科书。

14.《给领导者的100组实例》

王玉新著，1997年由中国经济出版社出版。正如作者所说，本书是经验性的，所有实例全部来自500多位企事业单位领导者的实践思想和经验教训。它没有完整的答案，而只求给人一种思考和体味的理性，以便于每一位领导者开拓自己的思路，从这一点上讲，"实例"具有了案例法的意义，具有了管理案例的思想和方法。不过，这本书、包括作者以往所写的《给领导者的100个思路》，更多地与工商管理案例的体例与表述相似，对于领导者，尤其是企事业单位的管理者具有一定的资鉴性。

15.《新编党政领导案例》

孟艾芳著，这是从事党政领导案例研究和教学工作的一本专著，1998年由党建读物出版社出版。全书总共4个篇目，分为两大内容：一是领导实例，由决策评审、决策分析和决策思鉴组成，收录了党的十一届三中全会以来20余个案例，或使触类旁通，或使引发思维，或使得到警示；二是收录了近几年从事案例研究的主要成果，在案例的理论研究、案例的教学研究和案例的采编研究方面有了自己的一些认识与看法，尤其是通过党政领导案例与哈佛培养MBA模式的比较研究，所形成的一些观点和思路，可供同仁们参考。

16.《中国党政领导案例教程》

孟艾芳著，2002年由山西人民出版社出版。全书五个分册即《党政领导案例研修指南》《中国古代著名决策案例》《中国近现代著名决策案例》《当代中国党政领导案例》《国外著名决策案例》。这套丛书大体分为两大部分内容：一是研修与执教，主要介绍了领导者应如何阅读与分析案例、教师应如何组织实施案例教学活动、案例在公开选拔领导干部工作中的地位与作用以及部分案例试题的点评；二是领导者实例130多个，其中部分案例曾在《领导者》《领导科学》等杂志刊发，并在全国有关院校、培训机构广泛运用于教学活动。

近年来，基层党建方面、新农村建设方面、社区建设方面的案例读本层出不穷，凡此种种，都为我们打造精品案例、完善党政领导案例学、建设中国式的党政领导案例库提供了条件。

从严格的意义上讲，我们吸收、引进管理案例及其方法，目的是为了培养国家公务员的能力。国家公务员制度建立之后，与此相应的培训内容应该叫作行政管理科学及其案例方法，这样便于同国际交流、接轨。但在我国，中国共产党是执政党，在干部问题上我们坚持党管干部的原则，因此这门学科称作党政领导案例并不与管理科学相矛盾，党政领导案例的涵盖性更高一些、更广泛一些。这就决定了这门学科要参考的文献资料更多更广，案例教学的师资要懂得的东西也更多更广。获得并占有资料不仅靠信息，主要还靠你平时的日积月累。

第四节　经典案例赏读

案例一　"红小鬼"的蜕变——新中国反腐第一案

1951年11月1日，在中共中央东北局关于东北地区增产节约运动的报告中，揭露了一些干部犯有严重贪污、浪费、官僚主义的事实后，引起党中央和毛泽东的警惕和重视。11月20日，毛泽东亲自起草了转发东北局报告的批语，首次提出了要"进行坚决的反贪污、反浪费、反官僚主义的斗争"。此后，"三反"运动即在全党逐步展开。12月，中共中央又以正式文件的形式做出了《关于精兵简政、增产节约、反对贪污、反对浪费和反对官僚主义的决定》和《关于反贪斗争必须大张旗鼓去进行的指示》。毛泽东说："三反"斗争，要"首长带头，层层检讨"，要集中力量打"老虎"。

随着"三反"斗争的深入，原中共天津地委书记刘青山、张子善巨大贪污案被揭露出来，这在全党和全国引起了强烈反响，被称为新中国"第一大领导干部腐败案"。

早在平津战役结束以后的1949年8月，中共天津地委和天津专署成立，20世纪30年代初就入党、出生入死、战功卓著、被誉为"红小鬼"的刘青山、张子善分别出任地委书记和专员。刘青山上任不到1个月，便以养病为名，住进了原来一个大汉奸的西洋小别墅里。所谓养病，实际上是染上了毒瘾。他不仅私下抽"大烟"，而且将"白面"卷进纸烟里在会上吸，以至在就要被枪决的当天，当执法人员问他有什么要求时，竟然要求给他注射两支吗啡。在所谓的"养病"期间，刘青山把天津地委唯一的一辆吉普车调用在家，到处游玩，还觉得气派不够，于是在当时抗美援朝急需大量物资、国家经济极为困难的情况下，刘青山竟动用公款36亿元（折合新人民币36万元）从香港进口轿车供个人享用。刘青山生活糜烂，曾多次乔装打扮到地下妓院游玩。

张子善为讨好刘青山，将专署公安处收缴来的毒品送给刘青山。他利用主管财政的便利，整日山珍海味，高级香烟不离嘴，高档美酒喝得醉醺醺；他的房屋装饰耗资折合小米就达2500多公斤，他外出参观，有警车开道，仅出车耗资就达700万元（1万元折合新人民币1元。下同）。

据当时查证，刘青山、张子善二人犯罪事实主要是：利用职权，盗用公款。挪用飞机场建筑款、水灾区造船救济贷款，以及克扣地方粮、干部家属救济粮、民工供应粮等共计171亿元，用于经营他们秘密掌握的所谓"机关生产"。从事倒买倒卖非法经营活动。他们勾结奸商张文义等，以49亿元巨款倒卖钢材，使国家蒙受21亿元损失；为了从东北盗购木材，他们不顾灾民疾苦，占用4亿元救灾款，并派人冒充军官进行倒买倒卖。破坏国家政策。他们以高薪诱聘国营企业的31名工程技术人员，成立非法的"建筑公司"，从事投机活动，盘剥民工；在兴建潮白、永定、大清、海河等工程中，他们将国家发给民工的好粮换成坏粮，抬高卖给民工的食品价格，从中渔利达22亿元。腐化堕落，拒不悔改。他们从盗窃的国家资财中贪污、挥霍共3.7亿元以上，其中刘青山为1.8亿元，张子善为1.9亿元。刘吸毒成瘾，张子善为逃避罪责，曾一次就焚毁单据300多张。

1951年10月，天津专署副专员李克才向河北省委组织部揭发了刘、张的若干违法乱纪事实后，引起了河北省委的重视，并进行了调查。11月下旬，河北省委召开第三次党代会，贯彻落实中央和华北局关于开展增产节约运动，反对贪污、浪费和官僚主义斗争的部署。与会代表集中地检举、揭发了刘、张贪污罪行。根据刘、张的严重犯罪事实，河北省委建议省人民政府依法予以逮捕。华北局接到省委的请示后，经过讨论并报请周总理批准，决定将他们逮捕法办。11月28日晚，河北省委召开常委会议，传达华北局的决定。29日上午，河北省公安厅依法逮捕了张子善，在国外的刘青山归国后立即被逮捕归案。接着，省委召集党代会主席团成员开会，正式宣布逮捕刘、张。绝大多数同志衷心拥护这一措施，认为这样做"挽救了天津的党组织"，少数同志感到突然，表示沉默。根据党代会代表们的建议，河北省委经过研究，12月4日报请华北局批准，做出了开除刘青山、张子善党籍的决定。

随后，河北省人民政府成立以杨秀峰同志为首的调查委员会，会同天津市，对刘、张贪污案进行调查和侦讯。在弄清他们主要犯罪事实的基础上，河北省委于12月14日向华北局提出了处理意见："刘青山、张子善凭借职权，盗窃国家资财，贪污自肥，为数甚巨，实为国法党纪所不容，以如此高级干部知法犯法，欺骗党，剥削民工血汗，侵吞灾民粮款，勾结私商，非法营利，腐化堕落达到极点。若不严加惩处，我党将无词以对人民群众，国法将不能绳他人，对党损害异常严重。因此，我们一致意见处以死刑。"12月20日，华北局经研究后向中央提出了对刘、张的处理意见："为维护国家法纪，教育党和人民，我们原则上同意将刘青山、张子善二贪污犯处以死刑（或缓期二年执行），由省人民政府请示政务院批准执行。"

这一意见在干部中反响是巨大的。鉴于刘、张的地位和影响，以及一些干部的认识不尽一致，曾在冀中担任过区党委书记，看着刘、张成长，当时担任天津市委书记的黄敬同志找到薄一波说，刘、张错误严重，罪有应得，当判重刑。但考虑到他们在战争年代出生入死，有过功劳，在干部中影响较大，是否可以向毛主席说说，不要枪毙，给他们一个改造的机会。薄一波认为，中央已经决定了，恐怕不宜再提了。黄敬同志坚持要薄一波反映。薄一波如实向毛主席转达了黄敬同志的意见。毛泽东说，正因为他俩的地位高，功劳大，影响大，所以才要下决心处决他们。只有处决他们，才可能挽救 20 个、200 个、2000 个、20000 个犯有各种不同程度错误的干部。黄敬同志应该懂得这个道理。

1951 年 12 月下旬，华北局通过河北省委征求了天津地委及所属部门对刘、张两犯量刑的意见。结果是：地委在家的 8 个委员一致意见是处以死刑。地区参加讨论的 552 名党员干部的意见是：对刘青山，同意判处死刑的 535 人，判处死缓的 8 人，判处无期徒刑的 3 人，判处有期徒刑的 6 人；对张子善，同意判处死刑的 536 人，判处死缓的 7 人，判处无期徒刑的 3 人，判处有期徒刑的 6 人。中央和毛主席看到上述材料，在请党外民主人士传阅并听取他们对量刑的意见后，决定同意河北省委的建议，由河北省人民法院宣判，经最高人民法院核准，对大贪污犯刘、张二人处以死刑，立即执行。

案例分析：

惩治刘青山、张子善事件是我党执政后，自觉地抵制和克服资产阶级对党的腐蚀，反对腐败现象，保持共产党的工人阶级先锋队性质和廉政为民本色的一次成功实践，是新中国成立后反腐倡廉的第一战。

星移斗转，时至今日，这一案件在人们的记忆中或许已经淡漠遗忘，销声匿迹；或许仍然记忆犹新，警钟长鸣。然而，历史终究是历史，它对人们的警示作用是永远存在的，这正可谓："前事不忘，后事之师。"

这一案例给我们的启示：

第一，领导干部必须自觉地提高自身素质，加强党性修养。中国共产党历尽千辛万苦，推翻了旧政权，建立了新政权，自己变成了执政党。这一位置的变化对共产党是一个极大的考验。对此，以毛泽东为首的领导集体是有清醒认识的。早在1949年3月23日在离开西柏坡前往北平时，毛泽东兴致勃勃地说："今天是进京的日子，不睡觉也高兴啊！今天是进京'赶考'嘛！进京'赶考'去，精神不好怎么行啊！"周恩来也笑着说："退回来就失败了。我们决不当李自成，我们都希望考个好成绩。"进城以后，毛泽东对党内会不会出现骄傲情绪、以功臣自居的情绪、贪图享乐的情绪，会不会发生贪污腐化的现象，他是非常警惕的。一发现苗头，就及时敲警钟，严厉批评，坚决纠正。早在进城以前举行的党的七届二中全会上，毛泽东就曾向党内发出警告，要警惕人们用糖衣裹着的炮弹的攻击。他认为，资产阶级糖衣炮弹的进攻比战争还要危险和严重，因而对惩治腐败现象毫不手软。也正是这种清醒的认识，才使得中国共产党在执政期间涌现出了素质和修养都很高的一大批高级干部，才使得社会主义建设事业在20世纪五六十年代突飞猛进地发展。时至今日，高级领导干部自身的素质、修养问题仍然是党和人民群众关注的焦点，是社会主义事业成败的关键。能否提高素质、加强修养，是执政党能否执好政的关键，是能否取信于民、为民谋利的关键。成克杰、胡长清作为高级干部从反面证实了这一点，没有良好的素质和修养，必然被时代淘汰，被人民抛弃，成为社会主义前进路上的绊脚石。

第二，对领导干部手中的权力，必须有严格的监督机制。"没有监督的权力必然导致腐败"，这已是不争的事实，这一点在领导干部头脑中也形成了共识。但怎样解决这一问题呢？从目前情况看，还没有十分有效的办法。从刘、张二人的事例来看，建立一套行之有效、恰当合理的监督机制是防止权力滥用的治本之策。刘、张二人的问题是通过他们的副手李克才检举揭发暴露的。显然，如果没有"三反"运动的大气候，这一问题的暴露是极难的。权力越大越不好监督。改革开放到现在，我们许多地方、单位在这一方面创造性地建立了一些良好的机制,如村务公开、民主理财、干部公示、交叉审计等,都收到了良好的效果。但总的讲,由于权力失控而引起的腐败案呈上升趋势,急需我们在这一方面加大工作力度,尤其是应积极汲取国外好的经验、办法,尽快建立适合我国国情的监督机制,以遏制领导干部腐败不断蔓延的势头。

案例思考题:

1. 新形势下领导者应如何加强自身修养?
2. 联系实际谈谈如何健全对领导者的监督机制。

案例二 新中国第一税案

山南这个地处浙江中部的中等小县,尽管工业基础薄弱,却也堪称国家级商品粮基地。谁能想到,一桩弥天税案发生了,给几多辉煌的山南历史上留下了难以抹去的耻辱。

1997年1月8日,省、市检察院为一张票面额度为36万元的增值税发票调查取证,追根寻源,在山南找到了下落;4月17日,国家税务局接到了一封关于虚开增值税发票的群众来信,无论举报事实还是举报人均在山南……

山南县县长叫王新根,走马上任之后,为建立政绩,确实动了不少脑子。然而农业县的基础最终使他选择了"引进税源,以票管税"的县域经济发展思路,主张在"低税"的宽松环境下,争夺周边市县税源,以填补"以支定收"的财政税收缺口。在这种指导思想下,全县的一般纳税人由613户,在3个月内猛增至1000多户。接着,全县有关部门竞相打出引资广告,声称:凡在县工业小区办企业者,增值税头3年全免,后3年减半。税制改革政策出台后,上级部门对低税竞争进行了严厉批评,山南则借口新税制的实行起码要有3年磨合期,许多问题需要试验、探讨,提出可以适当打点擦边球等,在全县财税系统造成严重的思想混乱。而伴随着财政收入的不断增加与虚开增值税专用发票的不可遏制的蔓延，王新根由县长升任县委书记，因为1995年全县所获非法财政收入就高达2000万元。

早在1995年秋，全国人大常委会颁布《关于惩治虚开、伪造和非法出售增值税专用发票犯罪的决定》，不少财税干部深感事态严重，主张刹车，山南县人大常委会还向王新根做了《引税要谨防碰到"高压线"》的专题报告，要求进行全县财税大检查，严肃查处虚开现象。当时，全国不少领导干部推崇所谓"红灯亮了绕着走，黄灯亮了抢着走，绿灯亮了跑着走"的现象，王新根从中备受"启发"，指示全县财税系统在"自查自纠"中的面"宜小不宜大"，对省检查组的严肃批评想方设法捂盖子，以"既往不咎"为借口，坚持鼓励"引税"，并一再重申奖励政策。即使虚开额值很大，县里也是采取"就事论事，就地消化"的原则，尽量设法把额值压到1000万元以内，以争取由县里"管辖"，而县里管辖的结果，无非是停业、补税式的处罚，极少追究刑事责任。据统计，1996年查处的43家企业都是以补代罚，以罚代刑。至此，虚开增值税发票犯罪，也再次失去了控制蔓延势头的时机，最终导致全局性失控。

山南有个老板叫吴跃冬，曾因盗窃摩托车被判刑2年。在"引税风波"中，他轻而易举办了个公司叫安达公司。前面所提36万元增值税发票便出自其手。在其被抓获之后，仅从埋在他家墙内的保险箱里查获的增值税发票就有6本，另外还有发票专用章14枚、公司印章6枚、税号和银行账户印章14枚及大量现金、存款等。吴老板漫不经心地交代说：从1996年6月起至案发，他共骗购专用发票52本，虚开价税合计1.1亿元，由他妻子虚开的价税合计7000万元。在山南，他既不是这门"生意"的首创者，也不是数额最大者，虚开亿元以上者大有人在。吴跃冬一案，涉及全国25个省、市、自治区的228个县，造成国家税收损失2522万元。

此案引起市委、市政府的高度重视，更引起国家税务总局以及国务院的高度重视。国家税务总局副局长卢仁法、纪检组长贺邦靖坐镇山南，中纪委主持全案协调，最高人民检察院和公安部派员现场指导，办案人员历时20个月，行程6万公里，抓获犯罪嫌疑人100余人。整个案件中，涉嫌虚开的增值税发票有6万多份，仅公安部门先期移送63名涉嫌案卷就有1400卷，重达1500公斤。

山南税案并没有给山南带来繁荣，反而引发了犯罪，祸及全国。经调查，1994年5月至1997年4月，全县共有218家企业参与虚开增值税发票，计65 536份，价税合计63.1亿元，其中税额9.2亿元，造成国家税收损失7.5亿元。本案基本查清后，各地税务部门尽一切努力挽回损失，已追回并入库12.34亿元，其中查补税款6.8亿元，罚款5.09亿元，山南非法获取的2000万元财政收入被全部没收并纳入中央财政。此案中被判刑的干部共14人，其中原县国税局税务稽查大队大队长杨高荣被一审判处死刑；曾任县委书记、市委原常委、宣传部长的叶国梁被一审判处有期徒刑15年；王新根受到开除党籍的处分，并因玩忽职守罪被一审判处有期徒刑3年；受到党纪、政纪处分的党政干部、职工还有一大批……

案例分析：

山南税案堪称共和国第一税案。其发案时间之长，涉案范围之广，虚开金额之大，造成恶果之深，实属触目惊心，全国罕见。诚然，实行以增值税为中心的流转税制度，是我国财税体制的一项重大改革举措，对于促进平等竞争、改善分配关系、建立社会主义市场经济体制具有重要的意义。在这场改革中，偷税与反偷税、骗税与反骗税、腐败与反腐败斗争，总是强烈地反映在那一张张增值税发票上。山南县以惨重代价所换来的沉痛教训，为我们再次敲响了警钟。

第一，领导者必须牢固树立法制观念，决不可以侥幸心理妄自试法。税制改革后，作为领导干部对税收法规政策不甚了解并不足为奇，但长期担任县政府主要决策者，对什么是一般纳税人，什么是小规模纳税人，小规模纳税人不能使用增值税专用发票这种一般性常识都一无所知，这本身就是一种失职。事实上，山南的主要决策人物对此是非常清楚的，恰恰是在这个问题上，他们玩了小聪明，认为"高压线"不会偏偏碰了山南，才使得财税部门擅自违法改变认定条件，提出"先上车，后买票"，而在实际运作中再变为"上了车,不买票",致使短期内"皮包公司"剧增,埋下了隐患,在"引进税源"的错误指导思想下引发了犯罪,不仅严重干扰了市场经济秩序,恶化了山南的投资环境,而且给当地经济、社会发展造成了无法估量的危害。山南县委、县政府痛定思痛,把税收秩序整改作为头等大事来抓,把增强法制意识作为领导班子思想政治建设的重要内容进行了深刻反思。

第二,领导者必须牢固树立全局观念,决不可以所谓保护地方利益而姑息养奸。当前,某些领导干部往往以"造福一方"为借口而强调地方利益的满足和实现,不惜以损害国家利益为代价,一旦局部利益得不到满足,就闯"红灯"、冲"禁区",为犯罪分子乘机捞一把提供环境或土壤。不少主要领导干部往往跳不出刻意增加财政收入这个怪圈,在某种虚荣心和上级压力下,挖空心思,大搞"泡沫经济",甚至置国家法度于不顾,姑息养奸,客观上起到了助纣为虐的负面效应。不少人曾经是党和国家的好干部,就是在"上级给下级规定指标层层加码马到成功,下级给上级汇报工作层层加水水到渠成"的恶作剧中被毁掉的。在市场经济条件下,偷税骗税的犯罪活动往往与腐败现象交织在一起,而某些意志薄弱者就会在拉拢腐蚀的肮脏交易中,为犯罪分子开绿灯。因此,提高领导者素质,树立全局观念,确立市场经济就是法制经济的思想,杜绝以不正当手段发展经济刻不容缓。

第三,领导者必须牢固树立求实的观念,决不可追求一时荣耀而不顾长远。县域经济的宏观决策应该放在什么基点上?是放在自作聪明的投机取巧,还是放在脚踏实地因地制宜,这是衡量领导者决策水平、决策能力与决策方法的一般标准。以王新根为代表的山南县的主要决策者们,片面追求财政收入,大搞"泡沫经济",满足的是实现地方利益,损害的是国家利益。王新根等手握实权的人的荣辱兴衰告诉我们,把握实际,科学决策,把主要精力放在走可持续发展道路上,对一个领导者来说显得多么重要。有些领导者并非不懂这个道理,只是因为走可持续发展的道路实在是一个漫长的过程,而且要吃许多的苦头,为所谓显著的政绩,说白了就是为短期内不至于错过升迁的机遇,所以不愿去干那种"前人栽树,后人乘凉"的"傻事"而已。

总之,山南税案给我们的警示是多方面的,仅从领导者的角度分析,虚开增值税专用发票犯罪危害严重,只有依法严惩才能以儆效尤。从这个意义上来看,从严治"吏"是多么重要而紧迫啊!

案例思考题:

1. 县级主要领导干部宏观决策的立足点应放在什么基础之上?
2. 山南税案给我们的主要教训是什么?

案例三 官庄的历史变迁

地处山西省中部的洪洞县是一个著名的历史文化名城,城边的官庄村1000多口人,2000多亩耕地,自农村实行联产计酬责任制以来,这个村由"温饱"到富裕,成为远近闻名的"亿元村""文明村""小康村"。短短30多年时间,为什么有的村还没有真正脱贫,而官庄村则发生了历史的巨变呢?话要从最初那10万元钱说起。

1984年,国家南同蒲铁路和大运公路改扩建工程涉及官庄村的征地和搬迁,为此,村里得到10万元征地款。是将这笔钱分掉还是集中起来发展集体经济,这在村民中引起了不少议论。一部分村民主张按人头平均分配,用这些钱发展个体经济,这不仅可以让大家得到实惠,实现多种经营,而且符合"大包干"的政策;一部分村民则认为,10万元钱咱过去见都没见过,但赖以生存、发展的土地却没有了,分到各家各户办不了什么大事,不如把它集中起来办一件大事,如果办好了,全体村民一样受益,说不定能为村里的发展打下一个基础。就是在大家争论不休的情况下,30来岁的党支部书记李来生力主把这笔钱扣下了。他和党支部一班人风风火火地跑了1年多时间,历尽千辛万苦,办了1个小土焦厂,又办了1节铁路专用线。"十年磨一剑"。目前,根据国家的产业政策,小土焦不符合环保政策下马了,小土焦厂变成了两座洗煤厂,铁路专用线还在,并且增加4个自备列。官庄富了，富得流油。人们一进官庄豪华的牌楼大门，广场中央喷泉竞放，两侧回廊雕梁画栋，现代化的办公大楼、村民住宿大楼气势雄伟、布局有序，这里再也看不到昔日农村的影子，完全是一家现代化大公司的生活福利区。

有人问李来生村里有多少钱？李来生说，村里目前没有一个困难户，也没有一个暴发户，大家都有一份工资，生老病死村里都有规矩。要说这十几年来村里的家底儿，主要有两部分，一部分叫固定资产当年大约1.2亿元；银行存款嘛，过去我是保密的，现在可以在任何场合公开地讲，当初也有1.3亿元。有人问李来生的经营管理之道，他说根据这些年的学习和实践，叫作"易地不易业，易业不易地"。意思是要到外面去发展就干你最熟悉的事，这样能干好的胜算就有6成，要上新的项目，最好守家在地，这样做主要是当地的社会环境比较好把握，有所闪失也能及时补救。他还说，最原始的经营之道给我的最大感受就是"做饭裁衣量家当"。凡是公司实现的利润，我总是首先拿出三分之一存银行以备不测，拿出三分之一搞投入以求发展，然后再拿出剩下的三分之一搞福利以调动积极性。虽然吃过一些苦头，但这样的循规蹈矩才有了官庄的今天。有人问官庄的明天是什么，后来已经担任了县委副书记的李来生胸有成竹地说：官庄现有的家底儿，下辈子也吃不完，但是成由勤俭败由侈，有一个好的党支部、村委会是保证官庄繁荣昌盛的根本。下一步，我们要对公司进行股份制改革，争取上市，在市场经济的大潮中经受考验。现代意识造就的农民，他们的眼光并不短浅。目前，清华、北大甚至中关村的高科技项目频频向我们招手，我们在澳洲还买下了1000亩地，澳大利亚这个地方法律很明确，你买下的地它永远是你的，地价上涨了，我们就把它租赁出去，我照章收租子就是。抓住机遇，看准了的我们就干。

案例分析：

第一，在农村，没有集体经济就没有共产党的地位，农村党组织必须理直气壮地坚持统分结合、双层经营方针，因地制宜地发展集体经济，积极引导农民走共同富裕的道路。实践证明，发展农村经济绝不是简单地

"一卖""一股""一分"而能奏效的,如此广大的农村,发展极不平衡,实现共同富裕是一个渐进的过程,当分则分,当统必统。农业现代化的过程,实质上是生产力的不断提高、生产关系的不断完善的过程。从长远看,集体经济发展、壮大了,才能具备发展农业园区、集约化生产的条件,农村党建工作能有物质基础作保证,共产党说话才有力量。

第二,在农村,要保持党的先进性和纯洁性,关键在于建设好各级领导班子和干部队伍。一个执政党,如果管不住、建设不好领导班子和干部队伍,后果不堪设想。坚持从严治党,农村党的干部要严以律己,以身作则,率先垂范。目前,农村中实行的"两议五公开"制度、"村民自治"制度、"争先创优"等应以法规形式固定下来,加以推广。要下大气力培养和选拔跨世纪的农村后备干部,保证党的基本路线在农村100年不动摇,保证农村经济和社会的持续发展,并积极探索党员目标管理的有效途径。在培养村级后备干部队伍中,要对村级后备干部的构成、条件、选拔程序、管理办法做出明确规定,采取创建农村干部学校、举办专门培训班、选派优秀大学毕业生到乡村任职等方法,注重实效,并不断总结经验,逐步加以完善。

第三,站在政治高度深刻认识加强党在农村执政地位的重要性。20年的改革实践证明,要想办好中国的事情,首先必须把农村的事情办好。而办好农村的事情,必须紧紧依靠党在农村的基层组织,把农民建设社会主义新农村的积极性引导好、保护好、发挥好,进而更好地巩固党在农村中的执政地位。农村基层党组织必须坚持发挥战斗堡垒作用,只有大力增强农村集体经济,走共同富裕的道路,才能从根本上夯实在农村执政的经济基础。作为农村的基层党组织,首要一条就是切实担负起对发展经济的领导责任,而这种领导责任的具体体现形式就是为农民服务。从一个村的变迁来看中国,从一个县级领导干部来看干部队伍建设,不能不使我们感到案例教学以及师资建设的重要意义。因为,一个党政领导者是否称职,关键在于其有没有提供这种服务的真才实学,要像李来生那样既有看法又有办法才行。

案例思考题：

1. 官庄的历史变迁说明了什么？
2. 结合实际谈谈加强农村基层组织建设的重要性。

案例四 意大利文艺复兴运动

14世纪到16世纪的意大利，曾涌现出一批资产阶级知识分子。他们借助古代希腊、罗马的古典文化反对封建神学。在当时的人们看来，这种文化仿佛是古典文化，因此不恰当地把新兴的文化运动叫作"文艺复兴"。其实，这不是古典文化的复兴，而是资产阶级新文化的兴起。

在意大利文艺复兴运动中产生了许多著名的艺术家、思想家、文学家和科学家。佛罗伦萨著名的诗人，阿里格里·但丁生活在封建主义开始向资本主义过渡的时代，是文艺复兴的重要代表人物。但丁写了著名的长诗《神曲》，描写他被罗马古诗人维吉尔和他的爱人引导遍游地狱、炼狱、天堂三界，故事情节虽然仍旧反映中古的神学思想，但是在这首诗里，但丁却抨击了教会的贪婪、腐化，谴责了教皇和僧侣，同时，根据作者的爱憎，而不是按照教会的标准把当时人物各安排在地狱和"天堂"里。他这种思想在当时来说是难能可贵的，是具有进步意义的。

文艺复兴的另一代表人物是佛罗伦萨的彼特拉克，他反对宗教的禁欲主义，他猛烈攻击罗马教廷，热烈崇拜古典文学，是他首先提出了人学和神学的对立，他是第一个人文主义者。他写了许多抒情诗，在他为他的恋人洛拉而做的诗里，充分抒发了一种现世的市民感情。诗中的洛拉是一个少见的现实人间的妇女。他比但丁更具有鲜明的人文主义特征。

薄伽丘的著名作品是短篇故事集《十日谈》。这些故事反映了当时的意大利社会，揭露和讽刺了教会和贵族生活的腐朽，宣扬了个人的智慧、勇敢和"人的平等"的思想，他的作品充满了新兴资产阶级的人生观。

文艺复兴时期的艺术，在绘画、雕刻等方面也有出色的成就。最著名的艺术家是佛罗伦萨人达·芬奇，他最有名的画是《最后的晚餐》，这是他为米兰圣马利亚修道院作的一幅壁画，取材于《新约全书》上犹大出卖耶稣的传说故事。画面上临死前的耶稣跟他的12个门徒共进晚餐。当耶稣对自己的门徒说出"你们中间有一个人要出卖我"这句话时，12个门徒表情激烈变化，在画面上活灵活现。这幅画有着很高的艺术造诣。为了画这幅画，达·芬奇呕心沥血。约在1503年，他又完成了著名的肖像画《蒙娜丽莎》。这幅画是文艺复兴时代绘画的代表作品之一，现在依然保存在巴黎卢浮博物馆。这幅画不是取材于宗教，而是直接描绘现实社会里的一个贵妇人，这幅画表情细腻，显示出画中人青春的活力。达·芬奇的《蒙娜丽莎》进一步说明了这一时期的艺术，已从封建神权的束缚下解放出来。为了提炼绘画的艺术法则，他深入研究了解剖学、光学和力学。他不断探索征服自然的道路，通晓生理学、物理学、数学、天文学，成为一个广博的科学家。他为了研究人体的构成，不顾教会的禁令，解剖了人的尸体。达·芬奇终生勤奋，最后积累的手稿大约有7000页。但是，罗马天主教会把他的科学研究指为"妖术"，迫使他离开祖国，侨居在法国。达·芬奇的晚年是在漂泊中度过的。

14世纪开始于意大利的"文艺复兴"运动，15世纪后半期扩大到欧洲其他一些国家，16世纪达到高潮。

在文学发展方面，塞万提斯和莎士比亚最为有名。塞万提斯是西班牙人，出身没落贵族，打过仗，当过俘虏，他的著名作品是《堂吉诃德》。这部小说反映了16世纪末、17世纪初西班牙的社会情况，对趋向没落的封建贵族进行了无情的嘲讽。

莎士比亚是英国人，出身贫民，曾参加剧团，写过剧本，著名的有《威尼斯商人》《罗密欧与朱丽叶》《哈姆雷特》《奥赛罗》《李尔王》等悲喜剧。他的创作选材很广泛，反映社会现实的各个方面。是欧洲文学史上最著名的资产阶级作家之一，他的作品在欧洲广泛流传。

在人们思想发生深刻变化的时代，在发展生产力的要求下，在反对教会"愚民政策"的斗争中，除了文艺的发展以外，近代自然科学产生了。

波兰科学家尼古拉·哥白尼是一个伟大的天文学家。在文艺复兴时代，他曾生活在波兰文化极为繁荣的克拉科夫城，不久又到文艺复兴的起源地意大利的波伦尼亚大学学天文，后来又转入其他大学学习医学和法律学。他在意大利学习9年，学习内容很广泛，但是他主要成就还在天文学方面。回国后他花费了30多年的时间，记录了大量的数据，亲自进行了大量的演算和分析，终于在1530年写成了《天体运行论》一书。根据他长期对日、月、星辰运动的观察和推算，提出了"太阳中心说"。他证明了地球不但自转，而且又和其他星球一起围绕太阳运转。他的学说从根本上推翻了统治人们1000多年的"地球中心说"，同时也戳穿了教会创世说的鬼话，激起了科学与迷信的激烈斗争，引起了天文学以至整个自然科学的巨大革命。人类宇宙观也从而发生了根本变革。革命导师恩格斯给《天体运行论》以很高的评价，称它是"不朽的著作"。但《天体运行论》一书因为触犯了教会的权威，写成后多年为教会所痛恨，列为禁书得不到出版。最早的版本是1543年在德国出版的，而在哥白尼的祖国——波兰，直到哥白尼死后300多年，《天体运行论》这本书才和读者见面。

意大利的著名思想家和科学家布鲁诺把哥白尼的学说推进了一大步，他认为太阳不是宇宙的绝对中心，因为大自然是无限的，布鲁诺相信人的潜力的巨大，指出人的"智力"永远不停留在已经认识的真理，它将永远向前，走向未认识的真理。他的观点和行动激怒了教会当局，他被认为"异教徒"并被解除教籍。1592年宗教裁判所将他逮捕，投入监狱。在狱中他遭到严刑拷打，但布鲁诺从不放弃自己的信念，1600年，他被烧死在首都罗马的十字架上。

残酷的迫害并不能扼杀科学的发展，意大利的另一位天文学家伽利略，继续坚持和发展了哥白尼的学说。他观察天体，积累了许多证实哥白尼学说的证据，写成一本书出版。这本书宣扬了和哥白尼学说完全相符的结论，进一步维护和发展了哥白尼的体系，批驳了"地心说"。教会对伽利略发出多次警告，最后把这个体弱抱病的科学家送进监牢，遭到审讯和拷打，以致被终身监禁。直到17世纪下半期，哥白尼的学说才为大家所公认，地球中心论被否定。

案例分析：

一定的文化，是一定社会的政治和经济在观念形态上的反映。意大利资本主义萌芽的出现和成长，是产生资产阶级文艺复兴的基础。随着资本主义生产关系的萌芽，新的资产阶级形成了。新兴的资产阶级已经不再甘心受封建神学的束缚，他们为了发展生产，需要了解原料性能，革新生产工具，通晓生产理论和实践，开辟市场，改进运输。因此，对自然科学提出了许多课题。同时他们需要经理工、商、银行企业的熟练人员，需要为他们服务的医生、教师、法律学家，还需要建筑师、画家、雕刻家、诗人、音乐家。为了实现这一切，首先要求在意识形态领域里，展开对教会的精神统治和封建神学的斗争，要求出现为资本主义服务的资产阶级新文化。

文艺复兴的指导思想是人文主义。人文主义就是以人为中心，同以神为中心的封建思想相对立。它反对教会所宣传的来世观念和禁欲主义，肯定人是现代生活中的创造者和享受者。他们要求文学艺术能表达人的思想感情，文学艺术要为人生服务，要求个性解放。他们要求"人性"，反对"神性"；提倡"人权"，反对"神权"；提倡个性自由，主张把人的思想感情和智慧、才能从神学的束缚下解放出来。

人文主义者反对封建是不彻底的。他们只批判教会的腐朽方面，但在思想上并不否定宗教。人文主义者提倡人性，也是有阶级性的，他们所要求的个性解放和个人自由，是代表资产阶级的解放和自由，这种资产阶级的自由和幸福是建立在剥削劳动人民的基础上的。

当然，人文主义者在当时也有一定的进步性。在14世纪~16世纪的历史条件下，人文主义思想冲击了腐朽的封建文化，打破了束缚人们思想的宗教权威和封建愚昧，为近代欧洲政治、经济、文学艺术、天文学、数学、哲学和科学发展开辟了广阔的道路，它有力地推动了欧洲资本主义的发展，有力地推动了欧洲各国资产阶级新文化的兴起。因此，应给予肯定。

案例思考题：

1. 简述文艺复兴运动的主要代表人物与作品。
2. 分析文艺复兴运动的指导思想及其历史意义。

第五章　中国党政领导案例的考核功能

第一节　领导者应具备的人才观

这里所说的考核功能，是指用案例的方法对党政领导干部所发挥的考评作用，从更宏观的意义上讲就是对领导人才的案例测评。关于人才的概念，在中国古代多冠以"贤""能"或"士"，意指有德行、有才干的人。文献中最早见于《诗经·小雅》"君子能长育人才，则天下喜乐之"。人才科学作为一门学科问世以来，专家们对人才的基本概念做了广泛探讨：①才能高下标准。认为人才的本质在于才能，人才的思维中心为才能，因此，"人才是指超群才能的人"。②杰出程度标准。认为人才的本质在于其杰出性，"人才是才能和贡献都较杰出的人"。③人才价值标准。认为人才与常人的分别只能是有无"创造性"。④文凭职称标准。为便于统计归类，专业机构与人事统计部门把中专以上和具有初级职称的人称为人才。⑤创造性进步性标准。认为人才的本质在于创造性与进步性的统一，"是以其创造性劳动为社会发展和人类进步做出较大贡献的人"。

综上所述，现在比较规范的定义是"人才是指在一定社会条件下，能以其创造性劳动对社会或社会某方面的发展做出某种较大贡献的人"。这一概念，既强调了创造性劳动，有开拓、创新之意，也强调了贡献，无论是物质的还是精神的，都有方向性的、积极性的进步意义；再就是强调了人才劳动的社会历史性，人才总是具体社会历史条件的产物，不同社会形态下对人才的标准和要求也不同。由此可见，人才的概念或者人才的本质是创造性、进步性和社会历史性的统一。准人才是指已具备了人才基本要素，能适应某项工作并有所成就；潜人才则指潜在形态的人才，取得某些成果但不被社会公认。

唯物史观是我们的宇宙观、世界观，那么领导者的人才观就是马克思主义的人才观。时势造就伟人，这是马克思主义关于人才发生和发展论的基本观点。正如马克思所说："每一个社会时代都需要有自己的伟大人物，如果没有这样的人物，它就要创造出这样的人物来。""世无英雄，遂使竖子成名"。历史上，曾经有人不承认汉高祖刘邦是什么杰出人物，然而刘邦却认为：论运筹帷幄决胜千里我不及张良，论带兵打仗我不及韩信，论管理内务我不及萧何，那么我为什么能成功呢？我与你们所不同的地方在于我会用人而已。时势造英雄这一命题及其原理，明确规定了社会时代对人才成长的作用，因此，任何杰出人才都是一定社会历史条件的产物。历史表明，人们要有效地进行改造社会、改造自然的斗争，就需要有才干的杰出人物加以组织领导，而杰出人物的才能与智慧则是群众和阶级的集体智慧的结晶，人民群众社会实践的客观要求，多是人才产生和发展的动力。因为实践出真知，实践长才干，人民群众是社会实践的主体，是社会物质财富与精神财富的创造者，杰出人才之所以成功，从根本上说这不仅仅是他自身实践的结果，更重要的是他善于吸取、总结、概括人民群众的创造及其实践经验的结果。人才一旦离开这个基础，他的知识最终就会枯竭，最终就会被历史所淘汰。当然，马克思主义并不否认一个人的天赋，但天赋只能是为人才成长提供了一定的条件与可能。正如毛泽东所说："马克思、恩格斯、列宁、斯大林之所以能够做出他们的理论，除了他们的天才条件之外，主要是他们亲自参加了当时的阶级斗争和科学实验的实践，没有这后一个条件，任何天才也是不能成功的。"

哈佛关于人才的理论并不见得系统，但其关于识才、才能评价体系、人才或者领导者应有的素质及其应用案例等等却非常完备，这不仅反映了哈佛的人才价值观念，而且反映了其十分鲜明的培养目标。奥林巴斯公司的宗旨是：人才好比是生"金蛋"的鸡，这些人才确实是给公司带来了可观的效益；戴尔·卡内基的人才信条是：人才开发就好比开采黄金，为了得到一盎司黄金你得去掉数吨泥沙,但你并非是为了寻找泥沙而下井。把人才比作金鸡生金蛋也好,开采黄金也好,都充分说明了作为领导者要具有识别人才的能力至关重要。关于如何评价一个领导者的才能及其潜能,我们从下表可以得到一些启发。

领导者潜能评价表

总分:100分

分值标准:0绝无、1很少、2有时、3通常、4总是

评价档次:90分以上为杰出,80分以上为优秀,70分以上为极具潜能,60分以上为有待开发,60分以下为尚需努力

个人档案	序号	评价内容	分值	序号	评价内容	分值
	1	影响力		14	谦虚	
	2	自律		15	正直	
	3	人际交往能力		16	对上级忠诚	
	4	解决问题能力		17	洞察未来	
	5	不安于现状		18	好学不倦	
	6	全景思维		19	吸引人风度	
	7	应对压力能力		20	良好个人形象	
	8	积极进取精神		21	乐于助人	
	9	了解别人		22	应变能力	
	10	没有个人问题		23	言传身教能力	
	11	乐于承担责任		24	富有创造性	
	12	乐观		25	令人折服	
	13	勇于变革				

哈佛在管理人才培养与开发方面，非常强调10种素质。

第一，个性。任何领导者的性格均充满力量，没有什么比这更重要的了。严重的人格缺陷不容忽视，它可以使领导者的工作无法产生实效甚至毁掉整个组织。优秀的个性特征应该是诚实、正直、自律、好学、可靠、坚韧不拔及其良好的职业道德。具有优秀个性的人言行一致，声誉良好，坦诚直率。

第二，影响力。领导能力实际上就是影响力。他能够使事物按照既定的轨道运行，他有正反两方面意见不分高下时说服他人与他同行的能力：事情办好了，他认为这是大家风雨同舟的结果；事情办糟了，他又勇于承担责任，赏罚严明。

第三，积极的态度。持积极、乐观态度的人以完全的奋发向上的观点看待生活，这种不受约束的思维方式总是让人具有积极向上的情绪。有一位领导者经常喜欢唱《爱拼才会赢》这首歌，另一位领导者很烦他，"你干吗这么高兴？"他说，"今天是我从来没有过的。"对现实、对未来充满激情与希望，这就是领导者应具备的人生观。

第四，良好的人际关系。一个没有人际关系能力的领导者很快就会失去追随者，至少不会跟随太久。"水至清则无鱼，人至察则无徒"。领导者过分"精明"，容不得下属的弱点与难处，最终会成为孤家寡人。领导者能同周围的各种人和睦相处并乐于慷慨解囊帮助他人，遇事从不斤斤计较、患得患失，这才是最明智的。

第五，明显的天赋。每个人都有天赋，但并非所有的人都具有担当领导者的天赋，人可以根据自身的天赋来定位，这样他将有机会发挥自己的潜能，充分展示自己的才华，否则，赶着鸭子上架，就会失去成功的机遇。

第六，成功的经历。有一位诗人这样说，"只有一件事比从经验中学习更痛苦，那就是不从经验中学习"。所有干事业开拓新局面的人都会犯错误，没有实践经验的人，既没有什么可从错误中吸取的教训，但也没有努力干过什么。反过来说，一个成功的领导者总会有出色的业绩。

第七，信心。人们不会跟随一个没有自信心的领导者，事实上，人们很自然地会被充满自信的人所吸引。信心是积极态度的特征，信心给人以力量，杰出的领导者必定有能力培养别人对自己的信心，尤其是事业遇到重大挫折的时候。

第八，自律。领导者必须学会从两件事情中选择其一：伴随着牺牲和成长的自律的痛苦，伴随着走捷径的错失机会的后悔的痛苦。领导者并不意味着仅仅获得权力，领导者更多地意味着更多的付出。詹姆斯·罗思在《成功的风险》一书中说，"自律的痛苦仅重几盎司，而后悔的痛苦将重达几吨"。

第九，有效的沟通技能。美国有一篇《沟通的过程》研究报告，报告表明：美国人平均每天花费70%的有效时间在口头沟通上。没有上下之间、班子之间、内部与外部之间的沟通，领导者就不能有效地实施其决策意图。福特总统说，生活中没有任何东西比有效沟通更重要了。

第十，不满足于现状。从某种意义上讲，领导者就是摆脱现状，看到未来可能发生的事情。不满足现状是一种与众不同的意愿和敢冒风险的心理，害怕由于变化带来风险的就不可能进步，安于现状的领导者明天可能变为跟随者。

研究和分析哈佛的案例，几乎有近一半的内容与识才用才有关，这再充分不过地告诉我们，未来世界的竞争是综合国力的竞争，综合国力的竞争是科技的竞争，而科技的竞争归根到底就是人才的竞争。下面两个个案，从一个侧面反映了哈佛的人才观念。

案例一：万金求才

有一次，福特公司在其生产的关键时刻，一台马达出了故障。时间就是金钱，效益就是生命。公司把所有的技术人员请来都没能将故障排除。有人建议说，德国一家汽车公司有一名工程师叫思坦因曼思，现在流落在美国的一个小公司供职。福特花了1万美元将他请来，他靠耳朵在电机旁听了一段时间，最后用粉笔在电机某个部位画了一道白线说：这儿的线圈多16圈，将多余的线圈拿掉就可以正常运转了。事后，福特诚心相邀，一定要思坦因曼思到福特公司来。这位德国人说，原来的公司虽小，但老板待我不薄，我不能见利忘义。福特说，那好办，我可以将你所在的整个公司买过来。为了一个人买一个公司，足见福特对人才的敬重。

案例二：人事间谍

木村是日本东京化学公司的高级工程师，他工作勤奋，富有创造性，由他设计的几种化学合成剂是公司的"拳头产品"，远销欧美各国，经济效益十分可观。日本横滨化学制品公司总裁佐佐木苦于产品设计人员缺乏，朝思暮想要把木村"挖"到手。他的设想是，横滨公司拥有世界一流的生产设备、管理体制和精明强干的营销队伍，如果在品牌上再占得优势，公司的前景将不可估量。用什么办法才能把木村"挖"到手呢？为了公司的体面，他决定找人事间谍即东京一家"人才信息公司"来帮忙。"人才信息公司"的田中在佐佐木高额活动经费以及事成之后再支付巨款的诱惑下答应试试。田中先找木村的同事，了解到木村曾多次同他的主管上司铃木发生意见冲突，使铃木在公司的威信受损，然后又了解到比较赏识木村的公司总裁年事已高，即将退休。当田中同木村正面接触后，木村表示，公司总裁只要不退休，任何人休想使我"跳槽"，但如果铃木要当了总裁，谁也休想说服我留住。田中有了木村的这番态度，又花钱买通了东京公司负责打扫会议室的清洁工，设法将微型窃听器安放在饮水机底部。好几个星期过去了，田中"挖"心不死，硬是听到了董事会决定由铃木接任总裁的第一手消息。先下手为强，田中帮佐佐木终于如愿以偿。有人说，日本经济起飞依靠两个轮子，一是科技，二是管理。而这两个轮子的轴心是人才，这话意味深长。

为了得到或者储备人才而不择手段，是企业家们成功的典型范例。案例中提到的人事间谍、人才信息公司指的是当代的"猎头公司"。"猎头"（HEAD HUNTING），意指猎取人才、智慧之意。说白了就是"挖人公司"。

最早的猎头公司出现于第二次世界大战时期的美国，因其特殊的挖掘人才功能而备受青睐，很快流行于世界各地，仅在香港，目前在册的猎头公司就有近百家之多。国内出现"猎头"是近年的事，因为市场经济体制的出现，引进人才成为商战的关键，在一般的人才交流市场，不可能"挖"到急需的高、精、尖人才，"猎头"这种特殊的行业便应运而生了。因此，"猎头公司"应该说是竞争的产物，是市场经济的产物。

在计划经济时代，中国的高级知识分子是"臭老九"，闻着臭，吃着香，物美价廉，经久耐用。由于种种原因，他们中相当多的人无法主动"跳槽"，然而，在市场经济条件下，在知识经济时代，他们可以寻找人生的"新坐标"了，"天生我材必有用"只有在今天才能被时代所允许。借人才发财，乃一本万利。1993年10月，号称华南首家天马猎头公司在广州挂牌营业，猎人多达300余人。挖人才而不等人才，这是企业家、也是猎头公司独具的经营魅力。人才在本单位发挥不了作用是一种浪费，只有竞争才能促进发展，如果一个单位连人才都留不住，这将意味着什么呢？

"人才是创新之本，创新是发展之路。"面对知识经济时代的挑战，作为领导者如何在新的历史条件下学会识才、惜才、爱才、用才，努力实现人才机制的创新，必须更新6个观念、走出6个误区。首先，要树立人才是资源的新观念。各类人才，都是独立的市场主体，是可开发的资源，并且是第一资源或者是重要资源，走出人才仅仅是干部的误区。正如江泽民同志所指出的："人才是科技进步和经济社会发展最重要的资源。"其次就是要树立人才资源全社会拥有、全社会共享的新观念，从而走出过去计划经济人才唯我所有、唯我所用的误区。第三就是树立人才资源调整配置市场化的新观念，走出人才分配一次定终身的误区。第四就是要树立人才资本的新观念。在社会主义市场经济条件下，人才是资本，可以作价入股，参与企业的投资、注册、经营和分配，走出"只要马儿跑，不给马吃草"的误区。第五就是树立人才商品的新观念。人才的商品属性决定了人才的所有权属于人才本人，受法律保护，由人才创造的知识产权亦受法律保护，走出只能奉献，不准回报和索取的误区。第六就是树立人才是活资源的新观念。邓小平指出：人员不流动，思想就会僵化。人才自身的价值，将随着其能力、水平及其业绩而升降，走出能上不能下、能进不能出的误区。由此，在社会主义人才市场条件下，政府的主要任务是加强立法、制定政策、规划指导和宏观调控，这样可以扩大企事业单位与人才自身双向选择的空间，从而顺应人才归属社会化的世界潮流，逐步打破人才单位所有、部门垄断、条块分割、静态封闭的传统体制格局。

社会主义市场经济的资源配置中，人才资源的配置是最重要的，是起决定作用的，而领导干部的配备在人才资源的配置中更为重要。有些领导干部出了这样那样的问题，关键是我们选拔任用的机制还不完善、不健全，歪门邪道者容易钻我们的空子；有些领导在用人方面抱残守缺，仍然还搞论资排辈那一套，平衡照顾、只能上不能下，这种用人观念看似不会出什么大错，四平八稳，但危害极大。你用了"庸人"就会丢了"贤人"，你便宜了"庸才"就会扼杀了"贤才"。因此我们必须通过扩大民主、创新机制、匡正用人导向，营造环境，把最优秀的人才以最民主、最科学的方法选用到最合适的岗位，为他们的"最佳创造期"提供良好条件。江泽民曾尖锐地指出，吏治的腐败是最大的腐败。由于卖官鬻爵而造成的人亡政息、王朝覆灭的例子，在中国封建社会是屡见不鲜的。要避免此类现象的根本办法是建立良性的人才创新机制，进一步拓宽选人用人的视野和渠道，打破神秘化，实行公开化，彻底改变"由少数人选人和在少数人中选人"的现象，堵了卖官者的财路，断了跑官者的后路，打通当官为民和由民选官的正路，使真才实学者上，相形见绌者下。

哈佛的人才模式告诉我们，选拔和培养优秀领导人才是企业界面临的一个最紧迫的问题，也是所有的事业成败的关键。领导者的艺术就是用人的艺术，成功的奥秘不在于怎样赚钱，而在于怎样用人。当代，由人才引发的争夺战愈演愈烈，各个国家、各个行业都在不惜代价构建自己的人才高地，拥有人才就等于拥有了一切，作为党政领导干部，如果不能在人才问题上更新观念，走出误区，就会犯极大的、历史性的错误。

第二节 关于"考学"的思考

长期以来,有些党政领导干部把经济工作看作硬指标,而把理论学习看作软指标,上级组织人事部门按程序对他们进行考核的时候,经济指标一大摞,好像没有这些东西就显示不出一个领导者的政绩。而理论、业务学习情况的考核则存在一定的难度。要真实地反映一个领导者的整体素质和全面情况,缺乏学习的内容是不完整的,也是不负责任的。因此,干部考核过程中如何把握好"述学"与"考学"便提上了议事日程。

所谓"考学",是指对领导干部理论学习进行考试和考核。所谓"述学",是指领导干部在任职期间进行述职时必须如实反映其理论学习与业务学习的实际情况。在当前和今后一个时期内,要使我们各级领导干部切实能够真正学习宣传贯彻习近平新时代中国特色社会主义思想,在全党形成一个学习的氛围,关键在于我们的研修与培训机制是不是具备了领导干部"考学"的规范,是不是通过规范来教育和引导广大干部能够切实养成认真学习的风气、民主讨论的风气、积极探索的风气、求真务实的风气,保证理论学习卓有成效。

比如洪城县领导干部年度考核。根据市委关于对县(市)、区领导班子和领导干部年度考核的意见的精神,市委组织部、市人事局抽调4名同志,由市委组织部一名副部长任考核组组长,对洪城县委、县政府、县人大和县政协四大班子及其领导成员进行了为期10天的考核。在考核的最后一天,经过在全县副科(局)级以上领导干部中进行民主测评,四大班子及其成员均被认定为优秀。考核完全是按程序进行的,谈话对象也不下200人次,县里各项工作的确也令人满意。但是,在审核班子成员的述职报告及其考核表时,发现这样一种现象,即大家的述职报告和考核表中体现的业绩惊人地雷同。比如,①在县委县政府的正确领导下,真抓实干,全年完成财政收入1.3亿元,比上年增长4.7%,平均增长率为8.4%;②按照省委、市委关于调整产业结构的总体思路,下决心关停"小土焦"79座,新增绿色农业基地 15 个，新建蔬菜基地 7 个，其中标准温室大棚 66 个，沿汾河筑坝 47 千米，治理滩涂 2400 余亩，完成洗煤厂（50 万吨）改扩建工程，总投资达 2300 万元；③狠抓了九年制义务教育，教师工资全部按期如数发放，小学入学率为 99.87%，中学入学率为 84.2%；④社会治安良好，综合治理精神文明建设成效显著，重大刑事案件比上年下降了 14.3%，等等。从以上统计数据看，无论你是党委还是政府，无论你是分管哪一方面工作，这些政绩属于班子成员们共享。县委书记解释说，县委处于全县的政治核心地位，县委的主要精力就是以经济建设为中心，所谓抓大事就是抓经济指标的落实；县长解释说，抓好全县经济建设，完成既定目标是政府工作的主要职能，也是同县委保持一致的具体体现；县人大主任解释说，县人大的工作，主要是在县委的领导下，充分发挥了对政府的监督职能，这种监督职能的成效如何，最集中地体现在经济指标的落实上；县政协主席解释说，全县经济工作在调整前提下能做得这样好，出现了全面增长的势头，这与政协的积极参政议政是分不开的。

再比如关于学习的问题，哪一位县级领导在述职报告中都有这样一段话：一年来，能够认真坚持学习和领会习近平新时代中国特色社会主义思想，认真学习和领会党的十九大精神，自觉地同党中央保持政治上的高度一致。在学习方法上，坚持中心组学习与自学相结合，坚持专题发言与民主讨论相结合，坚持理论与实际相结合。通过学习，提高了理论水平，提高了辨别是非的能力，提高了驾驭客观经济工作的能力。通过学习，提高了认识，转变了观念，解放了思想，等等。

通过对县级主要领导干部的年度考核及其分析，我们深深地感到，对领导者进行考核固然重要，但以往的这种考核办法需要改进。这种对于政绩一拥而上，对于失误则推诿扯皮的现象，根本不可能真正起到激励与惩罚的效果，如果良莠不分，便失去了考核的意义。尤其是在对领导干部的学习考核上，还存在着比较严重的走过场现象，还拿不出一个行之有效的考核办法。考核中那些表面文章、中性语言给谁也能套上，究竟学了没有、学到点什么、制度定下了坚持得怎样，使你很难在十来八天里能够把握准的，不能准确而全面地了解一个领导者的德能情况，又如何做到知人善任呢？目前我们干部队伍中存在的不作为、不想作为和不敢作为的现象还比较严重，归根结底是新形式主义、官僚主义在作祟。要切实改进考核的方法，能不能在年度考核中对"考学"加以科学合理的规范呢？关于"考学"的问题是提出来了，但如何对"考学"进行操作，还需在"考"字上下功夫。

近年来，经过调查研究，结合考核的实际，考核主体即各级巡视组、各级组织人事部门做了一些探讨与尝试，在"考学"的机制上形成了以下共识：

第一，"考学"势在必行。"考学"的对象重点是各级各类在职的领导干部。"考学"的内容应包括：

学习态度。指领导者在学习理论方面的积极性、自觉性、主动性及其刻苦精神。领导者在忠于职守的前提下，是否坚持在职自学，是否按规定参加中心组学习，是否服从组织调训，认真完成脱产培训任务。在以上各种形式的学习中，是否按时完成学习计划，自觉做好学习笔记、撰写心得体会、理论与实践的结合上是否有所建树。学习态度包括学习纪律，忙于事务而不能坚持自学，脱产学习期间出勤率低要记录在案。

理论水平。指领导者通过学习所获得的成果，包括读书笔记、调研报告、理论文章的数量和质量，包括脱产学习中各科成绩的评价等级；其次就是通过学习来检验领导者坚持党的宗旨，牢固树立马克思主义世界观、人生观、价值观以及奉献精神、敬业精神、改革开放和艰苦奋斗的精神；再次就是通过学习所反映出领导者认识问题、解决问题达到的理论高度，对马列主义、毛泽东思想特别是对邓小平理论和党的路线、方针、政策的理解与把握程度。

运用理论指导实践的能力。这种能力，一是指通过学习、培训之后看其运用马克思主义的立场、观点、方法，如何把握事物的发展规律，从而检验领导者的决策能力；二是指通过学习、培训之后看其以科学理论为指导，如何知人善任、驾驭全局和处理复杂问题方面的组织领导能力及其领导艺术；三是看其在学习的基础上，通过相互交流、相互启发，在运用理论解决问题过程中的创新能力。

第二，"考学"的方法。"考学"的方法有多种，其中最便于操作的方法，一是考核形式。考核又分为试卷测学和口试测学两种。用试卷形式进行考核，主要侧重于考查领导者对基本理论、基本知识理解和掌握的程度，用基本原理分析、说明具体问题的水平；用口试办法进行考核，则可以通过模拟化、提问式、案例分析和论文答辩等方式，对领导者的理论思维、判断能力以及表达能力进行考查。二是考核步骤。考核包括以下3个步骤：

调阅笔记。考核主体可以定期或不定期地将领导者的读书笔记抽调出来，检验其平时看书学习的文字性记载，比如学习心得、中心组发言提纲、重要摘记等等，被调阅的笔记应由考核主体组织有专家参与的考核组进行阅评，阅评结果予以通报。

督学检查。过去，上级组织部门往往是坚持了对中心组学习的检查指导，今后应该把督学的范围适当扩大，把督学的重点放到有没有学习制度与规划、有没有措施与成效、能不能保证时间与到学率以及中心组学习的内容和质量上来。

本人述学。领导干部在年度、届中或届满考核述职时必须"述学"，考核主体对其学习态度、学习情况、学习成效以及努力方向要进行民主评学并结合其述职情况进行鉴定，鉴定结果归入本人档案并在一定范围内予以公布。

第三，"考学"结果的运用。运用"考学"的形式评价干部，可以从制度上有效地改变以往学不学一个样、学好学不好一个样的不良倾向，客观上起着某种激励的作用。如果能够把考学的结果同干部的民主推荐、考察任用有机地结合起来，通过考核与问责，把不学无术者、相形见绌者"堵"在职务升迁的范围之外，使勤读善思者、真知灼见者脱颖而出，必将使领导者的学习风气大为改观，必将使我们干部队伍的整体素质大为提高，"考学"也就不再形同虚设了。

集中国共产党90多年历史经验表明，坚持从严治党必先从严治吏，坚持从严治吏必先从严治学。一个民族兴旺发达，离不开思想的升华；一个政党发展壮大，离不开理论的成熟。理论建设是一个领导者必备的基础和灵魂，以科学的理论为指导是一个领导者建功立业的根本。从这个意义上讲，"考学"并不是目的，而只是一种治学的手段。

第三节 关于"考官"的思考

在公开选拔领导干部的过程中，常常会出现这样的情况：大家都认为有把握能入围的应试者却名落孙山，大家都认为去"走过场"的应试者却脱颖而出了。经过研究与分析，我们认为除了某些客观的因素之外，主要还是反映了一个人的心理素质的差异。期望值越高，所承受的心理压力就越大，心理压力越大，应试过程中失控的程度就越高。为什么一个优秀的运动员会在大赛中落马？为什么一个优秀的杂技表演艺术家会在参赛时失手？都可以在心理素质问题上找到原因。

当代领导者的活动具有高节奏、高风险和高压力的特点，在这种情况下参与公开选拔考试，往往是某种客观因素把他推到了应试角色。这实在不是心甘情愿，这是在为舆论去考，是在对上下左右有个交代而去考。当舆论把你"逼上梁山"时，就有个心态问题，就有个心理素质问题了。任何环境和外部条件都是通过人的心理品质的折射而发生作用的。领导人才的心理品质，关系到领导活动的成败。一旦再次直面失败的现实，领导者的心理弱势就会进一步受到冲击，久而久之，就会影响到心理的健康。正如古代哲学家范缜在《神灭论》中所说："形存则神存，形谢则神灭。"人的健康有两种含义，一种含义是生理机能的健康，一种含义是心理因素或者叫心理机能的健康。

作为领导者，具备健康的心理非常重要。领导者的心理健康，既有常人心理健康的共性，又有其独特的个性；既符合一般心理健康标准，又有其独特的要求。这种要求就是要在健康心理的前提下，积极向上，努力进取，胜不骄而败不馁。有一位应试者，平常快人快语，思维敏捷，业务娴熟，理论功底也很扎实，但他在参加面试答辩时却感觉脑袋里"一片空白"。可见，心理健康就是人对内部环境具有安定感，对外部环境能以社会上认可的形式进行适应，在遇到任何障碍和困难的时候，心理都不会失调。领导者要锤炼良好的心理品质，做到智力正常、情绪稳定、行为协调、反应适度，需要从以下几个方面努力：

第一，认识自我，正确地估价自我。西方有句名言，叫作"世界上最难战胜的敌人是自己"。自我认识非常重要，"闭门常思己过"，意思就是要经常检点自己的缺点与不足，对自己的思想、行为和动机既不有意地夸耀，也不必过分苛求和责备，只有凡事保持一种正常的心态，才可以具备心理健康的基本特征。

第二，保持适度的自信与自尊。自信与自尊并不是缺点，它是正常人均有的心理趋向，也是心理健康的重要特征。自信就是对自己充满信心，能够坚信自己的才能、智慧与价值；自尊就是要保持自己应有的人格尊严，不为一时得失而丧失人格，不为一己私利而扭曲自己，不为过分求全而压抑忍让。适度就是要在纷繁复杂的事物面前把握好有限度而又不过分这两者的关系。

第三，学会磨炼意志，注意控制情绪。意志对领导者来说至关重要，"三军可以夺帅，匹夫不可夺其志"。因为领导者的决策本身具有某种风险性，毁誉各半，如果不具备坚强的意志，遇到困难就裹足不前、打退堂鼓，就成就不了什么事业。但坚强的意志不等于一意孤行，领导者要培养自己对行为随时进行评价调整的习惯，决不可以以个人好恶对待事物。注意情绪稳定，实质上是要树立乐观主义的人生观，切忌报喜不报忧，切忌无端宣泄，把怒火烧至同志身上。

第四，倡导团结协作，正确对待挫折。一个人的能量是不可估量的，但一个人的能力又是非常渺小的。领导者必须率先垂范，积极倡导既团结协作又独立自主的工作方式与环境，既有民主集中制的思想和意识，又不被任何盲从与反面意见而"失去自己"。诚然，一旦发生挫折或失败，切忌惊慌失措、相互推诿，能够做到坦然自若，正视现实，不回避矛盾，对来自自然或人为的挫折与失败有足够的思想准备与容忍力，是一个领导者良好心理素质的表现。

第五，加强气质修养。气质是一个人比较稳定的心理活动的动力特征，任何一种气质对领导者都有利有弊。胆汁质型精力旺盛、事业心强、办事果断、效率高、热情直率，但脾气暴躁，缺乏耐性；多血质型思维敏捷、应变力强、富有同情心，但情绪不够稳定，持续性差，见异思迁，决策轻率；黏液质型沉着冷静、处事稳妥、吃苦实干、情绪不外露、交际适度、善于忍耐自制，但灵活性差，接受新事物较慢，开拓创新精神不强；抑郁质型感受力强、善于观察、细微缜密、有预见性，但行为孤僻、不善交际、感情脆弱、优柔寡断、多愁善感，往往不能当机立断。

领导者应以积极的态度自觉取人之长、补己之短，切忌以"我生来就脾气不好"而为专横跋扈作风辩解，以"我天生就与世无争、胆小脆弱"而放弃原则。既然各种气质有利有弊，那么作为领导者就应学习别人气质上的优点，通过性格修养来美化自己的气质，使之日趋完善。

所谓考核案例，在这里是指具有考核功能的党政领导案例。具体讲，就是为了满足考核的需要，经过实际的党政领导工作场景而编制的、表现和反映领导行为的、并加以客观真实地描述与技术处理所形成的情景模型或特殊试题。它的显著特点是具有典型性、适用性和时代性。如果说案例考核是评价领导者个体或群体能力水平是否胜任的方法，那么考核案例则是实现这种评价体系的工具。二者互为条件，互为依存，缺一不可。为此，要熟练地运用考核案例对被考核者实施考核，必须了解和掌握案例的结构、分类及其开发制作。

案例的结构，是指构成案例的各要素之间相互联系、相互作用的方式或秩序，即各要素间相互结构的存在方式。案例的完整性、整体性强，表明案例的结构性很强；案例支离破碎，缺乏完整意义和整体概念，则表明案例的结构性很差。不同结构的案例，有着不同的培训与考核功能，比如分析型结构的案例，重在引发思维，而评审型结构案例重在吸取经验，一一般来说，党政领导案例是多要素、多层次的综合体，往往涉及领导者的思想、行为甚至隐私。案例层次越高，其结构越复杂，其展示或面临的客观对象也就更为纷繁多样、丰富多彩。案例设置的结构是否合理、科学，关系到案例本身的质量，也关系到培训与考核的效果。

案例的分类：以其功能分类，可分为培训案例与考核案例；以应用对象分类，可分为管理案例、企业案例、党政领导案例等；以应用性质分类，可分为决策分析型案例、决策评审型案例等。还可以按专业、职级等要求进行分类，分类的目的在于更有针对性地进行培训与考核。

考核案例的设计与编制，直接决定着考核的质量与成败。因此，设计编制考核案例是实施案例考核的基础与前提。考核案例的设计与编制，仍然应遵循案例开发的政治性与科学性相统一原则、实践性与适用性原则、拟真性与典型性原则。考核案例的个性特点及其特殊要求，决定了它不完全等同于培训案例的开发及采编，但它完全可以在培训案例基础上加以精雕细刻，并根据考核目标或实际需要进行分类、排序与贮存，以便发挥其应有的考核功能。

考核案例试题的设计制作，一般是含蓄地提出问题，而不是明确地提出问题。设计与制作结果往往是将问题隐含于领导工作的事件、情节之中，具有一定的模糊性。使用案例进行考核，可以将案例中隐含的问题以适当方式表达出来，让被考核者去思考、分析和解决。根据目前考核的实践，考核案例试题的制作可以设单项，也可以设多项，可以笔试方式答题，也可以面试方式答辩。但无论是单项选题还是多项选题，都不事先命题，而是事先决定选题方式，当场抽题进行解答。还有一种试题的制作也非常灵活、适用，即通过抽签方式，由被考核者首先阅读案例，通过案例中领导场景、领导行为的相似比较，然后在规定的时间根据案例涉及的问题如实填写问卷。问卷以10个小题为单元，每个小题可由被考核者进行选项，选项内容采用一定的模糊原理，使被考核者尽可能启动应有的思维获取最佳分值，但又不可能轻而易举，一眼看穿。选项结果可以输入电脑计分，也可以由评委当场评审亮分。总之，想在公平的原则下有所作为的领导者，通过这种特殊的参与，至少可以经受一次强烈的刺激过程，体验一下实际工作场景的预演"彩排"。

总之，案例考核的确是一个充满理性的模拟实践过程，实践出英才，实践出真知。一个领导者个体，由于受各种环境、时空的局限，不可能跨越更多的领导领域，更不可能有更多的时间来做更高层次的理性思考，而案例考核的方式方法却能将这种理性思维与实践过程有机地结合起来，促使你开阔眼界、扩展思维，踏上成功之路。

随着干部制度改革的推进与深化，各级党委曾越来越多地采取以扩大民主、公开选拔领导干部的方式进行岗位配置，在全社会引起了强烈反响，匡正了用人风气，形成了良好导向。在公开选拔领导干部的过程中，当主考官员每每问及参与公开选拔者的最大感触是什么时，几乎所有的应试者都认为：考官总比在少数人中选官强，领导干部一定要讲学习。由于公开选拔成为推动领导干部加强学习的一个契机，运用案例分析的方法，提高领导干部的应变能力以及分析问题、解决问题的能力，必然会成为领导干部提高学习效率的一种自觉行动和有效途径。

案例的功能通常有两种：一种是它的培训功能，即用案例的方法通过对领导者特定工作环境的典型事例中的问题进行评审、分析，达到启发思维、开发智力、提高能力的功能；一种是考核功能，即考核主体对应试者设置相应的领导场景、特定环境，客观真实地反映领导者的实际判断能力、领导水平及其潜能。案例的考核功能是培训功能的延伸和补充，它的特点不是传统的知识考核，而是能力的考核。在公开选拔领导干部的过程中，除了"公共知识"或者叫"综合理论知识"的笔试以及岗位专业知识的笔试以外，每个入围的应试者均要过面试答辩这一关，而案例分析这种类型的试题，就成了检验应试者能否进入下一轮由组织圈定为考察对象的关键。目前，笔试题型中所设置的案例分析内容，好在有思考余地，多少能写出点分析、判断的道理，但面试就不同了，在短短的时间里，在众目睽睽之下要镇定自若地做一番案例分析答辩，并非轻而易举。

一是应试者的综合素质参差不齐。从公共知识与专业知识这两门笔试成绩看，存在着轻视理论、轻视学习、轻视自身建设的问题很多，由于忙于业务、事务，学习制度流于形式，为了参与公开选拔，不错过机遇，便急来抱佛脚，仓促上阵，哪有不打败仗的？有的根本不懂"案例"这个概念，回答问题风马牛不相及；有的搞不清什么是社会的基本矛盾与主要矛盾，把社会主义初级阶段的主要矛盾即人们日益增长的物质文化需要同落后的社会生产之间的矛盾判断为错误，回答成了生产力与生产关系的矛盾；有的则搞不清在经济社会发展战略中为什么要坚持"有所为"与"有所不为"，回答成了完成领导交办的任务就是"有所为"，不搞腐败就是"有所不为"；还有的不知道"创新""知识经济""WTO"为何物。因此，不讲学习的干部就不会讲政治，也谈不上讲正气。

二是运用案例的方法分析问题、解决问题的能力亟待提高。应试者对案例所提供的特殊场景及其要件的理解和分析，大都不尽题意，有的更是离题千里。由此看来，应试者还是没有摆正位置，没有把自己置于一个领导者角色进行设计，缺乏足够的应变能力。

三是公开选拔应侧重于知识与能力的统一。公开选拔领导干部本身已经扩大了民主成分和视野，在经过民主推荐、资格审查和笔试之后，更多的就是要考核一个领导干部的知识面与能力、气质。不少应试者反映，面试和答辩阶段，应加大案例分析比重，切实能把一个应试者置于不同的和复杂的领导场景中来测试其应变能力，对知识、信息的吸收消化能力，对事件性质及其演变的判断能力和预测能力。因为案例本身是实践的产物，是实际领导场景的真实再现，而考核过程中的抽象、判断、归纳，即从感性认识到理性认识的飞跃，始终贯穿了认识运动的辩证法思想，理论与实践相统一的思想，认识问题与解决问题相一致的思想，不求死记硬背，重在引发应试者的创新思维，重在考核其对问题的把握。

通过以上分析，我们感到公开选拔各级领导干部是深化干部制度改革、健全干部任用机制的需要，是进一步贯彻落实党的十九大精神的需要。要加快干部制度改革步伐，扩大民主、完善考核、推进交流、加强监督，使优秀人才脱颖而出,尤其要在干部能上能下方面取得明显进展。培养和造就"五个好"的干部,既提出了干部制度改革的明确目标,也规定了干部制度改革的主要任务和重点。扩大民主、公开选拔领导干部的导向确立之后,尽管不少干部出于应试的目的,但学习和读书的风气毕竟浓厚得多了,凭本事、靠政绩、靠真才实学吃饭的氛围在逐步形成。用更多更鲜活的案例及其方法"考官",就必须很好地掌握案例分析的基本技能,令"考官"折服。

第一,审题的基本技能。无论是笔试还是面试,当案例这种题型出现后,首先遇到的是个审题问题。一般来说,研修与培训案例篇幅较长,不具备考核功能,而试卷中出现的案例则篇幅较短,问题、情节、人物较为集中,要用最短的时间,将案例中的主要人物、突出问题或矛盾焦点以及应对方案用现场提供的纸笔勾画出来(或在脑子里),将案例中隐含的关键因素提炼出来,而将一些无关主线的、虚拟的条件与情节主动剔除。题意审清了,就等于抓住了案例中的要件。

第二,案例性质的认定。一篇案例中反映的任何现状或者结局,总有某种必然的因果关系隐含其中,是事关政治立场、政治态度的决策,还是若干个经济方案的裁决?是关于干部人选方面的选拔任用,还是涉及法制方面的事件的处理?是某种社会现象及其观点的认定,还是由于经济利益引发的突发事变?凡此种种,必须在阅读案例时首先形成概念。只有认定了案例中描述的事物的基本性质(这是应试者必须回答的首要问题),才有可能提出下一步解决问题的办法或方案。

第三,拿出解决问题的方案及其步骤。对案例中所描述的事物性质的认定是靠分析判断而来的,对事物状况或结局的原因也是靠分析判断而得出的。在这一前提下,你就需要把自己摆进去,用仿真的方法、用角色扮演的方法或者以情景模拟的方法,针对性地调动起你所有的思维能力,可以凭经验也可以靠创新提出解决问题的方案、方法与步骤。回答这方面的问题要求观点明确、条理清晰、理由充分、富有成效。解决问题的方法很多,有请示汇报的方法、民主集中制的方法、调查研究的方法、协调沟通的方法、思想工作的方法、责成下级的方法、群众路线的方法以及法制威慑的方法等等。

第四，指出个案给人的启迪。每一个案例的典型性性质决定了其触类旁通、感同身受的功效，通过阅读分析案例，又拿出了解决问题的方案，其中必然有一些可以使领导者资鉴的东西。因此，在案例分析的过程中，仍然要把自己摆进去，以领导者的身份概括出本案例的典型意义在什么地方，本案例给领导者在哪些方面能受到启迪、获得教益还是吸取教训。该案例给人的资鉴意义，要有领导者的立场，要有战略家的眼光，要有哲学家的高度，要有政治家的胸怀。

应试者在面试的过程中，还会遇到的一个问题就是演讲与答辩。演讲与答辩的最大障碍是怯场。尽管一个领导者平时身经百战，但你如今面临的是公开竞争的特殊环境，那就难保对演讲答辩的运用自如和放松坦然。众目睽睽之下，一旦怯场失态，势必失去一次宝贵的机遇。怎样才能"征服观众"获得演讲与答辩的成功呢？

充分的准备。充分的准备首先是心理的准备。惊恐的心理，可能阻碍信息的传达而影响效果，对付怯场唯一的办法就是调整认识。如果总是担心会把准备好的内容忘得一干二净，这种担心就可能会变成现实。调整认识就是自信心的强化，必须认识怯场是一种心理反应，只要以平常心放开来讲话，相信自己的实力，就可以有效地减轻怯场心理的压力。因为怯场心理大多是由于准备工作心中无数以及特定环境的影响而造成的，你可以提前找专家做必要的咨询，然后对环境因素做某种身临其境的自我模拟，属于演讲的内容尽量脱稿，属于答辩的内容则根据报考岗位职务要求多留几手，即便题意与你准备的内容不完全一致，沉着冷静思考之后，转换个角度来回答问题，也会取得令人满意的效果。

良好的气质。应试者在演讲答辩时，给人的第一印象非常重要。气质良好、风度翩翩、轻松自如、举止大方、不卑不亢，能够获得较高的综合评价。相反，当一个不拘小节、不修边幅的应试者走上答辩演讲席时，他的印象分自然而然地会打些折扣。良好的气质不在于刻意追求，气质是一种内在的美，油头粉面、趾高气扬反而适得其反。某市在公开选拔公安局局长时，经过面试，有3个人选均进入组织考察阶段，排在第3名的那位应试者一般来说不可能被任用，但是他无论是在面试试场的表现还是被考察的过程中，大家一致认为这个同志的气质很好，怎么比较也像块儿公安局局长的料子，形象很好，还是走上了公安局局长领导岗位，业绩非常突出。

生动的内容。无论是演讲还是答辩，如果缺乏生动的内容，缺乏新意，千篇一律，所给的分值总会在中等水准线上下波动。因此，演讲答辩应该克服低水平重复，只要能抓住要点、重点，就应该在更高的立意上有所发挥、有所创新。生动的内容包括两个方面：一个方面是指对命题能够联系实际，以生动的、有趣的实例加以佐证，让人去感受你对问题融会贯通的领导艺术；另一个方面是指对命题的前瞻性预知，能够迸发出智慧与创新的火花，让人去认同你对问题认识深度与广度的领导水平。1793年6月，反法联军侵入法国时，保王党人居然引狼入室，将土伦要塞拱手相让。当法军完成了对土伦的陆上包围之后，反法联军的增援部队也到达了。在法军召开的军事会议上，大多数人都主张正面强攻而争论不休，而拿破仑一语惊四座，却提出了完全相反的作战方案，集中兵力攻占了土伦要塞两岸，用大量炮火轰击了停泊在港口内的英国舰队。由于切断了联军航队与要塞之间的联系，结果土伦要塞不攻自破。拿破仑由一个炮兵指挥崭露头角，为其辉煌的军事生涯奠定了基础。

雄辩的口才。演讲与答辩好比一台戏，应试者是演员，主考官们则是观众，演员能不能"征服观众"，雄辩的口才起着重要作用。具备雄辩的口才，需要有长期的磨炼，需要有相当丰富的领导经验和娴熟的讲话技巧。由于演讲与答辩通常受时间的限制，因此应试者在保持对命题注意力的前提下，尽量做到直接回答问题。在时间允许的情况下抓住一点予以发挥，切记回答问题不要让人感到模棱两可，尽量做到言简意赅。因为在富有激情的场合下，没有人希望听到鸿篇巨论，因此讲话或者回答问题只有短小精悍、有的放矢、切中题意，尽量在结尾时有所设计。演讲与答辩并非随兴而发，而是经过思考的较为成熟的见解，如果说良好的气质是给人良好的印象的开始，那么有所设计的结尾则是这种良好印象的终结。根据演讲和答辩的题意，可以设计预见性、提示性、表态性、联想性、比喻性结尾等等，结尾处理得好，往往也能起到扣人心弦、耐人寻味的效果。在演讲与答辩过程中，适当辅之以眼神、手势、头势等身体语言，也是一个领导气质美的外在表现。

领导者的能力从何而来？领导者的能力不外乎从学习与实践中来。由于任何一个卓越的领导者都会在客观上受到权限以及时空上的制约，他不可能穷尽对未来突发事物的正确判断，因此，自觉地阅读、分析即研修一定数量的领导案例，可以有效地提高领导水平。关于党政领导案例适用性的问题，我们如果能从以下几个方面来把握，方可收到举一反三、温故而知新的成效。

其一是触类旁通。有一位县长给我来信说，他所在的县是典型的贫困县，在一无资源二无科技与资金的情况下，苦于找不到山区脱贫致富的突破口。假日里，偶然翻阅了《通道战略》这一案例，倍受启发。案例中的主人公苏华在不惑之年出任太行山南麓的山区小县顺川县县长，她通过认真调研，了解了顺川落后的一面，也总结了顺川优势的一面，她用动态的辩证眼光观察顺川，从贫穷中看到富饶，从闭塞中看到开放，从愚昧中看到智慧，从困境中看到希望，从而提出了面向中原，走向全国，把富有老区优良传统的顺川融入大市场，参与大流通，把产品变为商品，把资源优势变为经济优势的"通道战略"，即以路为龙头，带动龙尾，同步加快水、电、通信等基础设施的建设，使全县经济以前所未有的速度向前发展。我的经历酷似苏华，于是我也结合省委关于调整产业结构、狠抓环境保护的精神，结合西部大开发的难得机遇，通过深入实际的调查研究，提出了以科技为先导，以拍卖"四荒"为龙头，大力开展小流域治理，重点发展小杂粮、林果业等绿色产品这一强县富民的经济发展战略。苦干了两年，抓出了实效。触类旁通。我深切地体会到，一个县长既要有深入实际、调查研究的作风，要有心系群众、俯首甘为的品格，也要有为官一任、造福一方的良策。在贫困山区任职，确实要比经济发达的地区付出的多，当你手握重权的时候，恰恰是得志年华、精力充沛的时候，不珍惜这段黄金时光将遗憾终生。

其二是博采众长。一位县委书记给我讲了这样一个故事：有一次县里在研究干部的时候，在地委工作的老上级给他打了个招呼，大意是要他关照一下自己的孩子。经了解，这位老上级的孩子在单位表现一般，民主推荐也不在前列，于是常委会上否决了这一提名。他一方面及时找这位老上级的孩子谈了话，一方面又给这位老上级做了坦诚的解释。他说我之所以能这样做，原因很多，但坚持对党政领导案例的阅读和研习的确获益很多。我手中有这个权力，完全可以照顾一位老上级的子女，但我这样做了，就会损害县委的形象，就会在吏治问题上开腐败的口子。领导干部就是要博学，博学才能博采众长，博学才能学会用大道理去看小道理，用小道理来看大道理。

其三是引发创新思维。当代党政领导案例具有一定的时效性。中国实行改革开放已经40多年了，我们为什么还要刻意采编《无言的会议——安徽凤阳县小岗村》这一案例呢？我们主要是从这一案例能够引发领导者创新思维上来考虑的。以严俊昌、陈庭元等为代表的一代改革者们，在中国特定的历史条件下，不甘贫穷，不畏风险，敢于实践，以共产党人的大无畏精神及其胆略，以自己的实际行动来恢复党的实事求是的思想路线，并以灵活的方式（大包干）宣布了我国农村一种新的生产关系的诞生。当时，小岗村民们开了一次会议，只按手印不说话；在县委书记陈庭元倡导下，省委在凤阳又召开了一次"不讲话的现场会"。两次"无言的会议"，无声胜似有声，联产计酬责任制在农村的推广，从而引发了20世纪中国农村经济体制改革的伟大变革。领导者阅读和分析这一案例的本质意义就是：只要有利于生产力的发展，就应该大胆去试、去闯。当时，如何培养、启发领导的创新思维，率先探索农村企业化即中国农村改革开放的新模式，一时成为举国上下关注的焦点。于是我们又以满腔的热忱采编了《菜塘村的整体兼并问题》这一案例。以上两个案例，一个是以灵活方式（化整为零），宣布了我国农村一种新的生产关系的诞生，一个是以改组兼并、强强联合、集体致富（化零为整）方式探索中国农业、农村改革发展的新模式，研修这样的案例，领导者们定然会萌发出更多更好的创新思维。

通过以上分析我们可以看出，党政领导案例的适用性往往是由研修、培训、考核这三种渠道来实现的，研修是领导者获取新信息、新知识进而提高能力的一种自觉行为，培训与考核相对来讲则是一种被动行为，是上级主管部门为改进工作、提高效能、强化能力而对领导者进行的业务训练与检验。这三种渠道都不是对领导工作的理论概括，也不是对领导工作的评价和总结，而是以案例这样的载体，由认识功能启发式地使领导者间接地获得高层次的理性认识，从而掌握做好党政领导工作的科学知识和方法，预示领导活动的发展趋势。党政领导案例产生于党政领导工作的实践，反过来又服务于党政领导的实际，因此，用特定的案例情景模型对领导者的能力倾向进行培训考核，亦不失为一种好的形式。能力倾向即潜能的培养与开发，对于知人善任、创新思维、启发智慧具有非常重要的意义。但无论何种渠道，都充分地显示出了党政领导案例自身的活力，显示出它所特有的认识功能、实践功能、方法功能和信息功能。

长期以来，我们对党政领导干部的考核一般采取定性定量测评与述职报告的方式。实践证明，领导者与领导工作的多样性和复杂性，决定了采用某种单一的、固定的考核方式是不甚合理的，难以客观、公正地反映一个领导者个体的德、能、勤、绩。而辅之以考核案例的手段对领导者加以案例考核，不仅为考核领导者开辟了新的途径和方法尺度，而且为各级领导岗位的选贤任能提供了新的、客观公正的方法手段。因此，掌握案例考核的一般意义、特点与方法，熟悉考核案例的结构与类型，对于考察识别干部、科学地选拔任用干部显得既重要而且更现实。

案例考核的目的在于反映党政领导干部的实际水平和潜在能力。这种方法的理论依据既体现了认识运动的一般规律，又体现了知行统一规律与相似规律。我们知道，党政领导案例本身是实践的产物，是实际的领导场景的缩影，而考核过程中的抽象、判断、归纳，即从感性认识到理性认识

181

的飞跃，始终贯穿了认识运动的辩证法思想，理论与实践相统一的思想，认识问题与解决问题相一致的思想，以及从现象中把握本质、从个性中寻找共性、从特殊中总结一般的原则。随着社会主义市场经济体制的建立与政治体制改革的不断深入，干部人事制度改革势在必行。要建立我国干部制度的良性运行机制，案例考核也就必然显示出它广阔的实践前景，从而推动干部考核工作规范化、科学化的进程。因为案例考核作为一种新的考核方法，是评价领导能力的一种有效手段，考核结果能够客观真实地反映一个领导者的能力与水平，这种考核手段能够排除以往考核主体的主观影响，做到有效性与公正性的高度统一。

其次就是统一的考核标准，为考核对象潜能的发挥提供了条件与场所。一份较为完善的案例分析报告、一套实事求是的问卷答案，可以更好地体现"公开、平等、竞争、择优"的选拔任用原则，有利于年轻的、各级各类优秀人才脱颖而出，产生良好的社会效应与用人导向。

关于案例考核的方式。一是通过培训进行考核。培训功能是案例的首要和原始的功能，受训者经过一定时期的集中学习、讨论，由培训主体对其学习效果进行综合评价。包括阅读分析个案的数量、发言次数与案例分析、评审的质量。二是选拔任用过程中的考核。选拔任用领导干部，尤其是公开选拔各级领导干部，案例考核应作为必备内容。这样，考核过程就变成了应用性很强的"预演"过程，迫使被选拔对象必须像解决实际问题一样，调动所有知识与能力的贮备，识别复杂问题的症结，从案例中分析各种主要因素及其因果关系，使潜能变为现实，从而避免大材小用或滥竽充数等现象的发生。三是任职期间结合民主测评述职报告的考核。这种考核，应遵循民主测评与述职为主、案例考核为辅的原则来进行，即在民主测评与述职完毕基础上，由考核主体把班子成员集中起来，用规范性案例进行问卷测试，侧重于应变与能力评价，然后根据总的测评结果进行认定。

关于案例考核的方法必须以遵循客观公正与考用一致两个主要原则为前提。主要有以下几种：

一是案例笔试法，即在一定的时间让被考核者阅读、分析所指定的案例，写出书面分析报告，然后由考评主体按照程序和标准做出评价。这是最常用的一种考核方法。近年来，许多省、市乃至中直机关在招考领导干部中，都成功地运用了这种方法。它的适用范围既适合个体考核，也适合群体考核；既适用于初试，也适用于复试。

二是案例答辩法，即由考核主体依据案例的内容，事先设计问题，以提问方式进行回答的一种测评方法。这种面试的答辩方法，允许被考核者个体作短时间准备或归纳，然后进行口头表述，再由评委现场直接打分。

三是情景模拟与角色扮演法。这种方法比较特殊，一般不多采用。即把被考核者置于特定的工作环境中，运用各种方法、手段来观察其心理与行为，以此来测评其个体或群体的实践、应用、适应、协作等能力的一种方法。以上几种方法，可根据考核目标，着重评价被考核者分析解决问题的能力、应变与决策能力、思维创新能力、知人用人能力、语言与文字能力、协调沟通能力、忍耐与承受能力等等。案例考核的准备工作越充分，考核的效果就越好。

第四节　关于突发事件的应对

领导者能力的体现，一是看其对日常事务的认识与决策水平，二是看其对重大问题的认识与决策水平，三是看其对突发事件的认识和决策水平。对日常事务的处理，按部就班，仅可以评价一个领导者的敬业精神，重大问题的处理，首先有一个同上级精神保持一致的意识，再就是上传下达，不是坚决贯彻便是狠抓落实，一般也不会出现大的闪失。唯独处理突发事件，倒是实实在在地检验你有无真本事的试金石。因此，能力，尤其是应对和处理突发事件的能力，是领导者知识、智慧和技能等综合素质的外在表现，也是领导者履行职责、实施领导的关键和树立权威的重要因素。复杂事物与突发事件平常不遇，遇上了你又惊慌失措，拿不出办法，一损俱损，一个领导者的政声可能就此休矣！

关于突发事件，美国学者丹尼尔·A.雷恩认为它指的是超常规的、突然发生的、需要立即处理的事件。突发事件有四个基本特点：一是突然性。突发事件是事物内部在矛盾由量变到质变的飞跃过程，是在一定的条件下偶然发生的，时间、地点、规模、具体形态及影响程度完全难以预测。二是欲望性。除了自然灾难，突发事件往往都有明确的目的及其欲望。三是聚众性。社会性突发事件，多是由少数人操纵，通过宣传鼓动把人们卷入事件中来，自然灾害的结果也会使事件具有聚众性。四是破坏性。无论什么性质的突发事件，它都不同程度地给国家和人民造成政治、经济、社会、人身以及精神上的破坏与损失。突发事件所具备的三个条件是突然发生、难以预料；问题严重，关系安危；首次发生，无章可循。著名管理学家西蒙指出，突发事件的实质属于非程序化决策。

运用案例的方法，实际上就是让领导者同复杂事物、突发事件提前遭遇，尽管案例不可能穷尽对未来复杂事物的判断，但应变能力的提高却是不可限量的，甚至是领导者能够终身受益的。

突发事件的种类有五：一是国家层面的，如遭受外侵、政治的军事的政变、局部的战争或暴乱动乱；二是自然层面的，如强烈地震、海啸、特大洪涝与干旱、特大火灾与风暴；三是政府与社会层面的，如重特大疫情、大面积非正常停水停电停气停暖、重特大安全事故、聚众性群访、聚众性医闹；四是乡村层面的，如抢水占地、家族式黑恶势力滋事械斗、私挖滥采而导致的基础设施损毁与生态环境恶化、不法企业超标排放坑农伤农而导致的恶性事件；五是党政机关层面的，如玩忽职守所导致的重特大泄密与失盗、组织有关大型活动责任措施不到位而导致的意外重特大事故、推诿扯皮而导致的某种事态的急剧恶化等。

通过对大量的突发事件的案例分析告诉我们，领导者在处理突发事件或复杂事物的时候，首先要注意树立这样的决策观念。

第一，大局的观念。西安事变发生的时候，什么是大局？停止内战，一致抗日，建立抗日民族统一战线就是大局。如果仅凭一时的义气，公审蒋介石甚至杀了蒋介石而导致更大规模的内战，就会削弱中华民族的国防力量，就会给日本帝国主义以可乘之机。农村发生抢水事件时，按理说水利局的一个局长仅仅路过此地，可管也可避而不管，那应该是你公安局局长的事。但他在关键时候能够挺身而出，把即将发生的械斗给平息了，这恰恰说明他对农业、农村、农民工作大局的高度认识，如果回避了愧对党和人民，愧对职守，也愧对良知。从领导科学角度讲，领导者之所以能在突发事件中应变自如，关键在其能力素质的养成。领导者较强的应变能力，一方面是由法定权力构成的，即由权力机关或行政部门所赋予，这是他实施领导或决策的基础；另一方面则是领导者个体通过长期的学习、锻炼、感悟和积累而构成的，这叫作非法定权力，它既受权力的影响，更受品格与能力的制约，是领导者履行职责，尤其是处理复杂事物的有力保证。所谓一滴水可见太阳、一把钥匙能开千把锁就是这个道理。领导者必须善于用大道理来管小道理，用小道理来看大道理，牢固树立大局的观念、战略的观念。

第二，防范的观念。这里所说的防范主要指深思熟虑，预防不测的含义。领导者在对突发事件做出决策时，要充分地预计事件发展的情势及其变化，不能只起"灭火器"的作用，不然的话，事件平息了，却留下许多后患与麻烦。因为某些事物随着时间的推移会产生各种变化，你的承诺如果超过限度就难以兑现，就会由此发生更为复杂的决策难点。因此，领导者在"灭火"的时候要有洞察力，要有一定的弹性因素，在提高对各种可变因素适应能力的同时，预选可备的应变方案，既当"灭火器"，又当"清道夫"。

第三，求同的观念。求同的观念，是协调各种复杂关系、处理突发事件的独特的领导艺术。一般来说，在双方根本利益一致前提下，领导者必须理直气壮地求大同，因为"同"代表着大局，决定着事物发展的性质和方向，这叫求大同，存小异。在根本利益有时候基本不一致的情况下，"异"本身说明了矛盾的对立性、尖锐性和复杂性，缺乏根本解决的条件，那么领导者在求得"大同"的同时，要充分留有余地，待一定的时机有了解决"异"的条件时再加以解决，这叫求大同，存大异。在经济形式、经济利益多元的情况下,领导者还应学会在异中求同、存异待同的决策艺术。我们毕竟处在"初级阶段",各种经济组织、经济利益随时都会发生冲突或碰撞,有时可能会更激烈些,处理这类突发事件一定要保持清醒的头脑。周恩来说,以原则的坚定性为支点,以策略的灵活性为杠杆,针对不同对象采取不同办法,学会能忍会让。

第四,法制的观念。市场经济是法制经济,任何复杂事物和突发事件都可以从法制的角度找到解决的契机。在处理这类问题时,领导者要有高度的法律意识和法制观念,既要抓住事物的本质捍卫党纪国法的威严,又要循循善诱以情感人,既要抓住矛盾的主要方面义正词严地批评教育,又要学会深入细致地做群众工作,以理服人。这就要求领导者在自身修养中必须学法、懂法,既敢于拿起法律的武器来果敢面对,又不仗势压人,既能动之以情、晓之以理,又不向恶势力低头。

以较高的应变能力解决复杂问题和突发事件,是领导者创造性思维的集中体现。决策和变革就如同磁铁的两极一样相互吸引,善于决策的领导者欢迎变革,乐于迎接挑战,处理突发事件既能举重若轻而又能举轻若重。正是由于领导者的决策无小事,才决定了领导者在这方面应具备的大局观、防范观、求同观和法制观。学会同突发事件打交道是领导者"立功"的会心之事,但研修案例还仅仅是纸上谈兵,在实际工作中切莫守株待兔、墨守成规。

第五节 经典案例赏读

案例一 毛泽东咏雪

1936年2月21日,毛泽东率红军总部东渡黄河,当晚宿营于石楼县义牒镇留村。从陕北到山西,正值大雪纷飞,高原雪景激发了毛泽东英雄主义的浪漫情怀,于是,毛泽东写下了《沁园春·雪》这首千古绝唱:

北国风光，千里冰封，万里雪飘。望长城内外，惟余莽莽；大河上下，顿失滔滔。山舞银蛇，原驰蜡象，欲与天公试比高。须晴日，看红装素裹，分外妖娆。

江山如此多娇，引无数英雄竞折腰。惜秦皇汉武，略输文采；唐宗宋祖，稍逊风骚。一代天骄，成吉思汗，只识弯弓射大雕。俱往矣，数风流人物，还看今朝。

原浙江省人民政府地矿局局长，红军东征时地下党的交通员白乙明回忆说："2月21日上午，动用了六七只大船将红十五军团的人员、物资渡河后，毛泽东、贺子珍及红军总部机关约50人乘船来到山西省石楼县辛关村。毛泽东与中央领导上午到了辛关后没有马上离开，就住在我店里专门等候周恩来等中央领导同志，周恩来下午到达后，就立即在店里开会研究过河后的军事工作。开完会议后，是2月21日傍晚，毛泽东率总部机关和中央领导同志离开辛关，向义牒方向进发，当晚住义牒镇留村。"山西石楼县小蒜村的一位村民回忆说：那年（1935年11月到1936年2月）一冬未下雪，正月二十八（1936年2月20日）晚下起了大雪，次日要葬我的姑妈，因此家人早早起来扫雪。一些红军将士和老人都记得，2月20日晚至21日确实下过一场雪。时任渡河先遣队队长的曾思玉将军回忆说："2月21日10点钟左右，我们看到河口附近辛关渡对岸河边上，这时，雪已经停了，冰封了的黄河，更有一幅奇特的景象。"东渡黄河以后的3月1日，毛泽东在石楼的西卫村主持召开了各军团师以上领导干部会议，提出创建山西抗日根据地及"扩红、筹款、赤化"三大任务。在会上，毛泽东把他的词首次给与会同志看，大家看后很受鼓舞。随后，党中央及时召开了政治局扩大会议即晋西会议。这次会议从3月20日到27日，是流动间进行的。当会议开到石楼灵泉镇四江村时，参会的同志再次看了这首词，周恩来、张闻天、秦邦宪、王稼祥、邓发、凯丰、张浩、彭德怀、杨尚昆等均赞不绝口。

1945年8月30日，在重庆谈判期间，毛泽东在住地桂园分别会晤了柳亚子、陈枢铭、沈钧儒、王昆仑、傅斯年等人。柳亚子当时是三民主义同志联合会负责人，他与毛泽东算是故人重逢。早在1926年，作为国民党中央监察委员的柳亚子就在广东第一次与毛泽东见面。毛泽东当时担任国民党中央宣传部代理部长，两人一见如故，纵谈国事，柳亚子为时年34岁的毛泽东的胸襟与才华所折服，遂引为知己，而毛泽东也为柳亚子坚定的三民主义信念与反蒋的清醒态度钦佩不已。1929年，作为著名诗人的柳亚子写下了《存殁口号六首》，其中第一首为："神烈峰头墓草青，湘南赤帜正纵横。人间毁誉原休问，并世支那两列宁。"在诗后的自注中柳亚子指两列宁为孙中山与毛泽东。将毛泽东比喻为中国的列宁，且与"国父"孙中山相比肩，可见他对毛泽东的赞誉之高。1941年皖南事变发生，柳亚子痛斥蒋介石的卑鄙行径，因此触怒蒋介石，遭到开除党籍的处罚，这一事件在当时引起极大轰动，远在延安的共产党人吴玉章、林伯渠等人致电慰问。柳亚子因此写了一首七律——《寄毛润之延安，兼谏吴玉章、徐特立、林伯渠、董必武、张曙时诸公》，其中有"云天倘许同忧国，粤海难忘共品茶"之句，即追忆了1926年在广东与毛泽东纵谈天下、忧国忧民的往事。

在近20年间，柳亚子对共产党的同情与对毛泽东的激赏始终如一。此番渝地重逢，柳亚子桂园会晤归来后，激动不已，当晚即作七律一首——《八月二十八日闻润之来渝，三十日下午相见于曾家岩畔，赋赠一首》：

"阔别羊城十九秋，重逢握手喜渝州。弥天大勇诚能格，遍地劳民乱倘休。霖雨苍生新建国，云雷青史旧同舟。中山卡尔双源合，一笔昆仑顶上头。"

柳亚子当时正在着手编纂一本《民国诗选》，试图将毛泽东那首脍炙人口的七律《长征》选编入册，在当时，毛泽东的诗词并没有公开发表过。柳亚子根据社会上的传抄本抄录了一份，又请毛泽东亲笔书录，以便校正传抄中的错误。毛泽东没有抄录《长征》，却将一首作于1936年的《沁园春·雪》赠给了柳亚子。柳亚子获得后欣喜不已，"叹为中国有诗以来第一作手"，很快步原韵和词一首：次韵和润之咏雪之作，不尽原题意也。随后

将两首《沁园春》交予《新华日报》发表。柳亚子的词为:

　　廿载重逢,一阕新词,意共云飘。叹青梅酒滞,余怀惘惘;黄河流浊,举世滔滔。邻笛山阳,伯仁由我,拔剑难平块垒高。伤心甚,哭无双国士,绝代妖娆。

　　才华信美多娇,看千古词人共折腰。算黄州太守,犹输气概;稼轩居士,只解牢骚。更笑胡儿,纳兰容若,艳想秾情着意雕。君与我,要上天下地,把握今朝。

　　《新华日报》将柳亚子的和词发表,见报后,引起读者极大兴趣,均想一睹原词,恰好"柳诗尹画联展"开幕,其中陈列桌上呈有柳亚子最新诗稿一册,其中就录有毛泽东的《沁园春·雪》与柳亚子的和词,参观者纷纷抄录。《新民报》副刊编辑吴祖光抄得了毛泽东的原词,于11月14日在第二版副刊《西方夜谭》上得以首发。接着,重庆《大公报》将毛泽东的《沁园春·雪》与柳亚子的和词并列推出,短时间内,重庆十几家报刊纷纷转载,整个山城为之轰动。1951年1月8日,《文汇报》副刊将毛泽东的《沁园春·雪》墨迹与柳亚子的和词手迹重新刊出,以飨读者。

案例分析:

　　毛泽东是伟大的政治家、军事家,又是一位诗人。他的许多成功之作无不与一定的政治军事事件相关联。他在长征途中的许多著名诗篇都是在长征进军取得阶段性胜利之后,触景生情而写成的。他在1931年春、夏先后取得第一次、第二次反"围剿"胜利之后写了两篇《渔家傲》。1935年2月在渡过娄山关天险后挥笔写下了《忆秦娥·娄山关》。总的看在这段时间里他的作品是不多的。直到1935年10月长征取得最后胜利的时刻,毛泽东先后写了《七律·长征》《念奴娇·昆仑》《清平乐·六盘山》等一批大作,展现了其革命家的政治抱负和胜利豪情。从这些诗词的创作特征看,毛泽东同志作词的风格特征一是有"情",二是有"景"。"情",就是受到革命胜利鼓舞下对未来充满必胜信念的壮志豪情,就是受到挫折与牺牲时对同志、对亲友的勉励和同情;"景",就是通过对

"山水""风云"等自然景观的描绘与赞美，进而表达诗人的情怀与抱负。毛泽东的诗词，往往情中透景，景中透情。而《沁园春·雪》则是毛泽东诗词中的扛鼎之作。有"景"没"情"是写不出好诗的。在没有取得渡河胜利之前，毛泽东是很难有这种创作激情的。也只有在渡河成功，毛泽东踏上山西土地之后，才会亲临其境，领略北国风光，抒发政治情怀，写下这千古绝唱。可以确信，这首咏雪之作，是东征的真实写照，景是东征的景，情是东征的情。可以说没有红军东征，就不会有《沁园春·雪》。

1936年2月20日晚，红军冲破敌军的封锁，势如破竹，所向披靡，2月21日红军东征渡河取得全面胜利。毛泽东满怀胜利的喜悦，渡河进入石楼境内，途经石楼县起伏的山峦，登高远望，连绵的群山、冰封的黄河、遍地的白雪，尽收眼底。当晚住石楼县留村，第二天移居张家塔，3月1日至3月5日住西卫村。在这段时间里，红军不仅取得了渡河的全面胜利，而且取得了红军东渡后的第一个大战斗——关上战斗的胜利。在捷报频传的喜庆气氛里，毛泽东踏上"北国"的土地，面北远眺，"山舞银蛇，原驰蜡象"的壮丽景观，怎能不触景生情，诗意勃发呢？从这首词的内容看，全篇充满了革命的乐观主义和英雄主义。毛泽东赠送《沁园春·雪》一词，正是想通过柳亚子，来传达给各民主党派以及全中国人民这样一个信息：历经战火戕害的中国人民应以词中的信念和情怀，来展望中国的命运与未来。

在早期革命中，毛泽东往往用"雪""云"等词来比喻反动的统治阶级，但在这里一改以往的格调，"雪"成为"江山如此多娇"的点缀。银蛇飞舞般的白雪，使北方的大自然这样美丽。"须晴日，看红装素裹，分外妖娆"，若在晴天，阳光映照在白雪上，祖国的山河岂不更美？历史上万千英雄豪杰争相为娇艳的江山所倾倒。"秦皇汉武""唐宗宋祖""成吉思汗"虽有大的历史影响，但都没有能救人民于水深火热之中。"俱往矣，数风流人物，还看今朝。"毛泽东对中国共产党人领导下的人民大众改天换地的使命充满信心，只有共产党人才能担当如此使命。

案例思考题：

1. 你对"以文辅政"是怎样理解的？
2. 才艺对领导干部的成长有什么意义？
3. 谈谈领导干部文化素养的养成。

案例二 诺曼底登陆

苏德战争爆发后，苏、美、英三国曾多次商讨在西欧开辟第二战场，共同打击希特勒德国的问题。几经周折，直到1943年11月，苏、美、英三国首脑在德黑兰会议上，才最后达成协议，确定开辟第二战场的日期不迟于1944年5月1日，届时苏军将发动大规模进攻相配合。1943年12月7日，艾森豪威尔被任命为盟军最高司令，统一指挥盟军在西欧的登陆作战，并在伦敦市郊的布歇公署区设立了盟国远征军最高统帅部。1944年初，盟军开始进行登陆作战的准备工作。

盟军开辟第二战场总的企图是，在法国西北部登陆，夺占登陆场和港口，保障主力上陆和后勤供应，然后发动攻势占领整个法国西北部地区，并与在法国南部登陆的部队配合，向德国内地进攻，协同苏军最后战胜法西斯德国。盟军认为，在法国西北部有三处比较合适的登陆地区，即康坦丁半岛、诺曼底地区和加来地区。从康坦丁半岛登陆虽易成功，但该半岛地形狭窄，登陆后不易展开兵力向纵深发展进攻。加来地区距英国海岸最近点只有33千米，有其登陆的有利条件，但该地区距英国海港较远，运送人员和物资不便，同时又是德军重点设防地区，登陆必遭激烈抵抗。加之该地区缺乏内陆通道，即使登陆成功，也不易向纵深发展。诺曼底地区与前两个地区相比，登陆条件优越得多。这里沿海地势开阔，可同时展开26个师至30个师，距英国西南海岸的各大港口较近，便于输送部队和运送物资，德军在这里兵力薄弱，登陆容易成功。这里虽然缺乏良港，但可用人造港补救。因此，盟军在权衡利弊后决定在法国西北部登陆的地区选在了诺曼底，规定登陆作战的代号为"霸王"

(登陆阶段代号为"海王")。

为了确保在诺曼底登陆成功,盟军进行了周密的准备工作。参加战役的盟军共36个师,其中轰炸机5800架、战斗机4900架、运输机(包括滑翔机)3000架;海军各型舰艇9000余艘,其中登陆艇4000艘。地面部队编为4个集团军。美第1集团军、英第2集团军和加拿大第1集团军组成第21集团军群,由英军蒙哥马利将军指挥。美第3集团军直属远征军总部。登陆前对诺曼底地区进行了长期空中侦察,察明了德军海岸防御配系、预备队集结地域、弹药和补给品贮存位置,以及纵深内交通枢纽、桥梁、机场和军工生产基地的位置,并于登陆前50天就开始轰炸上述目标,摧毁德军海岸防御配系,削弱德军空军力量,破坏德国军工生产能力。为了在登陆地点和时机上迷惑德军,盟军进行了一系列战役伪装。例如,在加来地区所投弹吨数比在诺曼底地区所投炸弹超过两倍;登陆前对加来地区德军海岸炮兵阵地、防御支撑点及其他防御设施进行了集中轰炸,在加来海峡的英国海港设置了大量假登陆艇和假的物资器材堆积场,并以一部兵力在加来正面运动。这些伪装措施给德军造成了错觉,以为盟军要在加来地区登陆,从而忽视了对诺曼底地区的防御。盟军还对天气、水文进行了周密的调查,并进行了大规模的登陆预演,以保障登陆成功。

希特勒为了预防盟军在西欧登陆,曾下令从挪威到西班牙修筑一道由坚固支撑点构成的"大西洋壁垒"。但由于工程量过大,到1943年末还远远没有完成。德军统帅部判断,可能在1944年进攻西欧,并认为盟军在西欧登陆可能会带来两种后果:一是造成德军的总崩溃;二是成为德军扭转败局的好时机。如果不能击退盟军的登陆部队,就可能导致前一种结果。但倘若能一举歼灭盟军的登陆部队,就会使盟军与苏军两面夹击的企图破产,德军就可腾出50个师的兵力加强东线,从而阻止住苏军的进攻。为争取后一种结果,德军研究制定了抗登陆的方针,即集中大部分兵力、兵器于敌人可能登陆的主要方向上,对已登陆的敌军实施决定性的反突击,一举歼灭登陆之敌。为此,德军必须在漫长的海岸线上确定一个盟军可能突击登陆的主要方向。希特勒本人和德军总参谋部都认为，盟军将横渡加来海峡在加来地区登陆，向法国东北沿海地区实施主要突击。德军根据这一判断进行了部署。这时，德军在法、比、荷的兵力有"B"集团军群（司令隆美尔元帅）、"G"集团军群和独立第88军，共60个师（含统帅部预备队4个师），飞机450架、舰艇301艘，统由龙德斯泰特元帅指挥。"B"集团军群辖第15集团军、第7集团军共39个师，其中第15集团军23个师（14个海防师、4个步兵师、5个装甲师）配置在加来地区900千米的海岸线上。其余部队都分散地配置在荷兰、诺曼底地区、康坦丁半岛和布列塔尼半岛沿海地区。诺曼底地区只部署了第7集团军的6个师又3个团，地面部队兵力不超过9万人，"G"集团军群共17个师，防守法国南部和西南部海岸。在加来地区，德军沿海岸修筑了一道纵深5千米~6千米的防御地带，设有岸炮阵地以及由坦克陷阱、防坦克壕、钢筋混凝土隐蔽部构成的坚固支撑点，各支撑点之间敷设大量地雷和障碍物。水中设置了障碍物和水雷区。诺曼底地区的海防工事远不如加来地区。这里只构筑了若干个独立支撑点，且大部分是野战工事，纵深内只设置了防空降障碍物。

  1944年6月6日晨，盟军利用涨潮时机和刚刚出现的短暂的好天气，开始在诺曼底地区登陆。在登陆兵登陆前4小时至5小时，美空降第82师、第101师和英第6师在登陆地域两翼距海岸10千米至15千米的纵深处实施了空降，占领登陆地域内的交通枢纽、渡口、桥梁和其他设施，配合了登陆兵登陆。美第1集团军所属第7军步兵第4师、第5军步兵第1师和英第2集团军所属第30军步兵第50师、第1军步兵第3师及加拿大步兵第3师参加了登陆作战。6日5时，盟军开始火力准备，一个半小时之后，美、英军第一批登陆部队陆续登陆。由于盟军掌握着制空权，德军抗登陆的准备又不足，所以登陆部队未遇德军强大的反击，日终前已夺占了数个纵深8千米至10千米的登陆场。但各登陆场未建立起联系。有的地段，登陆兵上陆的速度非常缓慢，有的师在6日日终只前进1.6千米。从6月7日起，登陆部队开始建立统一登陆场。经过激战后，于6月12日各登陆场连成一片，正面宽约80千米，纵深12千米~18千米。

这时，德国为了干扰和阻止盟军大批上陆，迫使美、英妥协，使用了所谓"新式秘密武器"V-1型飞弹。（这是一种小型的火箭，总重2300公斤，弹头炸药量为850公斤至1000公斤，最大时速240千米，最大射程280千米，可由地面发射架或由飞机载运发射。由于飞行中发出可怕的声响，因而也叫"嗡嗡飞弹"。8月初，德国还使用了射程为350千米，时速5800千米的V-2型火箭。）但德军采取的这些措施，对盟军登陆没有产生多大影响。从6月中旬起，盟军开始扩大登陆场。盟军在扩大登陆场的战斗中，于6月21日包围了瑟堡，并于26日攻占了该港城，从而使登陆部队的物资供应有了保障。6月底，盟军占领了正面100千米、纵深50千米的登陆场。7月初，盟军已有13个美国师、11个英国师和1个加拿大师，100万人在诺曼底登陆场登陆，有近56.7万吨物资和17.2万辆车辆被运送上岸，而这时在那里抵抗的德军只有13个师。7月9日，英军攻占了卡昂西北部，至7月18日完全占领该城。与此同时，向圣洛方向进攻的盟军占领圣洛，从而在西欧大陆上建立起从卡昂，经科蒙、圣洛，一直延伸到来赛的稳固战线。至此，盟军已具备了收复西欧大陆的条件。从6月6日到7月18日，德军伤亡11.7万人，盟军伤亡12.2万人。

案例分析：

诺曼底登陆战役，是第二次世界大战中规模最大的一次登陆战役。这次登陆作战历时43天，主要特点是：

第一，战前进行了长期周密的准备。战役准备时间长达半年之久。兵力与物资器材准备充足，对登陆地区的天气、水文、地形调查清楚，战役伪装成功，为保障登陆提供了必要的条件。

第二，登陆是在掌握绝对的制空权、制海权的条件下实施的。在整个登陆战役过程中，盟军可能使用了飞机1万余架，而德军不超过500架，盟军空军超过德军空军实力20倍。因而盟军能在登陆前和登陆过程中以强大的航空兵进行猛烈的轰炸。仅在航空火力准备阶段,就在整个登陆正面上投下了1万吨炸弹,平均每千米正面达100吨,这对于摧毁德军海岸防御,掩护登陆兵上陆起了重要作用。

第三,有大规模空降相配合。登陆前在德军防御战术纵深内同时空降了3个师,支援了登陆兵上陆和扩大登陆场的战斗。

第四,采取了严密的伪装措施。盟军出敌不意地选定登陆地区,隐蔽地进行战役准备,以及在加来地区当面进行佯动等措施,使德军错误地判断了主要登陆方向。德军把大量兵力配置在加来地区,而在诺曼底地区部署兵力较少,使盟军登陆得以成功。

第五,1944年上半年的世界形势,对盟军在西欧登陆极为有利。在亚洲太平洋战场,日本陆军深陷中国大陆,海军、空军也在太平洋上连遭失败,日本政府已自顾不暇,无力与德国进行战略配合。在意大利战场,由于意大利政府投降,德国不得不把大批兵力部署在那里,以对付美、英军队的进攻。在苏德战场,苏军已经发动了大规模的战略进攻,法西斯德军一再溃退,希特勒不得不把大量预备队和西线兵力调去阻止苏军的推进。在西欧各国,大规模的反法西斯运动正蓬勃发展,各国人民展开了反对占领制度的武装斗争,德军在各占领国已立脚不稳。6月底以前,仅在法国就有近50万人在进行反对法西斯占领军的战斗,有的城市正在酝酿起义。在地中海和大西洋,盟军已控制了那里的海上通道。所有这些,都为盟军在西欧登陆开辟第二战场提供了最有利的条件。

案例思考题:

1. 谈谈诺曼底登陆即在西欧开辟第二战场的意义。
2. 诺曼底登陆战役成功的原因分析。

案例三 雷锋精神

1940年12月18日,在湖南省望城县(现长沙市望城区雷锋镇)一个贫苦农民的家庭,一个婴儿呱呱坠地,他就是雷锋。雷锋的童年是在苦难中度过的，新中国成立前，在地主和日寇的压迫和凌辱下，他的亲人相继含恨死去，不满 7 岁的雷锋沦为孤儿，在乡亲们的拉扯下，他吃百家饭、穿百家衣，勉强活下来。

1949 年 8 月，雷锋的家乡得到解放，雷锋从此走出了噩梦般的生活。他找到路过的解放军连长要求当兵，连长不同意，送给他一支钢笔。1950 年，雷锋参加了儿童团，还当上了儿童团的团长，积极参加土改。同年夏天，乡政府的党支书供他免费进小学读书，并于 1954 年第一批加入了中国共产主义少年先锋队。

1956 年夏，雷锋高小毕业，在乡政府当了通讯员，不久调到望城县委当公务员。他工作积极，埋头苦干，次年 2 月加入了共青团，并被县委机关评为模范工作者。同年夏天，他担任望城县治沩工程指挥部通讯员，治沩工程结束后，被评为工地模范。

1958 年春，雷锋响应望城县团委提出的捐献一台拖拉机的号召，捐款 20 元，成为全县青少年中捐款最多的一个，县委决定派雷锋到团山湖农场学开拖拉机，他勤奋好学，仅用了一周时间就掌握了开拖拉机的技术。11 月，雷锋响应国家号召，到鞍山钢铁厂参加社会主义建设，被分配在鞍钢化工总厂洗煤车间当推土机手，不久，出席了鞍山市青年社会主义建设积极分子代表大会。翌年 8 月，他报名去了条件更艰苦的鞍钢弓长岭矿山，参加焦化厂的基础建设，曾带领伙伴们冒雨奋战，保证了 7200 袋水泥免受损失，当时的《辽阳日报》报道了这一事迹。在鞍钢工作的一年两个多月的时间里，雷锋三次被评为先进工作者，五次被评为红旗手，十八次被评为标兵，还荣获"青年社会主义建设积极分子"的称号。

1959 年 12 月，征兵开始，雷锋迫切要求参军，但焦化厂的领导舍不得让他走。于是，雷锋跑了几十里路，去了辽阳市兵役局，表明自己参军的决心。他身高只有 1.54 米，体重不足 55 公斤，而且没有政审表，不符合征兵条件，难以被批准入伍。

1960 年 1 月 2 日，辽阳市兵役局余新元政委把雷锋送到新兵大队做

"便衣通信员"。7日晚，接兵参谋戴明章给工兵团团长打电话请示，说明了雷锋的情况，最后被破例批准入伍。在登车前的8小时，雷锋终于穿上了新军装，实现了童年时期当兵的愿望。8日，雷锋入伍的第一天，去了营口新兵连，作为新兵代表在全国欢迎新战友大会上发言。雷锋被编入工程兵某部运输连四班，他努力钻研技术，后任班长。

1960年8月，雷锋参加上寺水库抢险救灾，带病连续奋战七天七夜，表现突出，荣立二等功。同时，由于雷锋把平时节约下来的200元钱支援灾区，受到部队表彰，被团党委树立为"节约标兵"。11月，雷锋被批准为中国共产党党员，由沈阳军区工程兵党委授予"模范共青团员"的称号，还又一次荣立二等功。

1961年，雷锋被选为抚顺市第四届人民代表大会代表。1962年，被选为工程兵十团党代会代表、沈阳军区共产主义青年团代表大会的特邀代表和主席团成员、抚顺市优秀校外辅导员。在部队生活期间，雷锋还被授予中士军衔，荣立三等功三次，多次受到团、营的嘉奖。

1962年8月15日，雷锋在和战友去洗车的途中，下车指挥倒车转弯，由于雨后车轮打滑，一根晾衣服的方木杆被碰倒，砸在了雷锋的右太阳穴上，当即昏倒在地，经抚顺市望花区西郊职工医院和来自沈阳的医疗专家抢救无效去世，年仅22岁。8月17日，追悼会在抚顺市望花区政府礼堂隆重召开，近10万人将雷锋的灵柩护送到烈士陵园。

雷锋有句名言："人的生命是有限的，可是，为人民服务是无限的，我要把有限的生命投入到无限的为人民服务之中去。"这句话正是雷锋一生的真实写照，他每时每刻都在实践着自己的这句话。雷锋在自己短暂的生命中，为国家、人民和战友做了很多好事，人们中流传着这样一句话："雷锋出差一千里，好事做了一火车。"

一次，雷锋外出，在沈阳车站换车的时候，在检票口发现一群人围着一个背着孩子的中年妇女，他了解到这个妇女是从辽宁到吉林看丈夫，路上把车票和钱都丢了，于是，用自己的钱给这位妇女买了一张去吉林的火车票，然后不留姓名就离开了。

还有一次，他遇到一位满头白发、身背大包的老大娘拄着拐杖吃力地走着，上前问明情况，知道老人要去抚顺看儿子，就一路照顾老人，并帮助老人找到了自己的儿子。他还经常在节假日和休息时间到部队驻地附近车站，扶老携幼，迎送旅客。他出差时，一上火车就为旅客端茶送水，打扫卫生。这样的事迹在雷锋身上数不胜数。

雷锋的模范事迹和高尚情操在社会上产生了巨大的影响。1963年1月7日，雷锋生前所在的班被国防部命名为"雷锋班"。中国人民解放军总政治部、中国共青团中央委员会、中华全国总工会、全国妇女联合会先后发出向雷锋学习的号召。毛泽东、周恩来、刘少奇、朱德、陈云、邓小平等都为他题词。1963年3月5日，毛泽东题词："向雷锋同志学习。"全国人民尤其是青少年掀起了学习雷锋的热潮，此后，每年的3月5日便成为全民学习雷锋的日子。

案例分析：

早在2014年习近平在给"郭明义爱心团队"的回信中就说道："赠人玫瑰，手有余香"。雷锋、郭明义、罗阳身上所具有的信念的能量、大爱的胸怀、忘我的精神、进取的锐气，正是我们民族精神的最好写照，他们都是我们"民族的脊梁"。

2018年9月，习近平总书记在抚顺市参观考察时指出，雷锋是时代的楷模，雷锋精神是永恒的。我们既要学习雷锋的精神，也要学习雷锋的做法，把崇高理想信念和道德品质追求转化为具体行动，体现在平凡的工作生活中，做出自己应有的贡献，把雷锋精神代代传承下去。在自己岗位上做一颗永不生锈的螺丝钉。

在广泛而持久地开展学习雷锋的活动中，全国各条战线上涌现出了大批雷锋式的英雄模范人物，为我国的物质文明和精神文明做出了贡献。究其原因，就在于雷锋精神的激励。周恩来总理把雷锋精神全面而精辟地概括为："憎爱分明的阶级立场，言行一致的革命精神，公而忘私的共产主义风格，奋不顾身的无产阶级斗志。"

憎爱分明的政治立场是由雷锋的经历决定的。雷锋的家人受尽地主和日寇的欺凌,乃至被折磨致死,雷锋小时候也遭到地主的毒打,是乡亲们养着他;新中国成立后,又受到党和政府的关怀,得以读书学习,参加工作。因此,雷锋一心向着党,认为自己的生命是属于党和人民的,"为了党,愿洒尽鲜血,永不变心"。"对敌人要狠,要像严冬一样残酷无情;对党、对人民要忠诚坦白,永远忠于党,忠于人民。"

言行一致的革命精神是指雷锋总是把实现崇高的理想落实到本职岗位上,说到做到,表里如一。他坚持把理想与现实相结合,决心为共产主义事业奋斗终生,并身体力行;他注意理论和实际相联系,在政治上严格要求自己,自觉经受思想锻炼,逐步成长为一名具有高度共产主义觉悟和道德修养的战士。

公而忘私的共产主义风格是指雷锋毫无自私自利之心。在他看来,个人和集体的关系,就像水滴和大海的关系,"一滴水只有放进大海里才永远不会干涸,一个人只有当他把自己和集体事业融合在一起的时候才能最有力量"。个人的幸福依赖于国家和集体的繁荣,如果国家和集体的利益受到损害,个人也就得不到幸福。所以,雷锋把毫不利己专门利人看作是最大的幸福和快乐,时刻都以党、人民和祖国的利益为重。

奋不顾身的无产阶级斗志是指雷锋"生为人民生,死为人民死","时刻准备着为党和阶级的最高利益,牺牲个人的一切,直至生命"。正因为如此,雷锋始终保持着昂扬的精神状态和勇往直前的革命干劲,抢险救灾,帮助别人,在平凡的岗位上做出了不平凡的成绩。

雷锋精神的内涵还表现在以下四个方面:

一是奉献精神。雷锋精神的实质与核心是为人民服务和为了人民的事业无私奉献。雷锋践行着"把有限的生命投入到无限的为人民服务中去"的誓言,热爱集体,关心战友,关心群众,舍己为人,助人为乐,把自己省吃俭用积存起来的钱,寄给受灾人民,送给家庭困难的战友。现在,"雷锋"二字已经成为奉献社会的代名词。

二是"螺丝钉"精神。雷锋说:"一个人的作用,对于革命事业来说,就如一架机器上的一颗螺丝钉。机器由于有许许多多的螺丝钉的连接和固定，才成了一个坚实的整体，才能够运转自如，发挥它巨大的工作能。"螺丝钉虽然普通，但却起着不可或缺的作用。在雷锋看来，人应该像螺丝钉一样，甘于平凡，谦虚谨慎，从小事做起，从点滴做起，服从革命的需要和组织的安排，干一行，爱一行，钻一行，在平凡的岗位上做出不平凡的事迹。

三是"钉子"精神。"钉子有两个长处：一个是挤劲，一个是钻劲。我们在学习上，也要提倡这种'钉子'精神，善于挤和善于钻。"雷锋就是以这样的钉子精神刻苦学习毛泽东著作和科学文化知识，对待工作也是立足本职，尽职尽责，努力以钉子的"挤"劲和"钻"劲，使自己成为工作的内行。

四是厉行节约、艰苦奋斗的精神。雷锋出身贫寒，新中国成立前，他的哥哥和弟弟都因为负伤和饥饿，最后得病致死，他自己也经常挣扎在死亡线上，深知生活的艰辛，所以在工作和生活中处处节约。

朱伯儒1955年入伍，他无论在工作上，还是在生活上，都处处以雷锋为榜样，干一行爱一行，竭尽所能为群众排忧解难，做了大量好事，被誉为"活雷锋"。朱伯儒是个普通干部，薪金并不多，但他在生活上要求全家克勤克俭，艰苦朴素，把省下来的钱拿去资助别人。他义务赡养过10个人，把7个人从死亡线上抢救过来，接济过40多名生活困难的群众和战士。当群众遇到危难时，他舍身相救，曾在武汉东湖跳进冰冷的湖水救起一个落水青年，还曾在隧道塌方时奋不顾身地将民工推出险境。他还非常关心青年的成长，教育青年走正道。他先后21次立功受奖。所以，群众称他为"八十年代新雷锋"。

1983年7月，中央军委发布命令，授予朱伯儒"学习雷锋的光荣标兵"荣誉称号，国家和部队领导分别题词予以赞扬。朱伯儒说："雷锋精神是不可能过时的，只要人类在不断地向前发展，它将永远激励着人们前进。因为它具有先进性，是永恒的时代精神，我还要不断地弘扬。"

雷锋精神是中华民族传统美德的一种积淀，是一种随着时代进步而不断发展的与时俱进的精神，是我们这个时代精神文明的同义语、先进文化的表征。那种对同志、对群众像春天般温暖、舍己为人、助人为乐的精神，已经成为发展人与人之间团结友爱互助的社会主义新型关系的象征，是在构建和谐社会中必须大力发扬和倡导的。因此，学雷锋活动，是加强思想建设的重要方面、教育培养青年的重要途径、传播精神文明的有效形式、弘扬先进文化的生动载体。

郭明义1977年参军，1980年加入中国共产党，曾被部队评为"学雷锋标兵"。郭明义说："从小到大，雷锋一直是我的榜样。做雷锋传人，就要立足本职、奉献岗位，在爱一行、钻一行、精一行中收获幸福。""雷锋的道路就是我的人生选择，雷锋的境界就是我的人生追求。"他在工作中时时处处发挥先锋模范作用，在每个工作岗位上都取得了突出的业绩。

从1996年开始担任采场公路管理员以来，郭明义每天都提前2个小时上班，15年中，累计献工15000多小时，相当于多干了五年的工作量。工友们称他是"郭菩萨""活雷锋"，矿业公司领导则称郭明义使整个"矿山人"的精神得到了升华。他20年献血6万毫升，是自身血量的10倍多。1994年以来，他为希望工程、身边工友和灾区群众捐款12万元，先后资助了180多名特困生，而自己的家中却几乎一贫如洗。一家3口人一直住在鞍山市千山区齐大山镇，一个20世纪80年代中期所建的、不到40平方米的单室里。

"雷锋"这个名字在人们心中闪烁着不灭的光辉，他把自己美丽的青春全部献给了党和人民，他高尚的理想、信念、道德、情操，在人们身上不断发扬光大，朱伯儒和被称作"雷锋传人"的郭明义就是在雷锋精神的感召下涌现出来的。这些鲜活的雷锋式的时代楷模，是新时期学习实践雷锋精神的优秀代表，也是雷锋精神在新时期的真实写照。

案例四 严湖村精准扶贫

根据省委要求，2016年1月15日，江西省副省长郑为文利用到上犹县走访困难群众和困难企业之机，深入到该县社溪镇严湖村就精准扶贫工作进行调研，采取听取情况汇报、上户查看、召开座谈会等形式，就严湖村的扶贫问题进行"解剖麻雀"，探索如何深入实施精准扶贫的路子。调研显示：严湖村有28个村民小组，共有农户681户，农业人口2765人。该村位于上犹县社溪镇北部山区，是"十三五"省级贫困村。近年来，通过不断加大扶贫力度，推进精准扶贫，基础设施有了一定改善，贫困户减少到目前的132户416人。但由于该村基础设施建设欠账太多，产业基础脆弱，农民收入水平仍处于一个较低的水平，2015年全村农民人均纯收入5720元，只相当于全省农村居民人均可支配收入10117元的56.5%。分析该村的贫困现状，主要表现在以下几个方面：

1. 基础设施落后，公共服务弱

一是交通出行不便。通村公路虽在3年前完成硬化，但28个村民小组8条通组公路仅有3条完成硬化，有5个村民小组通汽车困难。二是上学就医困难。该村离圩镇远，且无村完小，三年级以上需到15千米外的蓝田小学就读，给群众带来诸多不便。全村目前仅有村级卫生室1个，卫生设施及设备配置不全，疾病防控能力差，看病就医很不方便。三是饮水不方便。受地势等自然因素影响，未通自来水，村民取水"各自为政"，有的从水井里挑水，有的从水井里抽水，也有的从山中引泉水到家，饮用水得不到有效保障。四是用电通信质量不高。全村虽已全部通电，但因线路老化，供电线路长，电压不稳定，部分大功率电器无法使用。28个村民小组中，有5个组未通广播电视，移动通信信号弱，也未通宽带网络，信息较为闭塞。

2. 农田水利设施差，土地产出低

全村共有耕地1884亩，人均耕地0.68亩，只相当于全省人均1.045亩的65.07%、全国人均1.35亩的50.37%。加上农田水利设施落后，山塘、水渠等水利设施严重老化，大部分山塘水库等灌溉工程因无资金维修，不能正常运转或带病运行，抗御自然灾害的能力脆弱，大部分耕地属中低产田，甚至是"望天田"。种植结构单一，基本上只种一季水稻，种植效益低。人均山地虽有8.7亩，但多为荒山和残次林，占全村林地80%以上；油茶林全部为低产油茶林，产量很低，经济效益差。

3. 群众收入低，居住环境差

就该村整体情况来看，农户的主要经济来源为务工、务农两个方面。务农主要以种植水稻为主，小部分农户养猪、鸡、鸭、鱼或牛、羊等，但形成不了规模，基本满足于自给。为推进产业扶贫工作，当地政府正着力推进油茶低改，但这些项目由于刚刚起步，带动农户增收的效应还未能发挥，农户收入仍处于一个较低的水平，低于国家贫困线的贫困户132户，416人，贫困户数占全村户数的19.38%。在住房方面，通过近年来的土坯房改造，尽管大多数土坯房改造完毕，但相当一部分农户只是搭起了房屋的框架，无钱装修，生活设施简陋，有的为建房还欠了一屁股债。尚有70户农户仍然无力改造。

4. 增收难度大，脱贫任务重

要改变严湖村的贫困面貌，一方面，需要投入大量资金解决基础设施建设问题，另一方面，必须有效解决贫困户增收问题。造成该村农户整体收入较低的原因，除了该村土地资源不足、生产条件较差、没有带动群众致富的龙头产业外，与当地群众的文化技术素质和思想观念也有很大关系。从我们了解的情况来看，大多数群众接受新科技、新思想的能力差，无论是思维方式、生产方式还是生活方式都跟不上形势发展，有的甚至存在较严重的"等、靠、要"思想，缺乏自力更生、艰苦创业的劲头，不思进取，无心脱贫。村里文化生活贫乏，导致村民喜欢聚集打牌，喜欢"东家长，西家短"的议论是非，创业氛围不浓，致富热情不高。

从调查了解的情况来看，一般家庭只要有劳动力且身体健康，能出去务工，就能有一定的经济收入。该村目前之所以还有132户计416人没有脱贫，其主要原因在三个方面：

一是大病医治拖累所致。很大一部分贫困户是因患重病，医治花费大导致负债累累，陷入贫困。在贫困人口中，有126人身体不健康，患有各种慢性疾病不能从事体力劳动，其中有27.5%丧失劳动能力，不仅不能劳动，还需常年吃药并要有人照料，平均每户每年医疗消费为1056元，占家庭开支的20%以上。

二是缺劳力缺技术。据调查统计，有近70户（占贫困户的53%）因为缺劳动力，有54户（占贫困户的41%）家庭因为残疾或患有慢性病而无法做事，只有闲在家里。还有16户虽有劳力但不懂技术，生产开发效益低，又无一技之长，打工靠卖苦力收入不高也不稳定，导致致富无门、增收无力。

三是先天不足。在132户贫困户中，有88户低保户（占贫困家庭的67%），因种种原因导致入不敷出，必须依靠农村低保维持基本生活。还有14户五保户，必须由政府给予生活保障。严湖村能否打赢脱贫攻坚战，成败在于132户的增收脱贫问题，时间紧、任务重、压力大，必须坚持标本兼治，因户精准施策，采取切实有效的措施才能奏效。

通过调查分析，郑为文认为，严湖村虽然贫困程度比较深，但也有一定的发展基础，通过扶持可以改变落后面貌，实现脱贫目标。关键是要针对当前存在的困难和问题，选对路子，坚持改善生产生活条件与增加收入同时并进，瞄准对象，精准施策，破解难题。

1. 坚持长短结合，发展产业增收

近期，要集中力量抓好三件事，尽快增加贫困户收入。一是抓两个基地。拓展油茶基地，在两万亩低改和两千亩新植油茶的基础上，继续新增油茶低改5000亩，新植油茶2000亩，逐步成片。建设速生丰产林基地，每年增加500亩，最终达到3000亩以上规模。二是抓种养发展。包括：巩固水稻种植，提高种粮效益；依托龙头企业，与赣州城区市场对接，采取"公司+农户"形式，种植500亩大棚蔬菜；利用低山丘林山坡和门前屋后等闲置土地，栽种桃、李、梨、金橘、蜜橘、板栗、杨梅等小水果1000亩以上；利用闲置山场，发展生态养鸡、养牛等产业，增加部分收入。三是抓光伏发电。利用学校等公共建筑屋顶，鼓励和扶持农户利用家中屋顶发展光伏发电产业，形成稳定收入来源。

在发展好上述三个产业的基础上，依托当地资源，发展生态旅游，促进农民持续增收。从保护好严湖古井、古屋、古驿道、古树等具有文化底蕴的古代遗迹入手，进行修缮升级，保护好集中连片老土坯房，改造升级为百年客家民居；利用新江河落差大、水资源丰富的优势，打造新江河漂流、新建古法榨油厂和油茶文化、新型"农家乐"等项目，发展严湖旅游，使其逐步成为严湖百姓持续增收的重要产业。

2. 坚持标本兼治，抓好教育培训

充分发挥教育培训"拔穷根，挪穷窝"的优势，加大教育扶持力度。一是要抓基础教育。从改善教学条件入手，让更多的青少年通过学习深造走出大山。为此，一方面要新建新江教学点，完善严湖小学教学设施，改善办学条件，恢复村完小，解决上学难的问题。一方面通过建立助学制度，防止因穷辍学。可成立村助学基金会，接受社会各界捐款，对困难农户子女上学实行资助，对考入大学的学生实行奖励。此外，还可对接政府有关部门热心人士和社会各界助学团体，形成"一对一"帮扶，防止因学致贫。二是要抓职业技术培训。积极协调培训机构和劳保等有关部门开展技能培训，确保初、高中毕业生在没有考上高中、大学之后，都能接受职业教育，使农村新增劳动力都能掌握专业技能，就地转化或者外出务工、经商。切实用好国家对职业教育农村籍学生给予教育补助和推荐就业的政策，有效减轻家庭教育负担；同时，可成立村农民夜校，根据生产发展需要，组织开展蔬菜、油茶、水果种植和生态环保养殖技术培训，提高生产开发效益。

3. 瞄准132户贫困户，落实近期脱贫措施

为实现上犹县确定的2017年解决绝对贫困的目标，当务之急是瞄准132户461人的增收脱贫问题。当下，要集中力量抓好两个增收项目建设。一是油茶低改。平均每户扶持油茶低改10亩，按照第一年投入1100元（油茶低改可补助800元），后两年每年投入300元的标准，每年每户再扶持3000元，连续扶持3年直到进入产果期，实现盛产期每户每年稳定增收4万元左右（近期每户7000元左右收入）。二是光伏发电。选择租用一个闲置山场，集中建设光伏发电项目，平均每户30平方米，每户贷款2.4万。在脱贫之前，每户每年补助4000元，解决贫困户的还贷问题，并可实现每户每年5000元左右的稳定现金收入。与此同时，按照国家政策，对14户五保户、88户低保户，实行兜底政策，解决好贫困户的基本生活问题。对132户贫困户中72户有小孩上学的家庭，发动省公安厅的干部职工实行一对一结对帮扶，降低小孩上学负担，并帮助争取国家有关政策，确保不因学致贫。对居住在偏远山区交通不便的14户农户，列入搬迁扶贫范围，搬迁安置到城区或工业园区附近，通过技术培训等，帮助进入工业企业就业，解决好生活出路问题。

4. 突出基础设施建设，改善生产生活条件

一是要抓村庄环境整治。结合城乡一体化建设，按照统一规划，统一布局，分步实施的原则，以建设"诗画乡村"为目标，开展村庄环境综合整治，主要包括平整土地、危旧房改造、道路连通、排水排污、改水改厕、文化体育活动设施等建设内容，优化村容村貌整体形象，使群众居住环境和卫生条件有明显改观。

二是要抓公共服务设施。包括：以村部为中心，硬化环村道路3千米形成全村循环，改善出行交通条件；建设安全饮水工程，选好优质水源，集中建好中心水池，实行集中供水，铺设水管，解决全村500多户农户饮水难的问题；完善农田水利设施，新开水渠5000米，对村部前700余亩农田实施土地平整，提高耕地质量；改善通信设施，力争每个村小组通广播、通宽带网络，为发展电商销售打好基础。

关于强化精准扶贫的保障措施，主要从以下四个方面着手：

1. 加强村党组织建设

严湖村能否实现脱贫目标，村支部的引领作用至关重要。目前，该村有党员41人，其中18人外出创业或务工，力量不集中，党组织生活较为分散。为此，要紧紧依托省公安厅工作组挂村扶贫的有利条件，切实加强支部建设。一是健全规章制度。完善支村两委工作制度、议事制度，健全农民自主投工投劳等机制，逐步形成村民自主决策、自我管理、自我服务的长效机制。二是加强阵地建设。建设好村部，完善农民夜校、图书室（农家书屋）、活动室、卫生室、篮球场、文化教育、健身娱乐等设施，在村部设置党（村）务公开宣传栏。三是完善组织网络管理。重点抓好党小组建设，28个村小组分片成立党小组，按照"党建+"工作理念，将党小组融入村民理事会、经济组织合作社等群众组织，充分发挥党支部和党小组的战斗堡垒作用。四是培养后备力量。通过岗位锻炼，着力从党员中培养致富能手，从产业带头人、种养大户和经济能人中发展党员。五是培育良好风尚。通过修订完善《村规民约》，积极开展"文明家庭、劳动致富、环境优美示范户"等评选活动，倡导文明道德新风尚。

2. 强化产业扶贫措施

一是实行一对一帮扶。特别是在产业扶持上，要紧盯132户贫困户，除五保户由政府兜底外，对其余118户贫困户要一对一落实扶贫工作责任人，制定任务书，签订责任状，分户建档立卡，分户制定脱贫计划和时间表，提出项目安排和具体措施，确保全村132户贫困户按期脱贫。二是搭建好组织平台。尽快组建油茶种植、蔬菜种植等合作社，制定好合作社运行机制，通过合作社为各家各户发展生产提供技术、销售等方面的服务，把分散的农户组织起来实行产业化经营，解决好"小生产"与大市场的连接问题，带动贫困户发展产业、增加收入。三是盘活闲置土地。通过土地流转，把土地向致富能手和龙头企业流转，农民通过培训到企业打工，实现由农民向产业工人的转变，通过土地流转收入、打工收入和企业分红，提高农民收入。四是用活扶助资金。实施好产业发展项目，不断发展壮大集体经济实力，鼓励和吸引外出务工村民及有一定实力志愿青年回村创业，带领村民共同致富。

3. 强化扶贫资金监管

一是优化制度设计。当地政府和有关部门要围绕脱贫目标，根据贫困地区发展需要，进一步制定和完善各类扶贫优惠政策，优化制度，完善机制，用政策调动企业和社会各界的扶贫积极性，对农民发展产业、生产经营予以鼓励和支持。二是增强扶贫合力。充分整合各有关部门的资金项目，加大对贫困地区的支持力度。特别是对产业扶贫的项目，基本的资金必须打足，不能"钓鱼"。积极协调金融机构在政策允许的情况下，为扶贫产业提供低息或无息贷款。三是加强资金管理。扶贫部门要严格执行扶贫资金管理制度，加强监督检查，规范资金管理，确保资金专款专用。四是加强政务公开。对每一笔扶贫资金的使用，都要做到政策、资金、项目三公开。可组建村老年人协会，充分发挥老党员、老干部的作用，对扶贫项目实施进行经常性监管和全过程跟踪，确保项目建一个，成一个。

4. 建立后期帮扶跟进机制

通过精准扶持和攻坚克难，可以在较短时间内解决现有贫困人口的脱贫问题。但由于这部分人的发展基础脆弱，如果没有相应的配套措施做保障，一旦遇到天灾人祸和意外情况，一部分人又将重新返贫。为此，一要建立脱贫后期帮扶机制。贫困人口脱贫后，要落实责任人进行3~5年的跟踪，继续帮助解决生产生活中的困难问题，直至其持续发展，实现稳定脱贫。二要完善大病救助和商业保险制度。既要提高医保中大病报销额度，还要加大大病医治商业保险力度，最后由政府实行救助兜底，确保农户不会因病致贫。三要建立农业生产和自然灾害保险制度，确保农户不因灾致贫。四要进一步扩大义务教育范围，将学杂费免费范围从目前的九年制义务教育扩大到从学前教育到高中和中职教育，防止因学致贫。

案例分析：

精准扶贫是粗放扶贫的对称，是指针对不同贫困区域环境、不同贫困农户状况，运用科学有效程序对扶贫对象实施精确识别、精确帮扶、精确管理的治贫方式。"精准扶贫"的重要思想最早是在2013年11月，习近平到湖南湘西考察时首次提出的。他在一份重要文件中做了"实事求是、因地制宜、分类指导、精准扶贫"的重要批示。2014年1月，中办详细规制了精准扶贫工作模式的顶层设计，推动了"精准扶贫"思想落地。2014年3月，习近平参加两会代表团审议时强调，要实施精准扶贫，瞄准扶贫对象，进行重点施策，并且阐释了精准扶贫理念。

2015年1月，习近平总书记新年首个调研地点选择了云南，总书记强调坚决打好扶贫开发攻坚战，加快民族地区经济社会发展。5个月后，总书记来到与云南毗邻的贵州省，强调要科学谋划好"十三五"时期扶贫开发工作，确保贫困人口到2020年如期脱贫，并提出扶贫开发"贵在精准，重在精准，成败之举在于精准"，"精准扶贫"成为各界热议的关键词。

2015年10月16日，习近平在2015减贫与发展高层论坛上强调，中国扶贫攻坚工作实施精准扶贫方略，增加扶贫投入，出台优惠政策措施，坚持中国制度优势，注重六个精准，坚持分类施策、因人因地施策、因贫困原因施策、因贫困类型施策，通过扶持生产和就业发展一批，通过易地搬迁安置一批，通过生态保护脱贫一批，通过教育扶贫脱贫一批，通过低保政策兜底一批，广泛动员全社会力量参与扶贫。

为什么要精准扶贫？我国扶贫工作开始于20世纪80年代中期，通过30多年的不懈努力，取得了举世公认的辉煌成就，但是，长期以来贫困居民底数不清、情况不明、针对性不强、扶贫资金和项目指向不准的问题较为突出。其中一个重要原因是目前全国农村贫困居民8249万人（其中四川为602万人），实际远远不止8000万人，这个数据是国家统计局根据全国7.40万户农村住户调查样本数据推算出来的。这个数据对于研究贫困居民规模、分析贫困发展趋势不是很科学，但在具体工作中却存在"谁是贫困居民""贫困原因是什么""怎么针对性帮扶""帮扶效果又怎样"等不确定问题。由于全省乃至全国都没有建立统一的扶贫信息系统，因此对于具体贫困居民、贫困农户的帮扶工作就存在许多盲点，真正的一些贫困农户和贫困居民没有得到帮扶。

长期以来，由于贫困居民数据来自抽样调查后的逐级往下分解，扶贫中的低质、低效问题普遍存在。例如，贫困居民底数不清，扶贫资金"天女散花"，"贫困县"弄虚作假舍不得"脱贫摘帽"，人情扶贫、关系扶贫造成的社会不公甚至滋生腐败。因此，原有的扶贫体制机制必须修补和完善，必须要有"精准度"，必须要有监督机制方能见效。

40多年的改革开放，使数亿中国人甩掉了贫困的帽子，但中国的扶贫仍然面临艰巨的任务。最新数据显示，按照中国扶贫标准，到2020年要确保每年减贫1200万人，每个月减贫100万人，任务非常重。

习近平指出，扶贫开发工作已进入"啃硬骨头、攻坚拔寨"的冲刺期。各级党委和政府必须增强紧迫感和主动性，在扶贫攻坚上进一步理清思路、强化责任，采取力度更大、针对性更强、作用更直接、效果更可持续的措施，特别要在精准扶贫、精准脱贫上下更大功夫。谋划好"十三五"扶贫攻坚工作，"精准扶贫"成为各级领导的表态中出现频率最高的表述之一，"精准扶贫"的含义在逐步深化、扩展。

总之，精准扶贫是扶贫开发工作中必须坚持的重点工作，是新时期党和国家扶贫工作的精髓和亮点，是全面建成小康社会、实现中华民族伟大复兴中国梦的重要保障。扶贫工作的重要意义在于帮助贫困地区人民早日实现伟大的"中国梦"。推进精准扶贫，加大帮扶力度，是缓解贫困、实现共同富裕的内在要求，也是全面实现全面小康和现代化建设的一场攻坚战。那么，如何做到精准扶贫呢？

1. 精确识别，这是精准扶贫的前提

通过有效、合规的程序，把谁是贫困居民识别出来。总的原则是"县为单位、规模控制、分级负责、精准识别、动态管理"；开展到村到户的贫困状况调查和建档立卡工作，包括群众评议、入户调查、公示公告、抽查检验、信息录入等内容。过去，全国曾开展农村最低生活保障制度和扶贫开发政策"两项制度"有效衔接试点，实践表明，这样识别扶贫对象虽然有一定效果，但是程序烦琐、操作性不是很强。

江西省探索的"比选"确定扶贫对象的扶贫"首扶制度"，也是一个精确识别的好办法。其具体做法是：根据国家公布的扶贫标准，村民先填申请表，首先由村民小组召开户主会进行比选，再由村"两委"召开村、组干部和村民代表会议进行比选，并张榜公示；根据公示意见，再次召开村、社两级干部和村民代表会议进行比选，并再次公示；如无异议，根据村内贫困农户指标数量，把收入低但有劳动能力的确定为贫困农户。总之，不论采取何种方式识别，都要充分发扬基层民主，发动群众参与；透明程序，把识别权交给基层群众，让同村老百姓按他们自己的"标准"识别谁是穷人，以保证贫困户认定的透明公开、相对公平。

2. 精确帮扶，这是精准扶贫的关键

贫困居民识别出来以后，针对扶贫对象的贫困情况定责任人和帮扶措施，确保帮扶效果。就精确到户到人来说，重点为：

一是坚持方针。精确帮扶要坚持习近平总书记强调的"实事求是，因地制宜，分类指导，精准扶贫"的工作方针，重在从"人""钱"两个方面细化方式，确保帮扶措施和效果落实到户、到人。

二是到村到户。要做到"六个到村到户"：基础设施到村到户、产业扶持到村到户、教育培训到村到户、农村危房改造到村到户、扶贫生态移民到村到户、结对帮扶到村到户。真正把资源优势挖掘出来，把扶贫政策含量释放出来。

三是因户施策。通过进村入户，分析掌握致贫原因，逐户落实帮扶责任人、帮扶项目和帮扶资金。按照缺啥补啥的原则宜农则农、宜工则工、宜商则商、宜游则游，实施水、电、路、气、房和环境改善"六到农家"工程，切实改善群众生产生活条件；帮助发展生产，增加收入。

四是资金到户。在产业发展上，可以推行专项财政资金变农户股金的模式，也可以通过现金、实物、股份合作等方式直补到户；在住房建设上，可以推行农村廉租房的做法；技能培训、创业培训等补助资金可以直补到人；对读中、高职学生的生活补贴、特困家庭子女上大学的资助费用，可通过"一卡通"等方式直补到受助家庭；异地扶贫搬迁、乡村旅游发展等项目补助资金可以直接向扶贫对象发放。

五是干部帮扶。干部帮扶应采取群众"点菜"、政府"下厨"方式，从国家扶贫政策和村情、户情出发，帮助贫困户理清发展思路，制定符合发展实际的扶贫规划，明确工作重点和具体措施，并落实严格的责任制，做到不脱贫不脱钩。

3. 精确管理，这是精准扶贫的保证

一是农户信息管理。要建立起贫困户的信息网络系统，将扶贫对象的基本资料、动态情况录入到系统，实施动态管理。对贫困农户实行一户一本台账、一个脱贫计划、一套帮扶措施，确保扶到最需要扶持的群众、扶

到群众最需要扶持的地方。年终根据扶贫对象发展实际，对扶贫对象进行调整，使稳定脱贫的村与户及时退出，使应该扶持的扶贫对象及时纳入，从而实现扶贫对象有进有出，扶贫信息真实、可靠、管用。

二是阳光操作管理。按照国家《财政专项扶贫资金管理办法》，对扶贫资金建立完善严格的管理制度，建立扶贫资金信息披露制度以及扶贫对象、扶贫项目公告公示公开制度，将筛选确立扶贫对象的全过程公开，避免暗箱操作导致的应扶未扶，保证财政专项扶贫资金在阳光下进行；筑牢扶贫资金管理使用的带电"高压线"，治理资金"跑冒滴漏"问题。同时，还应引入第三方监督，严格扶贫资金管理，确保扶贫资金用准用足，不致"张冠李戴"。

三是扶贫事权管理。对扶贫工作，目前省、市、县三级分别该承担什么任务并不十分明确，好像大家都在管钱、分钱，监督的责任也不清晰；专项扶贫资金很分散，涉及多个部门，各个部门的责任也不清晰。因此，各级政府主要负责扶贫资金和项目监管，扶贫项目审批管理权限原则上下放到县，实行目标、任务、资金和权责"四到县"制度，各级都要按照自身事权推进工作；各部门也应以扶贫攻坚规划和重大扶贫项目为平台，加大资金整合力度，确保精准扶贫，集中解决突出问题。

案例思考题：

1. 你对"精准扶贫"是怎样理解的？
2. 谈谈你所负责的"精准扶贫"工作的成效及启示。

附录　中国党政领导干部管理岗位胜任力案例测试题

重要提示：

1. 本组测试题为市委书记、市长、县委书记、县（市、区）长、乡镇党委书记、乡（镇）长（含街道办事处书记、主任）、厅局长、处长共8个管理岗位品质素养与胜任能力自测试题，测试要素有8项即科学决策、知人善任、统筹协调、创新应变、政治鉴别、公正包容、事业责任、自律自制能力。

2. 在自测的每项要素中有1个案例，案例之后的4个选项均有分值，所赋分值的权重分别为：10%、20%、30%、40%。

3. 自测实际操作中，4个分值选项上只能在其中1项上填入所选字母。

4. 本组测试题亦适用于其他领导岗位选拔任用的测评。

5. 本组测试题已入干部教育在线网。

试题一　市委书记管理岗位胜任力案例测试题

一、科学决策

案例：立"军令状"治霾

河北省 2012 年产钢为 1.64 亿吨，比全球钢产量第二的日本多至少 5000 万吨，是美国全国产量的 1.8 倍，印度的 2.1 倍，俄罗斯的 2.33 倍，德国的 3.85 倍，与欧盟 27 国的钢产量总合相当。中国有 4 个省的钢铁产量超过德国，有 14 个省市的钢产量超过法国，19 个省市的产量超过英国。作为"钢老大"，这让河北上上下下引以为荣。但过分的产能却给河北以及周边省份尤其是首都北京带来了严重的环境污染问题。在京津冀"治霾"的巨大环保压力下，是继续保持还是主动压缩？这在省委省政府决策层中出现了分歧。

一种意见是：河北是京津的"护城河"，要坚决按照中央的要求压缩，确保环境的改善；一种意见是：维持高产的势态，从技术层面积极采取有效措施，否则河北将面临巨大的再就业压力；还有一种意见是：适当减少，以"压小上大"方式进行整合，因为暂时牺牲环境是经济发展的规律，河北的经济优势丢掉了，以后就难以挽回。

针对各种意见建议，河北省省长张庆伟认为：全球钢铁产量排名中，"中国第一，河北第二，唐山第三"。目前华北地区钢铁行业产能约 3.5 亿吨，产量约 2.89 亿吨，但其中约 75% 都是环保"黑户"。这些"黑户"必将成为环保重拳出击的对象。从一组数据中来看——河北数年间，即使在国内整体钢铁产能过剩的大背景下，钢铁产能不断上升，年钢产量由 3108 万吨增长到 4284 万吨，然而，钢铁生产的利润却逐年下滑。2011 年度，河北钢铁净利润为 13.8 亿元，同比下降 20%；2012 年，净利润只有 1.09 亿元，同比下降 92%；截至 2013 年 9 月 30 日，河北钢铁净利润再同比下降 68%。由此造成的污染却令人震惊，成为雾霾的主要元凶，如果不动"大手术"，还靠牺牲环境来换取一时的经济繁荣将成为历史的罪人、河北的罪人。

结合群众路线教育活动，张庆伟对此进行了认真深刻的思考和对照检查，经过省委省政府批准，张庆伟立下"三年让大气质量有所好转，五年有所改善"的军令状：钢铁、水泥、玻璃，新增一吨产能，党政同责，就地免职，必须执行。

作为决策者，在科学地做出经济社会发展战略决策的时候，最基本的决策前提或要素是（　　）。

A. 深入实际调查研究

B. 充分尊重参谋智囊的作用

C. 审时度势与战略眼光

D. 尊重民意从实际出发

二、知人善任

案例：怎样才能知人善任

刘邦得天下后，在洛阳宫大宴群臣时问属下：论运筹帷幄之中、决胜于千里之外，我不如张良；论善用人才、治理国家、安抚百姓、为军队提供补充，我不如萧何；论率百万之众，战必胜、攻必取，我不如韩信。但为什么能够得天下呢？群臣对刘邦的提问大都以溢美之词回敬。刘邦却说：此三人，皆人中豪杰，为我所用如鱼得水，是我取得天下的得力助手。而项羽逞其匹夫之勇，刚愎自用，根本不懂用人之道。他连自己的亚父范增都容不得，更不用说善用贤者，这就是项羽自取灭亡的深刻教训。

作为领导者，要做到知人善任，最起码的标准与境界是（　　）。

A. 慧眼识人即在选人的过程中摘掉有色眼镜

B. 德才兼备以德为帅

C. 合理匹配用人所长

D. 尊重组织人事部门的意见建议

三、统筹协调

案例：怎样对待下属

刘志刚由云中市市长调任锦阳市市委书记后，在工作中他发现办公厅的干部们有三种情况：一种是对他很热情，但实际工作能力一般，在群众中威信不高；一种是对他不远不近，但工作能力很强；再一种可能是因为自身资历比较老，对他不是很服气，不是观望就是敷衍，甚至有时在工作上给他出点难题。刘志刚通过一段交往，感到对待下属，协调沟通至关重要，只有形成合力，才能有效地提高工作效率。作为新上任的市委书记，遇到这些情况在所难免。

作为领导者，遇到这种情况，首先应该（　　）。

A. 有大局的意识和平和的心态加以应对，并从主观和客观两方面分析原因，达到化解阻隔、树立威信、增强亲和力，尽快打开工作局面的目的

B. 要在工作中更多地鼓励他们，熟悉业务，提高能力，克服只唯上、不唯实的缺点与不足，切忌搞团团伙伙

C. 要在工作中大胆使用、放手放权并能以自己的沉着、果敢与魄力去影响和感染他们，在工作中建立相互信任、相互尊重的良好关系

D. 要对他们表示尊重，遇事多向他们请教、沟通，生活上多关心，不以势压人、不以权自居，做到原则性要强，人情味要浓

四、创新应变

案例：如何直面群访

张书记刚刚上班，市委大门便被早已破产的新华机械厂的群访人员给堵上了，市委所在地金凤路至水西门、正阳街等主要交通要道的通行均受到严重阻碍。市委秘书长刘志民、市信访局局长王德林、国资委副主任田小辉等及时采取应急预案，费了九牛二虎之力但收效甚微。带头上访者表示：今天不见市委书记就是不散。张书记听了大家的口头汇报后，深感事

态的严重性。张书记对自己的前任大刀阔斧的改革是敬佩的，但国企改革所导致的后遗症还没有得到妥善处置，部分职工的生产生活问题也没有及时给予解决，拖来拖去使得矛盾越来越深。发展是目标，改革是动力，稳定是前提。既然群访者要见我，躲是躲不过的。

直面群访者该如何讲？怎样讲才能收到实际效果呢？张书记所想到的四个办法，其中最关键的是（　　）。

A. 动之以情，把屁股坐在群众的板凳上，对群众利益表示关切

B. 晓之以理，敢于善于拿起法律的武器进行疏导，指出改革、发展与稳定的关系

C. 敢于担当，对上访者的合理要求做出承诺

D. 敢于碰硬，继续维持必要的预案为辅，以防事态恶化

五、政治鉴别

案例：贾书记的两面人生

金源县地处广西边陲，与越南隔河相望，区域外贸旅游经济优势得天独厚。贾才旺当上县委书记后，曾经对其"挚友"徐董事长说，人生不过是组织部门的一张纸，风乍起飘向何方，自己无法掌握。没有你鼎力相助，哪有我的今天？有一次他去县委党校讲党课，课后到新马泰"出访"，其所购玉品中有佛珠、观音佩玉、如意等，他说他夫人喜欢。还有就是县委办公大楼翻修时，特意让县委办请来风水大师进行指点，甚至不惜将县委大门的朝向也做出改变，以保"龙脉"。在国家行政学院综合教研部研究员程萍完成的一项调查中显示，在接受调查的900多名县处级公务员中，有半数以上存在相信"相面""周公解梦""星座预测""求签"等迷信现象的情况，对其中一些迷信现象的相信程度相当或高于一般公众。

作为市委书记，你认为本案例中存在的现象说明（　　）。

A. 一些党员领导干部没有什么政治鉴别力，已经丧失了马克思主义信仰，把自己的命运寄托于鬼神

B. 一些党员领导干部缺乏政治鉴别力，信仰滑坡

C. 一些党员领导干部的政治鉴别力还是有的，只是没犯大错

D. 一些党员领导干部的政治鉴别力差，往往受"入乡随俗"以及"多样化"的影响

六、公正包容

案例：迟来的补助金

2010年9月18日，长期关注国民党老兵的民间志愿者何孝刚召集部分"国军"老兵，参加"不忘国耻，牢记历史"座谈会。会上，一个老兵身穿发臭的破衣服，两只不搭的棉鞋露出脚趾头，还戴着一副十几块钱的红色塑料眼镜。他叫王飞黄，黄埔军校17期学生，曾参加远征军和雪峰山会战。"国军"老兵王飞黄的晚年窘境，不仅触动了何孝刚，也触动了参会的统战部副部长黄士荣。会后，黄士荣获知中央财政为抗日老战士发放3000元补助金的消息。他想：抗日老战士中没有"国军"老兵，这不公平。经过多方沟通核准，最终，湖南省资兴市10位仍在世的"国军"抗战老兵，获得了与14位"共军"老兵一样的3000元补助金。资兴市委书记说：20世纪80年代，资兴市黄埔同学会共有80多人，目前仅余8人在世，这件事再不做就晚了，我们是执政的共产党人，应该让"国军"老兵走出恐惧，拾回荣光。

作为市委书记，自觉地增强公平正义感，最为关键的是要从根本上认识（　　）。

A. 公平正义是人类追求美好社会的永恒主题和社会发展进步的价值取向

B. 维护社会公平正义是中国特色社会主义的本质要求

C. 维护社会公平正义需要继续推动经济社会发展创造物质条件

D. 维护社会公平正义需要我们不断推动制度创新

七、事业责任

案例：少帅蔡振华的足球梦

自从上次"足代会"召开到目前，中国足球经历了低谷中的 10 年。中国男足已经连续三届世界杯折戟预选赛第二轮，无缘十强赛。在蔡振华被选为足协主席后，点头的、摇头的，可以说什么态度都有。在"就职演说"中，蔡振华则以事业与责任的视角让人耳目一新："有人说中国足球已经积重难返，甚至无可救药。如果换一个角度，结论完全不同，因为中国足球从未放弃梦想。在国际足联的领导之下，中国有自己的法制化、科学化、民主化的管理体系。现在，从法律上，中国足球的管理体系被确认，我们拥有完整的构架、合法的舞台，这为中国足球发展提供了很好的平台"。蔡振华把自己比作"铺路石"，并表示要靠恒心坚持，要有愚公移山的精神，日复一日解决问题。有记者问蔡主席是否精心做了准备，蔡振华只是回答："我已经关注足球很长时间了。"当被问到是否有压力时，他大笑着回答说"当然。但我相信中国足球未来一定会在世界舞台上赢得掌声。"

本案例告诉我们：作为领导干部，事业心与责任心的养成重在（　　）。

A."信念坚定"，把理想高高举过"头"顶

B."为民服务"，把宗旨深深烙在"心"里

C."勤政务实"，把发展紧紧抓在"手"中

D."敢于担当"，把责任稳稳扛在"肩"上

八、自律自制

案例：普通人的自律水准

美国的一家电视台把一张 50 美元的钞票扔到公共场所，然后把摄像机的镜头对准那张钞票，看看每一个人捡到那张钞票后的处置方式。第一个捡到那张钞票的是一位老人：由于他捡到的钞票上没有任何失主的信息，

他理所当然地往兜里一揣，走了。美国的规矩是：在公共场合谁捡到现钞，谁就拥有它，除非失主前来索取。这位老人以为今天运气不错，但几秒钟后电视台的记者就上前"挂失"。这位老人二话不说，立即把50美元还给了失主。

这项试验的缺陷在于：由于捡到现钞的人不知道失主是谁，即便想奉还给失主也无法做到。在这种情况下，"拾金不昧"有切实的技术难度。所以记者改进了试验，把那张50美元的现钞和一张700美元的待存支票以及一张总共750美元的存款单夹到一起。支票和存款单上写明了存款人和银行的信息。只要一看就知道失主是谁，而且银行就在不远的地方，把它往银行一送，银行可以立即找到失主。当然，谁捡到这个，也可以撕了那张支票和存款单，留下现钞，扬长而去。这样做并不违法。

第一个捡到这张可以找到失主的50美金的汉子，名叫福尔德，他捡到50美金后，并没有欣喜若狂，而是东张西望，看看有没有失主在寻找失物。20秒钟后，福尔德毫不犹豫地跨入了那家银行，把手上的东西一把交给银行，请银行代找失主。银行立即把福尔德介绍给了电视台记者。那记者问为什么捡到钱后不私留？福尔德回答说：人在做，天在看。不是我的钱，我怎么可以拿？四个小时过去了，几乎每一个人都和福尔德那样，按照存款单上的信息，把钱送到了银行。但有两位大妈，捡到了那张50美元票子后，理所当然地把钱留下。其中有一位是当着她女儿面这样做的。另一位大妈更雷人。当记者前去询问她那样做的原因时，她当场痛骂记者"你管得着吗？"。

本案例告诉我们，道德水准是一种养成。作为党员领导干部，必须时刻在从政的职场增强（　　）。

A. 自律与自我意识
B. 自律与自制意识
C. 自律与自警意识
D. 自律与自省意识

参考答案

一、科学决策

A（40%）　　C（30%）　　D（20%）　　B（10%）

二、知人善任

B（40%）　　C（30%）　　D（20%）　　A（10%）

三、统筹协调

A（40%）　　C（30%）　　B（20%）　　D（10%）

四、创新应变

C（40%）　　B（30%）　　A（20%）　　D（10%）

五、政治鉴别

A（40%）　　B（30%）　　D（20%）　　C（10%）

六、公正包容

A（40%）　　B（30%）　　C（20%）　　D（10%）

七、事业责任

A（40%）　　B（30%）　　C（20%）　　D（10%）

八、自律自制

B（40%）　　C（30%）　　D（20%）　　A（10%）

试题二　市长管理岗位胜任力案例测试题

一、科学决策

案例：农村集体经济该怎样坚持

华西村位于江苏省无锡江阴市华士镇，1996年被农业部评定为全国大型一档乡镇企业，全村共有380户，1520人，面积0.96平方公里。从2001年起，华西村提出了"一分五统"即村与企业分开，把新合并的16个村规划成12个村，合并后的原村委会还是由本村村民自治、选举。经济由华西统一管理，劳动力在同一条件下统一安排，福利由华西统一发放，村庄由华西统一规划建设并由村党委统一领导。这样，华西村的面积由原来的0.96平方公里扩大到30平方公里，人口由原来的2000多人增加到3万多人。

1961年华西建村，吴仁宝担任第一任村党支部书记。当时，华西的集体资产仅2.5万元，集体负债1.5万元，人均分配只有53元。贫穷，唤起了吴仁宝和村党支部一班人重造山河的决心。他们坚持"社会主义就是让人民过上幸福生活；社会主义定能富华西"的信念，紧紧扭住发展这一第一要务不放松，率领村民艰苦创业、勤劳致富。

20世纪60年代，吴仁宝和村委一班人制定了《华西大队学大寨十五年发展远景规划图》，起早贪黑、冒严寒、战酷暑，肩扛手推，白天田间管理，晚上平整土地、兴修水利，硬是用人工把原来1300多块七高八低的零星田块，改造成了400多块能排能灌的高产稳产大田，实现了亩产1吨粮，为工副业的发展奠定了坚实的物质基础。成为"全国农业先进单位"。在艰苦创业的实践中，华西人又悟出了一个道理：单一的农业，很难使农民真正富裕起来，只有走农村工业化道路，才会有出路。

从20世纪60年代创办小磨坊，到20世纪70年代创办小五金，吴仁宝又率领华西村人悄然发展起村级工业，至改革开放前，华西村已拥有固定资产100多万元，银行存款100多万元，完成了第一次资本原始积累。1999年，"中国农村第一股"——华西村股票在深圳上市，筹资2.9亿元，逐步拥有了钢铁、纺织、旅游等多个优势产业群，一批科技含量高、经济效益好的项目，成为华西村加快发展的重要经济增长点。

　　从20世纪90年代至今，华西的发展不仅迈上了"快车道"，而且通过不断调整、优化，产业结构更趋合理，呈现出"三产联动、五业取胜"的喜人景象：从"以工补农"到"农业高科技"；从"粗纺"到"精纺"；从"普线"到"高线"；从"普钢"到"特钢"；从"华西村"品牌合作，到"无形资产变成有形资产"；从建筑装潢"一条龙"，到特色的"建筑文化"；从每年接待200万人次的旅游业开发，到现在的仓储物流、投资担保、典当参股，等等。在吴仁宝老书记的带领下，华西人始终坚持社会主义原则，努力发扬"艰苦奋斗，团结奋斗，服从分配，实绩到位"的华西精神，走共同富裕之路，建设社会主义新农村。尤其是改革开放之后，全村产业结构发生了根本性的变化，形成了具有鲜明个性的华西特色，基本实现了农村城镇化，农业工业化，农民知识化。

　　在强烈的发展意识和科学的发展理念下，华西村迈出了具有历史意义的四大步："20世纪70年代造田"，成为农业样板村；"20世纪80年代造厂"，实现农村工业化；"20世纪90年代造城"，实现农村城镇化；"21世纪腾飞"，实现农村现代化。目前，华西村人均工资收入15万多元，城镇居民人均可支配收入超万元，村民家家住400~600平方米的别墅，有100万元~1000万元的资产，有1~5辆小汽车。自改革开放以来，已接待120多个国家和地区的宾客来考察、访问。现在，每年游客接待量在200万人以上。华西村被国内外各界人士赞誉为"天下第一村"！

　　大寨，地处太行山腹地，位于山西省昔阳县，人口520人，面积1.88平方公里。新中国成立后的大寨，人称"七沟八梁一面坡"。1953年，大寨响应中央号召，开始实行农业集体化，曾经在村支书陈永贵的带领下，通过十余年"战天斗地"，成为"用革命精神建设山区的好榜样"。此后，全国农村兴起了"农业学大寨"运动。

党的十一届三中全会以后，随着农村开始实施包产到户，大寨村的大寨标准被打破，人们一度似乎忘记了大寨。1991年11月15日，离开大寨11年的郭凤莲毅然重返大寨，回到了她最热爱的那个工作岗位。她开始摸索新大寨要走的新路子。郭凤莲上任后，紧紧抓住大寨这一品牌，走出寨门参观取经，让党支部、村委会的同志们解放思想，放开眼界；大打优势品牌，创建支柱产业；努力构建全新的大寨文化（郭凤莲认为，大寨本身就是一种特有的农村文化现象）。这一系列做法，创造出了惊人业绩。据统计显示，目前大寨全村经济总收入4亿多元，村民的人均纯收入突破2万元。

大寨不仅是中国农业的先进典型，而且是世界瞩目的模范村。到过大寨的国家元首、政府首脑有25位，来自五湖四海的134个国家、2300批次、30000多名外宾曾到这里访问。国内参观学习者达1000万人次，至今有60多位党和国家领导人、80多位高级将领及众多的科学家、文学家、艺术家等亲临观摩指导。

华西村和大寨村是中国农村坚持集体经济、走共同富裕道路的典范。一个是改革开放以来的新典型，堪称"华夏第一村"；另一个是历史的、开放的、现实的即坚持社会主义、集体主义、爱国主义与艰苦创业精神的老典型。

作为市长，通过阅读上述案例，你认为下列选项中最能够表述新农村建设科学决策前提作用和意义的是（　　）。

A. 建设新农村必须有一个好的领路人。农村富不富，关键在干部。从华西和大寨的发展历程来看，之所以取得今天的成就，主要在于吴仁宝、郭凤莲能够带领干部群众开拓进取、艰苦奋斗，一步一步打造出社会主义新农村的模式。因此，建设新农村必须要有一个无私奉献、信念坚定、能领着群众艰苦创业的好带头人

B. 建设新农村必须坚持实事求是的思想路线。千难万难，实事求是最难。华西村和大寨村富就富在始终坚持实事求是的科学态度，富就富在他

们走出了一条符合本村实际的科学发展道路。建设新农村千头万绪，各村情况千差万别，同样只有从实际出发，找准符合本村实际的发展道路，才能摆脱贫困，走上富裕的新农村建设之路

C. 建设新农村必须壮大集体经济。华西和大寨的实践证明：在中国农村，没有集体经济就没有共产党的地位。只有走集体经济道路，发挥集体的力量，壮大集体经济实力，才能在农村集中力量办大事，才能更好地实现共同富裕

D. 建设新农村必须时刻牢记自力更生、艰苦奋斗、以人为本、共同富裕的宗旨。自力更生、艰苦奋斗是大寨精神的核心，"有福民享，有难官当"（吴仁宝的一句至理名言）是华西村历届领导班子成员的行为准则。这种精神和宗旨就是始终把服务群众、造福百姓作为一种追求，倾心尽力为群众办好事、谋利益

二、依法行政

案例：市长主编《温州市行政案例选编》

1988年8月26日，全国首例"民告官"行政案件就出现在温州市苍南县。20多年来，温州市创造性地建立与实施行政问责、行政首长出庭等多项制度，政府行为逐步纳入法治轨道。但是，一些政府部门和执法人员依法行政的观念还比较淡薄，有法不依、执法不严、违法不究的现象还时有发生。这一切引起了时任温州市市长邵占维的警觉。在他看来，这些现象与温州市政府所要致力建设的"服务政府、责任政府、法治政府、廉洁政府"目标背道而驰。于是，邵占维几次作批示，提议市政府法制办组织力量，编纂一本行政案例。他特别交代，政府胜诉的一律不要收录在内，成绩不讲跑不掉，问题不讲不得了。不要怕出丑，要编就编一本政府部门近年来各种各样的违法败诉案例。

《温州市行政案例选编》共194页，选编的50个典型行政违法案例，均为温州市各级行政机关近年来的败诉案件。涉及的行政行为包括行政处

罚、行政许可、行政征收、行政强制、行政确认、行政裁决等。行政违法和行政不当行为的原因包括事实不清、证据不足、适用法律错误、行政程序违法、超越职权、滥用职权、行政不作为等。每个案例都分案情描述、分析、点评三部分，选编者以案说法，针对其中难点、疑点，深入浅出、条分缕析，提出许多有见地的建设性意见。邵占维在该书序言中写道：这是一面有价值的镜子。这些案例告诉我们，在工作中如果多一份理性、多一份责任、多一份依法行政的意识、多一份对权力的正确对待，我们将少一份政府运作的成本，多一份人民群众的信赖和支持。希望全市各级政府机关的工作人员都能认真读一读这本书，了解政府行政行为存在的突出问题，掌握处理相关行政案件的方式方法，并进行借鉴和反思，以提高自身依法行政水平，推进法治政府建设。

作为市长，你认为下列排序中哪一项最为重要（　　）。

A. 依法行政说起来容易但具体执行起来很难，实际工作中还是要靠政府的力量来推动

B. 法律是一切社会秩序的保证，行政法规是行政人员在依法行政中不可逾越的"红线"

C. 依法行政是必须遵守的前提，但特殊情况下也要有一定的灵活性

D. 依法行政就是严格按照法律授予的职权去履行职责，行使权力，不得渎职和越权，关键时候一定要按照上级领导的意见办

三、创新应变

案例：选择中国特色社会主义道路

1949年10月1日中华人民共和国的成立，标志着中国社会主义建设的开始。那个时候，社会主义没有更多的建设模式。当时的国际形势是"第二次世界大战"刚刚结束不久，东欧各国呈现出"一边倒"的现象，社会主义国家纷纷建立，有一种比喻叫"社会主义大家庭"，加上社会主义苏联对中国革命的帮助和支持，走苏联的路便成为我们的模式选择。经过土改

与合作化运动，经过"一化三改"（即社会主义工业化及对农业、手工业和资本主义工商业的改造），姓"社"姓"资"的问题似乎完全解决了，"计划经济""一大二公"（指公有化的规模与程度）的社会主义道路似乎毫无疑义了。但是随着经济建设的大规模开展，生产力与生产关系方面的矛盾日渐突出。由于"左"的思想影响，姓"社"与姓"资"可谓泾渭分明，因此无论是"超英赶美"的头脑发热，还是三年困难时期带来的穷过渡，几乎没有人对走社会主义道路产生什么怀疑。"文化大革命"期间出现了错误和内乱，才使得我们党内不少同志产生疑虑：社会主义道路难道就是这么个走法？

经过真理标准的讨论和拨乱反正，加上邓小平的再次复出，我们党对什么是社会主义、怎样建设社会主义的问题才有了深入的思考。贫穷不是社会主义，发展才是硬道理。资本主义也有计划，社会主义也有市场。在当时姓"社"姓"资"争论不休的情况下讲这番话，表现了小平同志求真务实的大无畏精神与领袖品格。贫穷不是社会主义，那什么是社会主义？生产力与生产关系相适应才是社会主义，政治上、意识形态上坚持马克思主义、坚持共产党领导才是社会主义，有错必纠、有弊必改才是社会主义，承认差距、睁眼看世界才是社会主义。

党的十一届三中全会的召开，实际上是我们党的历史上的又一次思想解放运动，从此，我们确立了党的四项基本原则，确立了改革开放的路线、方针、政策，尤其是在农村，实行了联产计酬生产责任制，在生产关系上进行了变革。当时，为了既求变又求稳，我们在经济体制上曾经搞了一段"有计划的市场经济"，邓小平同志南方谈话之后，中央才下决心搞起了我们现在的较为完全的市场经济。这走的叫什么路呢？邓小平同志就把它叫作中国特色社会主义道路。即"一个中心"（以经济建设为中心）、"两个基本点"（坚持四项基本原则和坚持改革开放）。

这一中心的确立，是在对我国社会主义建设经验教训科学总结的基础上做出的正确选择，充分体现了社会主义本质的要求，成为解决我国现阶段社会主要矛盾的根本途径。

中国特色社会主义道路是中国历史的选择、人民的选择。用党的十八大的话讲叫倍加珍惜、始终坚持、不断发展，既不走封闭僵化的老路，也不走改旗易帜的邪路。创新是一个民族进步的灵魂，是一个国家兴旺发达的不竭动力，是一个政党永葆生机与活力的源泉。因此，中国特色社会主义实际上是（　　）。

A. 发展道路的创新与选择

B. 体制机制的创新与选择

C. 思想理论的创新与选择

D. 发展目标的创新与选择

四、统筹协调

案例：市长挂帅统筹项目建设

"抓项目就是抓发展，抓大项目就是抓大发展。让项目成为顶起撑杆一跃的支点，追赶方能变成跨越。"遵循这个工作思路，昆明市为确保年度实施的50项重点项目如期完成，所采取的统筹办法是"一个项目、一个领导、一个班子、一个方案、一抓到底"。为此，市长张祖林亲自挂帅，高位统筹，建立起一系列重点项目推进机制，组织对重点项目进行督查和稽查，使发展有了"刚性约束"，以此来及时协调解决重点项目建设中的各种困难和问题，对重点项目进行分类指导和安排部署。具体办法：

一是督随令行，六组督办提速重大项目，即为确保重大项目顺利推进，市领导亲力亲为，按照市委、市政府统一安排部署，由市领导张祖林、李邑飞、杨远翔、田云翔、应永生、黄云波带队的6个调研督查组，对各地各有关单位抗大旱、保民生、抓春耕、护林防火和经济社会发展重点工作进行集中调研督查。坚持有重大问题不捂不拖，专题上报市政府，由市政府主要领导牵头协调。

二是雷厉风行，挂牌督办促落实，即采取现场检查、会商督办、督促催办、明察暗访、新闻追踪、定期通报六种方式进行挂牌督办。与此同时，还成立了"市委重大决策部署落实情况快查快处督查组",将农贸市场和生鲜市场建设、轨道交通文明施工、6个万亩特色产业园区的选址、3月份项目开工、抗旱保民生、救灾资金(物资)使用、森林防火、22条重要城市道路景观提升及环境综合整治、机关作风明察暗访等9项工作列入快查快处事项进行督查督办。

为保障重大建设项目快速落地、开工、建设、投产、营运、达效,市政府还决定建设昆明市重大项目电子监察系统,利用现代科技信息技术手段对重大项目实施在线监察、督促催办、效能评估和信息服务。昆明市重大项目电子监察系统2012年1月正式运行。目前,已将昆明市在建的200项重点项目中的90项基础设施项目和60项产业项目纳入了电子监察。

一切为了改善软环境,一切为了项目建设,一切为了增比进位。近年来,昆明开通软环境建设网上投诉信箱,已有115个市属部门在线受理群众的投诉举报。例如,昆明广播电视台对五华、盘龙、西山、官渡区政务服务中心窗口的纪律作风进行暗访调查,发现部分工作人员上班时间缺岗、脱岗、迟到、聚集聊天等违反工作纪律的问题。市纪委监察局对涉及问题的36名工作人员进行问责,分别给予诫勉谈话、取消当年评优评先资格、责令做出书面检查、通报批评和调整工作岗位问责。

贯彻落实科学发展观,对领导干部的能力素质提出了更高的标准。提高领导干部统筹协调的能力,增强领导决策和工作指导的科学性、有效性,是其中的一个重要方面。因此,市长挂帅统筹项目建设实际上是在工作中( )。

A. 坚持"两点论"与"重点论"的统一

B. 坚持突出重点为抓手,调动一切积极因素

C. 坚持具体问题具体分析,务求解决问题促进工作

D. 坚持立足全局,协调各方,整体推进,狠抓落实

五、事业责任

案例：彭真立法

彭真有个外甥叫赵维孝，曾经担任过曲沃县人大常委会副主任，是同辈中与彭真见面和交谈最多的一位。2008年，他整理自己与母亲记忆中的点点滴滴，写出一本感情真挚的小册子叫《我的舅父彭真》。书中有这样一段记载：1979年，我陪母亲看望舅父时，舅母张洁清说：你舅舅一辈子坐过两回监狱，一回是国民党的监狱，坐了6年半；一回是咱们自己的监狱，坐了9年，两回一共15年……1929年夏，由于叛徒出卖，彭真在天津被捕。为尽量减少党员、干部的牺牲，彭真在共同关押的政治犯中积极组织串供翻供，成功保护了顺直省委和未暴露的革命力量。入狱后曾患上严重的肺结核和痢疾，生命垂危，以至于狱中党支部准备让他写遗嘱，后因地下党组织每月设法送进监狱的两瓶鱼肝油，方才保住性命。1935年刑满释放出狱时，他瘦得像根电线杆。

1966年5月，任"文化革命五人小组"组长的彭真因为替罗瑞卿、吴晗做了实事求是的辩解，受到林彪、康生等人迫害，成为"文化大革命"中第一个被揪斗、被打倒的对象，失去人身自由达12年之久，其中有9年是在秦城监狱度过的。"文化大革命"期间，彭真80多岁的老母亲被定为"地主分子"，受到了批斗和迫害；彭真的二弟傅懋信被打成"现行反革命分子"含冤而死。

劫后重生的彭真在第六次全国人民代表大会上当选为全国人大常委会委员长，痛定思痛，他更加清晰地看到，"管理国家，一定要靠法制"。彭真说："50年前，我在蹲国民党监狱时，为掌握斗争武器，对《六法全书》有过认真的研读，让我无意中完成了法学基础知识的储备；而30年前我在蹲我们自己的监狱时同样没有荒废，靠女儿送来的书，用嚼烂的米粒当糨糊，一条一条，将重点内容标注出来，出狱时竟多达30余册，为日后领导新中国立法工作打下了扎实的基础。……随着全党全国工作重点转移到社会主义现代化建设上来，国家必须发展社会主义民主和健全社会主义法制,这也是我对一场浩劫、一段切肤之痛的反思和总结吧。"

在彭真主持下,仅用3个多月,就制定了新中国第一部《刑法》《刑事诉讼法》《地方各级人民代表大会和地方各级人民政府组织法》《全国人民代表大会和地方各级人民代表大会选举法》《人民法院组织法》《人民检察院组织法》以及《中外合资经营企业法》共7部重要法律。

作为市长,你认为事业心与责任心的养成重在(　　)。

A. "信念坚定",把理想高高举过"头"顶
B. "为民服务",把宗旨深深烙在"心"里
C. "勤政务实",把发展紧紧抓在"手"中
D. "敢于担当",把责任稳稳扛在"肩"上

六、调查研究

案例:怎样对待农民运动

大革命时期,随着国共合作的深化与北伐战争取得重大进展,革命形势不断高涨,以毛泽东、谭平山等人为代表的中国共产党人开始主张深化农村土地革命,发展农民运动。当时,农民协会已遍及粤、湘、鄂等17个省,全国200多个县成立了县农民协会,会员达915万多人。农民运动的蓬勃发展,冲决了几千年专制制度的基础,从根本上动摇了帝国主义和封建主义的统治,引起了中国社会的极大震动。土地革命与农民运动对农村社会的冲击触动了以地主豪绅阶级为主体的中国国民党右派的利益,故而引起了他们猛烈的抨击。他们极端仇视轰轰烈烈的农村革命,咒骂农民运动是"痞子运动""惰农运动""糟得很"。民族资产阶级和革命队伍内的中间派,也跟在反动派后面叫喊农民运动"过分"。

面对日益高涨的农民运动和日趋尖锐的阶级斗争,中共中央内部以陈独秀为代表的右倾错误指导方针却继续发展,并逐步在中央领导机关中占据了主导地位。他们因严格奉行共产国际所指令的"国共合作"方针而坚

持维护与国民党的合作,力主回避农民运动所带来的矛盾以迁就国民党。他们屈服于地主势力和国民党右派的压力,故而也对土地革命及农民运动产生了极大的质疑与责难,跟着指责正在兴起的农民运动"过火""过左",是所谓的"左倾幼稚病",并对农民运动的发展做了种种的限制,力图通过限制工农运动的发展来消除国民党右派的"误解",拉住资产阶级。这些对农民运动的发展无疑具有重大的不利影响。

在这样的舆论环境下,为了解释与回击来自党内外的质疑、不满与责难,澄清中共党内对农民运动的偏见,毛泽东以中共中央农民运动委员会书记的身份,于1927年1月4日至2月5日间,用32天的时间,回到农民运动发展最为蓬勃的湖南省,步行700多公里,对湘乡、湘潭、衡山、醴陵、长沙等几个县进行了实地考察。在考察过程中,毛泽东同志广泛地接触和访问广大群众,召集农民和农民运动干部,召开各种类型的调查会,掌握了大量的第一手材料,撰写了《湖南农民运动考察报告》。1927年3月间开始在中共湖南区委机关报《战士》周报上公开发表。

当时党内以陈独秀为首的右倾机会主义者,不愿意接受毛泽东的意见,为了迁就国民党,宁愿抛弃农民这个最主要的同盟军,使工人阶级和共产党处于孤立无援的地位。但当时主管中共中央宣传工作的瞿秋白非常重视这个报告,他于3月间在中共中央机关刊物《向导》周刊发表了这篇文章的前两章。4月,汉口长江书店以《湖南农民革命(一)》为书名,将《湖南农民运动考察报告》以单行本出版发行。 瞿秋白在为该书所做的序言中说:"中国革命家都要代表三万万九千万农民说话做事,到战线去奋斗,毛泽东不过开始罢了。中国的革命者个个都应当读一读毛泽东这本书。"

1927年5月27日和6月12日,共产国际执委会机关杂志还以俄文版和英文版予以转载,这是毛泽东第一篇被介绍到国外的文章。英文版的编者按说:"在迄今为止的介绍中国农村状况的英文版刊物中,这篇报道最为清晰。文字精练,耐人寻味。"

本案例告诉我们:善于调查研究不仅是谋事之基,而且是成事之道。调查研究是( )。

A. 领导者的最基本的工作方法
B. 领导者的最基本的思想方法
C. 领导者开展思想政治工作的有效途径
D. 领导者决策的基础

七、公正包容

案例：波尔的选择

在世乒赛中，有一场令人难忘的球赛。那并非是一场决赛，而是一场淘汰赛，中国选手刘国正对德国选手波尔，胜者进入下一轮，负者则只有打道回府，再无机会。两强相遇，打得难解难分。在第七局也是决胜局里，刘国正以12比13落后，再输一分就将被淘汰。就是这关键的一分，刘国正的一个回球偏偏出界了！极度沸腾的场馆顿时寂静无声，观众们似乎不敢相信眼前的一切，刘国正自己好像也懵了，愣愣地站在那里；波尔的教练已经开始狂呼胜利，准备冲进场内拥抱自己的弟子。而就在这一瞬间，波尔却优雅地伸手示意，指向台边——这是个擦边球，应该是刘国正得分。就这样，刘国正被对手从悬崖边"救"了回来，而且，最终反败为胜。

这是一场足以震撼世人的经典之战！不仅是因为双方选手的高超球艺，也不仅是因为刘国正在绝境中的坚韧不拔，更因为波尔那个优雅的手势。对于波尔，夺取世界冠军是梦寐以求的愿望，却屡屡失之交臂。这一次，他再次如此接近自己的梦想，只要赢下那一分，就可以顺利晋级。而这个球是否擦边或许只在0.01厘米之间，观众看不到，对手也看不清楚，而即便是裁判也可能错判。但是，波尔却毫不犹豫地选择了主动示意。波尔失利了，同时赢得异国观众雷鸣般的掌声。赛后，记者们追问他为何要这么做。他只是轻描淡写地说了句："公正让我别无选择。"

本案例告诉我们，波尔的选择说明（　　）。

A. 公正与包容是一种深厚的涵养，是一种善待生活、善待别人的境界

B. 公正与包容是一种正能量，可以使人的心灵得到慰藉与升华

C. 公正与包容是有底线和有原则的，否则包容就会变成纵容

D. 公正与包容应该用在道德的层面，而不应该用在法律上，否则将导致社会混乱和不公

八、自律法制

案例："川北圣人"张澜

张澜一生追求真理践行民主，以浩然正气敢与邪恶势力做坚决斗争。早在1911年参加保路运动，被有屠夫之称的四川总督赵尔丰关押，刀架在脖子上枪顶着胸口，他就是不投降，还要据理力争。抗战期间，蒋介石要反共限共时，张澜当面去质问，共产党抗日是大好事，为啥要反它、限它？蒋介石制造了皖南事变，张澜对其行为表现极大的谴责，与中共合作揭露事实真相。

抗战即将胜利，而蒋介石还要行其独裁之道，张澜力谏实行民主宪政，并揭露蒋介石集团假宪政的阴谋。抗战胜利了，蒋介石却要独摘桃子，抢夺胜利果实，逼迫民主革命团体参加伪国民大会，张澜不畏淫威，领导民盟拒绝参加伪国大。

1955年，张澜逝世时，陈毅在悼文中这样写道："当时反抗蒋政权就要冒生命的危险，但是张澜主席所领导的民主政团同盟，竟敢和蒋介石分庭抗礼……这是一个考验。"

张澜的民主思想虽然不能奈何掌握武力的蒋介石，但却推动民间进步思想的发展，推动了反独裁的民主浪潮。为了争取早日抗战胜利，为了粉碎国民党独裁阴谋，张澜与中国共产党积极合作，为中国统战做出了重要贡献。

九一八事变爆发后，作为四川名宿，张澜各方奔走、联络，积极支援抗战；作为国民参政会的参政员，他在会上一面呼吁加强合作，团结抗日，一面痛斥汪精卫等人的投降理论，号召"全国同胞认清形势，坚定意志，

增加抗战力量，争取最后胜利"。

民主政团同盟成立后，张澜经常在特园领导同盟活动，这儿同时也成为民主人士和共产党人经常聚会的地方，周恩来、董必武、吴玉章等中共领导人与民主政团、民主人士接头，讲形势、讲党的政策，所以得到了"民主之家"的称号。

在西南地区，张澜德高望重，而许多军政要人都是他的学生和下属，他鼎力协助中共积极争取西南实力派扩大统一战线。1935年，张澜协助中共做争取川康首脑刘湘的统战工作。中共派的张曙时通过张澜介绍成了刘湘的幕僚，做争取刘湘的工作。在张澜的促进下，刘湘委托张澜、鲜英、钟体乾等与李一氓商谈，达成中共与川康联合反蒋抗日的秘密协定。

西安事变后，张澜又促成刘湘公开提出"抗日、民主"口号，与蒋介石抗衡。为了配合解放军进军西南、解放四川，张澜加紧对西南地方实力派、军政首脑刘文辉、邓锡侯、潘文华的策反工作。他们在张澜和四川有关方面的争取、说服下，在中共统战政策的感召下，于1949年12月在彭县起义，粉碎了蒋介石退守西南、"川西决战"的阴谋。

为了民族的独立、国家的富强，张澜与共产党密切合作，而与蒋介石独裁集团极力斗争。中国共产党把他当作好朋友，而国民党虽然恨之但不敢动之，还极力争取之，其原因不仅在于国民党为了夺取国家政权需要假扮民主粉饰太平，而且是因为张澜以其德高望重领导着一个民主党派，是追求民主的一面旗帜。

张澜虽然讲话有点口吃，但在那个战乱年代领导民盟这个重大民主团体是众望所归。他没有世俗的为官钻营之道，而是在默默工作中体现原则，因此赢得了尊重和信任。

毛泽东也曾在天安门城楼上对张澜说："表老啊！你好，你的德很好，你是与日俱进。"德正是张澜一生秉持的基本品性，也是成就其民主事业的重要因素。张澜从小接受了中国传统文化教育，也承继了中国人正直不阿、克勤克俭的优良品质。

他为官一生，清正廉洁、刚正不阿、正气凛然，富贵不能淫，威武不能屈。他曾写有座右铭"四勉一戒"：人不可以不自爱，人不可以不自修，人不可以不自尊，人不可以不自强，而断不可以自欺。早年在四川为官八年，张澜先后担任了川北宣慰使、四川嘉陵道道尹和四川省省长，得到百姓口中的"川北圣人"的美称。

他的夫人依然在家务农，家徒四壁，就连别人想陷害也找不到一点把柄，其弟想托他找个闲差赚几两薄银都被他劝回。为反对蒋介石独裁，张澜四处为民盟筹经费，但就是在穷得看不起病的时候，都没动一下自己掌握的只有刘文辉等少数人知道的1700万银元的巨款。他当了共和国副主席后，依然布衣长衫，住在一个不起眼的四合院中。他为国事操劳，为政治协商……年逾古稀，奔走不息，而逝世后留下的只有一个装着补丁衣服和袜子的破箱子。

本案例告诉我们，作为领导者，应该时刻在从政的职场注重增强（　　）。

A. 自律与自我意识

B. 自律与自制意识

C. 自律与自警意识

D. 自律与自省意识

参考答案

一、科学决策

C（40%）　　A（30%）　　B（20%）　　D（10%）

二、依法行政

B（40%）　　A（30%）　　D（20%）　　C（10%）

三、创新应变

A（40%）　　C（30%）　　B（20%）　　D（10%）

四、统筹协调

D（40%）　　C（30%）　　B（20%）　　A（10%）

五、事业责任

A（40%）　　B（30%）　　C（20%）　　D（10%）

六、调查研究

A（40%）　　D（30%）　　B（20%）　　C（10%）

七、公正包容

A（40%）　　B（30%）　　C（20%）　　D（10%）

八、自律法制

A（40%）　　B（30%）　　C（20%）　　D（10%）

试题三　县委书记管理岗位胜任力案例测试题

一、公正包容

案例 1：如何面对未来"搭档"

2012 年春，市委对晋阳县县长进行调整，主要人选有两个：一个是韩丽君（女）。该同志大学毕业后在县一中任教，2002 年调县教育局工作，2005 年任新荣镇副镇长，2007 年任团县委书记，2009 年通过公开选拔，担任晋阳县副县长。一个是刘辉。该同志系研究生学历，有基层工作经历，文字功底扎实，在市委办公厅工作 5 年，2008 年任汾河区委副书记。时任晋阳县县委副书记的陈涛得到这个信息后，感觉这两位未来书记的"搭档"均不太合适，便找县委书记李鑫进行了私下交谈。陈涛说，韩丽君的工作经历与政绩均无可挑剔，是个政治上强、品行好、有能力的优秀女领导干部，但在我们眼里，她毕竟是"小字辈儿"，政府这个摊子我担心她难以驾驭，有个闪失，"板子"都会记在你书记的账上。当然，在县里较长期地与女性"搭档"也有诸多不便。刘辉这娃是个好苗子，问题是他爸是你的老上司，他来晋阳，我担心你对他重不得也轻不得，时间长了反而遭来是非。市委对晋阳县县长人选的调整，李鑫早有耳闻，也有过一些想法，听了陈涛这番话之后，经过深思熟虑，他决定（　　）。

A. 出于公心，直接找市委书记或组织部长提出异地交流或更换人选的建议，使自己的意见得到上级认同（20%）

B. 沉着冷静，待考察组或上级领导征求意见时再提出自己中肯的意见或建议，争取能够获得最佳"搭档"（30%）

C. 不予理睬，组织上考虑干部问题无须心浮气躁急于表述自己的意见或建议，与什么类型的干部都能合作共事（40%）

D. 积极参与，委托副职或老领导出面，争取能够推荐自己信得过靠得

住的干部得到任用，有利于班子团结（10%）

案例2：选配乡镇长的决定做出之后

2012年6月，为适时召开县"两会"并进行换届，新城县委做出了调整乡镇长的决定。至于用什么办法调整？怎样调整？则由县委组织部拿个具体方案。一时间，县里有资格、有"想法"的干部们都在议论此事，有的甚至开始"走动"，不惜请"各路诸侯"出面游说。县委常委、组织部长为把此事办好，在外出考察的基础上，拿出三个方案：一是按照惯例，由县委常委提名，组织部门进行考察，最后由县委常委会决定人选；二是学习兄弟县市区经验，采取在推荐、竞职演讲方式基础上，由县委全委会投票产生被考察人选，最后由县委全委会差额投票决定人选；三是采取公开选拔方式，在对符合报考条件的干部进行笔试、业绩评价、面试的基础上进行考察，最后由县委常委会或全委会决定人选。按说这三种方式都是选拔领导干部较为成功的方式，可县委书记路浩对此就是兴奋不起来，原因是来自方方面面的说情风，尤其是老上级、老领导、老同学乃至亲戚朋友们的电话、信件与邀请，使他心情烦躁。但思考再三，路浩还是选择了（　　）。

A. 公开承诺，靠真本事吃饭，采取公开选拔方式产生乡镇长（30%）

B. 改革创新，学习成功经验，采取县委全委会决定干部的方法（40%）

C. 积极稳妥，相信各位常委，能够推荐出德才兼备的干部（20%）

D. 有张有弛，留下一定职数，适时考虑解决一些干部方面的难题（10%）

案例3：刘书记听到的闲言碎语

县委书记刘明在榆阳工作期间，曾经在自己的扶贫"联系点"资助过两个贫困家庭的小学生。每年春季和秋季开学时，他坚持到村，将2000元钱分别送给孩子们的家长，下乡或途经该村时，也会将一些学习生活用品带去，并勉励孩子们好好学习，长大后做对社会有用的人。2012年，刘明调任昆山县，但资助这两个学生的事从未间断。刘明说，小青和小明目前均升入初中，能够资助他们读到大学我就放心了。

时间长了，这件事被媒体做了报道，还引起不小的轰动效应，负面的东西当然也接踵而来，使得刘明十分憋屈："县委书记真会作秀，芝麻点的事还大张旗鼓地宣传，资助两个学生固然好，可贫困农村何时才能脱贫呢？堂堂县委书记应该抓大事"；"咱们这地方有个说法，领导干部由后山挪前山，再由前山挪平川，'挪'到平川意味着将提拔重用。刘书记才'挪'到前山，说不定还要在昆山资助学生呢！""领导干部嘛，到哪里也要讲政绩，要是我，对负面的东西一定要理直气壮，及时给予回应，甚至一查到底！政治生态营造不好，还谈什么前程……"

面对诸多闲言碎语，刘书记决定（　　）。

A. 公开回应，领导干部在媒体也要有话语权，必须坚持正面引导(20%)

B. 不予理睬，领导干部在日常细微的处事方面，无须左顾右盼(30%)

C. 一如既往，坚持把该做的事做好，哪怕是小事也要做到尽善尽美(40%)

D. 认真反思，找比较合适的机会给上级做出解释并表明态度(10%)

二、事业责任

案例1：县委书记包村"理乱"

位于城乡接合部的贾村耕地面积5300亩，人口2800余人，交通便利，农业资源丰富。还是上党地区赛社文化、乐户文化、傩戏文化的发祥地。该村的社火还是国家级非物质文化遗产。贾村曾一度兴旺，得益于上千万元的土地流转征地款。由于财务管理混乱，部分村干部违法乱纪，短短3年时间，不仅这笔巨款挥霍殆尽，欠下近两百万的债务，而且连村委换届选举也没有完成。宅基地乱批乱占，自来水管网破坏严重，村容村貌脏乱差，村庄管理混乱无序。愤怒之余，村民们多次集体进京上访。一个好端端的红旗村成了人见人怕的混乱村。县委书记张志强走马上任以后，贾村的问题引起了他的关注。按照市委要求各级主要领导干部蹲点包村解难题的要求，他准备主动要求蹲点贾村，解决这个"老大难"村的稳定发展问题。面对这样一个问题成堆、派性严重、村风不正、管理无序的"老大难"村，四大班子中许多同志不主张他选贾村。原因是新来乍到，情况不熟，要包也是在先进村、中等村方面考虑，否则不仅不能治村理乱，反而过多分散精力，影响书记与县委形象。听了这些忠告，张志强还是决然一试，将包村蹲点定在了贾村。通过调查研究，将工作的突破口放在了（　　）。

　　A. 通过挖掘国家级非物质文化遗产实现文化兴村（10%）

　　B. 从干部作风问题入手规范村级管理（30%）

　　C. 通过解决群众反映最强烈的问题来唤回民心（20%）

　　D. 选好配强"两委"班子（40%）

案例2：古树该不该砍

　　宁城为历史文化名县。2013年春，该县按照小城镇建设的总体目标，对县文化广场实施了改扩建工程，为确保工程进度，将妨碍文化广场楼座的两株近800年的古槐树砍掉了。随着工程的进展，文化广场东侧的20株银杏树也将被砍伐。该县32名人大代表痛心疾首，联名提出议案，主张在痛失古树处立碑铭耻。对此，全县上下引发了各种议论。

　　为给全县干部群众一个说法，县委书记刘新龙出席了由县长主持召开的听证会。会上形成了两种意见。一种意见认为，文化广场改造工程关系重大，牺牲一些成本在所难免，不必大惊小怪，我们县城里像这样的古树还有很多；另一种意见则认为，人大代表的联名议案可以警示后人，是个很好的保护措施，否则，每任县领导班子都为重点工程去砍掉几株古树，宁城的人文优势将不复存在。会议开了半天，究竟是加快工程进度还是设法护树，大家还是争论不休。当晚，刘新龙彻夜难眠。

　　事业心与责任心促使他做出决定：第二天必须召开一个专题会议，

讲一讲保护珍稀古树与人文环境同重点工程二者的关系，重锤敲一敲一些领导干部们以文化名城独尊建城，又肆无忌惮地毁城。讲话的重点应该放在（   ）。

　　A. 从谁毁我们的历史人文生态我就撤谁的位子直至送交法庭来讲生态意识的养成（20%）

　　B. 从量变和质变规律入手，阐明量变积累到一定程度，就不可避免地引起质变（10%）

　　C. 从科学发展与规划的前瞻性上阐明靠牺牲生态、人文环境来搞建设是完全错误的（40%）

　　D. 从尊重人大代表和人民群众的呼声入手，倡导和树立科学发展的理念（30%）

案例3：面对下属的讨教

　　县委办副主任王大伟在东荷镇石磨村"扶贫"期间，为使农民增收，曾经以村种子协会名义专程到市"农业技术推广中心"为20户村民购买了玉米优良种子。不料这些种子是"农技中心"误购的伪劣品种，大面积减产已成定势。受害村民们情绪比较激动，有的要到村委会、镇里甚至县里去讨个说法。村"两委"干部虽然做了不少工作，但收效甚微。情急之下，王大伟主动找县委书记许会敏汇报了情况并讨教处置良策。许会敏听后说，"你积极报名参加扶贫工作队，想在基层得到磨炼，是个肯干事的好苗子，虽然误购劣质种子，但你的初衷应予以肯定，应该放下包袱，积极应对。至于应对的办法主要有四个方面供你参考吧！"

　　假如你是许书记，你认为最关键的是（   ）。

　　A. 对村民的徒劳与损失表示歉意并做出承诺，与村"两委"干部们积极商讨补救办法（30%）

　　B. 及时通过协商甚至法律程序向市"农技中心"讨回合理赔偿（40%）

　　C. 对"协会"组织的各种经营活动健全风险防范机制，总结经验教训，举一反三（20%）

D. 考虑到县委的形象，必要时以县里名义出面协调解决（10%）

三、自律法制

案例：调查研究

按照县委关于新农村建设的调研计划，县委副书记李伟民带领一个小组（成员有党办主任尹晓勇、研究室主任刘小辉）要在高阳镇重点调查两个社区、两个行政村，走访部分农民家庭，并召开不同类型的座谈会以及查看相关文件材料。李伟民系高阳人，在三天的调研期间，他特意安排没有来过高阳的尹晓勇到国家级森林公园去参观半天，而自己则回家探望了父母。镇党委书记、镇长为接待好李伟民，特意在煤乡酒店安排了宴请。

调研的实际工作情况是，无论走访还是召开座谈会收效都不大。在李伟民感到有些进退两难时，高阳镇副书记王军兴高采烈地拿来一份稿子说，"李书记，这是新泽镇（与高阳相邻）关于新农村建设的调研报告，观点、文字都不错。我看可以解决您调研的难题。剩下的时间，您可以轻松轻松，我们再陪你们上山去转转。" 李伟民将这份稿子大致翻阅了一遍，感觉这份稿子确实写得不错，尹晓勇、刘小辉也没有表示不同意见。

县委书记知道此事之后，认为李伟民在以下四个方面做得很不好，缺乏领导干部起码的自律。最为严重的是（　　）。

A. 借工作之便接受宴请、探亲和安排下属游览（10%）

B. 工作作风漂浮，随意性强（40%）

C. 对待调研"走马观花"（30%）

D. 对调研成果"移花接木"（20%）

试题四　县(市、区)长管理岗位胜任力案例测试题

一、依法行政

案例：张五妹上访

2009年9月22日，滨江区所属西武镇政府为兴建财政办公楼和企业办实业楼，在不具备拆迁强制执行主体资格情况下，将民妇张五妹的临建房强行拆除。情急之下，张五妹拨打"110"报警，临江分局巡警赶到现场后，认为张五妹"虚报案情"，妨碍政府公务，反而被治安拘留7天。为讨个"说法"，张五妹开始走上了上访之路。

2010年11月，《人民日报》收到了张五妹反映镇政府一些违法乱纪问题的来信后，在读者来信版"耳闻目睹"栏目做了相关报道。与此同时，《人民日报》还函告当地市委，希望能督查张五妹反映的情况，妥善解决这一问题。

上访期间，张五妹不仅耗尽家财，债务缠身，而且还作为被告，以"侵害名誉权"的罪名赔偿西武镇政府侵害费5万元。滨江市委书记得知这些情况后指示：立即组织人员把事情了解清楚，按有关法规、制度严肃处理，决不包庇。滨江区委、区政府调查后认定：西武镇政府在强行拆除张五妹临时建筑事件中不具备执法主体资格，所发出限期拆除的通知亦不具备法律效力，做法是错误的，西武镇政府现用实业楼无报建手续，违反了城建规划有关规定。上级领导做出了责成西武镇党委、政府向张五妹道歉、给予相应补偿以及依法追究强行拆除组织领导者的责任的决定。由此，西武镇政府向滨江区法院提出撤诉申请的同时，镇党委书记、镇长还向张五妹正式道了歉。

互联网上，网友们也点击到了滨江区委、区政府做出的《端正态度加

大力度，认真处理西武镇违章拆除张五妹临时建筑等问题》的意见。

本案例给我们的启示是（　　）。

A. 行政法规具体执行起来很难，实际工作中还是要靠领导、靠政府的力量来推动

B. 法律是一切社会秩序的保证，行政法规是行政人员不可逾越的"红线"

C. 依法行政是必须遵守的前提，但特殊情况下也要有一定的灵活性

D. 依法行政，就是严格按照法律授予的职权去履行职责，行使权力，不得渎职和越权

二、科学决策

案例：科学决策贵在取信于民

1968年出生于北京的谢兰，曾就读于北京五中，1986年考入北师大外语系学习，1990年赴美国，入读布林默尔女校。毕业后在华尔街从事公司并购的工作。2001年辞职做全职太太，其间涉足社区政治。在美国，亚裔和华裔大多致力于赚钱和从事科研的工作，而谢兰则积极参政并从社区服务做起。谢兰定居新泽西后，当时的市长发现她有从事金融工作的经历，就聘她到市政府的预算和金融委员会做了顾问。谢兰凭借自己的才华与亲和力，赢得了选民的广泛信任，也赢得了民主党、共和党两党的欣赏，从2003年至2006年两度当选为蒙哥马利市市长。

在市长任上，有一件事情的处理上让谢兰刻骨铭心。在市政发展规划中，政府提议在蒙哥马利市建立经济发展区或者商业区；在市政发展规划中，政府还提议花2200万美金从新泽西州政府购买了本市辖地内256英亩的原工业土地，目的是把这块土地上的污染清理干净，把这块绿地保护起来。谢兰预感到：对于前者，当地居民肯定满意，因为这既有利于当地经济的发展，也有利于商贸的繁荣，并且还可以增加政府财政收入。对于后者，当地居民肯定不情愿，因为要买地，居民们会多交房地产税。而结果

是前一种提议被当地居民否决了。他们宁愿多交一部分房地产税，也不同意建设经济开发区和商店，理由是，这样会破坏他们的居住环境。在否决建立经济开发区和商贸城的同时，选民们却通过了购买256英亩的原工业土地这项很花钱的方案。目前，新泽西州之所以被称为花园州，与蒙哥马利市政府的决策不无关系。

蒙哥马利市政府的提议与决策说明（　　）至关重要。

A. 尊重民意从实际出发

B. 审时度势与战略眼光

C. 预见性与控制力

D. 事业心与责任心

三、创新应变

案例：苯胺泄漏事故发生之后

2012年12月31日，山西天脊煤化工集团股份有限公司发生一起苯胺泄漏事故。事故发生时，长治市有关负责人没有积极应对，没有在第一时间深入实地调查研究掌握情况，而是听信了"只要污染不出长治就不用往省里报"的意见迟报甚至瞒报了。当时，泄漏在山西境内辐射流域约80公里，波及约2万人。泄漏事件导致河北邯郸因此发生停水和居民抢购瓶装水，河南安阳境内红旗渠等部分水体有苯胺、挥发酚等因子检出和超标。民众质疑为何事发5天才通报事故，长治市有关负责人昨天表示是按规定报告的，"只要污染不出长治的边界好像就不用往省里报"。

根据《山西省突发事件应对条例》第三十条规定：较大以上和暂时无法判明等级的突发事件发生后，应当在两小时内报告省人民政府。经核查，泄漏事故是在邯郸公开报道后的第五天，长治市才有了正面回应。当时泄漏总量约为38.7吨，发现泄漏后，有关方面同时关闭管道入口出口，并关闭了企业排污口下游的一个干涸水库，截留了30吨的苯胺，另有 8.7 吨苯胺排入浊漳河。

2012 年 12 月 25 日,山西吕梁山隧道事故出现瞒报,刚刚出任山西代理省长的李小鹏感到震惊、愤怒。时过 6 天,山西长治又出现苯胺泄漏污染水源迟报。在北京的李小鹏听闻此事,立即连夜从北京赶往现场踏勘,并责令有关部门处理事故、举一反三。李小鹏沉重地说:"现在我们不是从零做起的问题了,是从负做起,所以大家要进一步提高思想意识。我们必须怀着战战兢兢、如履薄冰、如临深渊的心态,敬畏生命、敬畏责任、敬畏制度,切实抓好责任落实和制度执行。"

2013 年 1 月 7 日,长治市市长正式向社会公众道歉。然而这一声道歉,却引来更多不满、追问与愤怒。本案例告诉我们:长治地方政府这种自作聪明的做法,表明在突发事件的应对上( )。

A. 缺乏安全意识与责任意识

B. 缺乏预见性与控制力

C. 存在官僚主义与私心杂念

D. 存在侥幸心理

四、统筹协调

案例:市长的一天

一个普通的周日,对于云中市市长李建辉来说,又一个忙碌的工作日。这位"每天都比太阳醒得早"的市长,结束了在北京 3 天的业务洽谈,向首都国际机场出发了。在机场,李建辉草草解决了早餐,于 8:40 飞降云中后,直奔市政府二楼的会议室,听取了不久将在云中召开的全省造林绿化现场会的准备情况。这个会是去北京出差"攒下的会"。会议结束后,李建辉逐一审批了部分局长、县市长手中的文件,直到 12:15,才接受了有关记者已经约好的采访。

下午 2:50,李建辉主持了"企业破产工作推进会议"。当云中市国资委的一位负责人汇报全市 300 多家破产国有企业 6 万多名下岗人员的情况时,李建辉突然质疑:"你的数字合不上吧?那几个数加起来能有6万?"这位负责人停顿了片刻,然后改口说:"可能计算有误,是4万多……"这位负责人脸上出着汗,只好拿着材料念个没完,李建辉毫不客气地打断:"我有材料,你不用念了。"3年来,云中共拿出32亿元解决这些破产企业的安置问题。但由于一些人长期占有资源,谋取个人利益,不顾职工的呼声,迟迟不走破产程序。对此拖沓的办事作风,李建辉深恶痛绝。

到了4:00点钟,会议的紧张气氛达到顶点。当某部门的负责人拿一些冠冕堂皇的理由推托破产执行困难时,李建辉拍案而起:"惰性!3个月之内必须完成,限期完不成的,停发工资!"

5:30,李建辉紧接着又主持召开了"医药园区和装备园区工作推进会议",这个会议结束时,已是6:50了。

上述公务结束后,各式"小会"才刚刚开始。其中有规划局的一拨儿,民政局的一拨儿,云中五医院的一拨儿……李建辉深有感慨地说,这样的周末,已经算是很轻松了。我这个人不爱赖床,索性还不如早点起来到工地上去。人生苦短,时间是最稀缺的资源。云中市市长的位置只有一个,我当了别人就不能当。所以我特别珍惜云中这个舞台,希望在这里尽可能多地做一些事情。对我来说,忙就是营养,在繁忙中,人生会获得丰富的能量。市长的功能在于统筹协调。

本案例说明:作为县(市、区)长,繁忙中最为重要的协调手段是( )。

A. 守信守时,在推进工作时重在抓落实,统筹协调才有权威性

B. 奖惩并重,对昏庸的官员敢于严厉批评,统筹协调才有效果

C. 掌握实情,不被虚假的数据蒙蔽,统筹协调才有力量

D. 勤政务实,将一般的号召与具体的指导有机地结合起来,统筹协调才有针对性

五、事业责任

案例：约翰·施特劳斯

约翰·施特劳斯在父亲的熏陶下，自幼爱好音乐，梦想成为职业音乐家。早在他19岁时就举办了一系列音乐会，并在各地巡回演出，获得的成就使他很快就与父亲齐名。在维也纳发生革命的时日里，他是国民军乐队的队长，指挥了《马赛曲》和他自己创作的革命进行曲和革命圆舞曲。他的名声在革命以后愈益提高。

1851年开始了富有成就的去国外的第一次巡回演出。自1853年起，施特劳斯担任宫廷舞会音乐指挥；1863—1870年，担任奥匈帝国皇室和王室的宫廷舞会乐队队长之职。1870年，作为圆舞曲和舞曲作曲家，处于荣誉高峰的施特劳斯转向舞台乐的创作。但无论在歌剧与芭蕾舞曲方面的创作均告失败，原因就是失去了生活的体验。从此，聪明的约翰开始逐步培养有别于父亲的观众，他把目光转向年轻人和民族主义者，创作了《维也纳的年轻人》《塞尔维亚进行曲》《捷克波尔卡》等音乐作品。1873年奥地利维也纳世博会上，约翰·施特劳斯演奏了风靡全球的蓝色多瑙河圆舞曲。

约翰·施特劳斯一生，其作品包括圆舞曲168首，波尔卡舞曲117首，卡得累尔舞曲73首，进行曲43首及轻歌剧16部。施特劳斯的创作活动大致可以分为三个时期。

第一时期为1863年以前。在这一时期里，他基本遵循维也纳圆舞曲模式，但已在作品中增加了音乐的表现力。第二时期为1864—1870年。这时，他的创作已趋于成熟，创作了大批至今仍广为流传的著名圆舞曲，如《蓝色多瑙河》《维也纳森林的故事》等。第三时期为1871—1899年。施特劳斯虽然又写出了著名的《南国玫瑰圆舞曲》《春之声圆舞曲》《皇帝圆舞曲》等，但主要从事轻歌剧创作。自1871年后的近30年中，他陆续写了16部轻歌剧。在J.奥芬巴赫和F.von苏佩影响下，他充分运用维也纳圆舞曲及其他舞曲体裁，使维也纳轻歌剧别开生面。

在 1894 年举行庆祝施特劳斯从事艺术活动 50 周年庆祝会时，他收到了来自全世界的祝贺和授予他名誉会员称号的证书，这一切显示出这是一次真正胜利的盛会。

1899 年 6 月 3 日，施特劳斯病逝。有人评价他创作就是他的责任。他一辈子就做了一件事，为一件事做了一辈子，那就是让人感受音乐的魅力，让人享受音乐的美好。

本案例的启示在于：作为县（市、区）长，事业心与责任心的养成重在（　　）。

A. "信念坚定"，把理想高高举过"头"顶

B. "为民服务"，把宗旨深深烙在"心"里

C. "勤政务实"，把发展紧紧抓在"手"中

D. "敢于担当"，把责任稳稳扛在"肩"上

六、公正包容

案例：廉颇负荆请罪

战国时期的渑池会结束以后，由于蔺相如功劳大，被封为上卿，位在廉颇之上。廉颇说："我是赵国将军，有攻城野战的大功，而蔺相如只不过靠能说会道立了点功，可是他的地位却在我之上，况且相如本来是个平民，我感到羞耻，在他下面我难以忍受。"并且扬言说："我遇见相如，一定要羞辱他。"

相如听到后，不肯和他相会。相如每到上朝时，常常推说有病，不愿和廉颇去争位次的先后。没过多久，相如外出，远远看到廉颇，相如就掉转车子回避。于是相如的门客就一起来直言进谏说："我们所以离开亲人来侍奉您，就是仰慕您高尚的节义呀。如今您与廉颇官位相同，廉老先生口出恶言，而您却害怕躲避他，您怕得也太过分了，平庸的人尚且感到羞耻，何况是身为将相的人呢！我们这些人没出息，请让我们告辞吧！"

蔺相如坚决地挽留他们，说："诸位认为廉将军和秦王相比谁厉害？"回答说："廉将军比不了秦王。"相如说："以秦王的威势，而我却敢在朝廷上呵斥他，羞辱他的群臣，我蔺相如虽然无能，难道会怕廉将军吗？但是我想到，强大的秦国之所以不敢攻打赵国，就是因为有我和廉将军在呀，如今两虎相斗，势必不能共存。我之所以这样忍让，就是为了要把国家的急难摆在前面，而把个人的私怨放在后面。"

廉颇听说了这些话，就脱去上衣，露出上身，背着荆条，由宾客领路，来到蔺相如的门前请罪。他说："我是个粗野卑贱的人，想不到先生您是如此的宽厚啊！"二人终于相互交欢和好，成为生死与共的好友。

本案例给我们的启示是（　　）。

A. 包容是领导者一种深厚的涵养，是一种善待生活、善待别人的境界

B. 包容是一种正能量，可以使人的心灵得到慰藉与升华

C. 包容是有底线和有原则的，否则包容就会变成纵容

D. 包容应该用在道德的层面，而不应该用在法律上，否则将导致社会混乱和不公

七、调查研究

案例：怎样掌握调查研究的工作方法

抗日战争时期，陕甘宁边区政府曾一度机关臃肿，财政入不敷出。1941年6月3日，陕甘宁边区政府在延安的杨家岭小礼堂召开边区各县县长联席会议，讨论征粮工作和农民负担问题。当天下午，突然大风暴雨，电闪雷鸣，击断了礼堂的一根木柱，延川县代县长李彩云猝不及防，不幸触电身亡。一位农民说："老天爷不开眼，为什么不劈死毛泽东？"保卫部门闻讯，要把这件事当作反革命事件来追查。毛泽东说："群众发牢骚，有意见，说明我们的政策和工作有毛病，要给老百姓减负啊！"由此，毛泽东通过调查研究，认真吸取了党外人士李鼎铭先生的意见，不仅实行了精兵简政的方针政策，还开展了大生产运动，用行动来减轻人民的负担。

作为县（市、区）长，调查研究是谋事之基、成事之道，也是最基本的工作方法和思想方法。因此，掌握调查研究的方法贵在（　　）。

A. 深入实际，身体力行

B. 下马观花，掌握实情

C. 去伪存真，把握规律

D. 微服私访，问政于民

八、自律自制

案例：怎样对待对你"感恩"的人

杨震在担任荆州刺史时，发现秀才王密是个人才，便举荐王密为昌邑县令。杨震后来升官了，做到东莱太守。有一次杨震寻访，在路过昌邑时，王密对他照应得无微不至。到了晚上，王密悄悄来到杨震住处，见室内无人，便捧出黄金10斤送给杨震。杨震连忙摆手拒绝说："以前因为我了解你，所以举荐你；你这样做就是你太不了解我了！"王密轻声说："现在是夜里，没人知道。"杨震正色道："天知，地知，你知，我知，怎么说没人知道！"王密听了，自愧不如，逢人便说："杨震是我的恩师，知人善任，真君子啊！倘若他接受了我的谢意，我不仅害了恩师，也毁了自己。知恩图报，我只有以实实在在的政绩来回报他了。"

作为县（市、区）长，必须时刻在从政的职场增强（　　）。

A. 自律与自我意识

B. 自律与自制意识

C. 自律与自警意识

D. 自律与自省意识

参考答案

一、依法行政
B（40%）　　D（30%）　　A（20%）　　C（10%）

二、科学决策
A（40%）　　B（30%）　　C（20%）　　D（10%）

三、创新应变
A（40%）　　B（30%）　　C（20%）　　D（10%）

四、统筹协调
A（40%）　　D（30%）　　C（20%）　　B（10%）

五、事业责任
D（40%）　　B（30%）　　C（20%）　　A（10%）

六、公正包容
A（40%）　　B（30%）　　C（20%）　　D（10%）

七、调查研究
A（40%）　　B（30%）　　C（20%）　　D（10%）

八、自律自制
B（40%）　　D（30%）　　C（20%）　　A（10%）

试题五 厅（局）长管理岗位胜任力案例测试题

一、事业责任

案例1：厅长与下属谈"做事"

张勇强完成了李厅长交办的一项具体事项并如期做了汇报，李厅长听了汇报后，对事项办理的效果不甚满意。张勇强私下找李厅长讨教时，李厅长说，我们做事情，不能只停留在做，也不能满足于做了，凡事都要努力去做好。我的理解是：完成领导交办的事项是经常性的工作，办事的效率与效果如何则是检验一个干部素质高下的"镜子"和尺度。"做"是一个过程。"做"是"做了"的基础，是"做好"的前提。"做"就是履行职责，"不做"就是失职，就不会有成效，也享受不到做事过程的愉悦和成事之后的快感。"做"是进行时，"做了"是完成时，忙忙碌碌但不见结果或效果很差、坐失良机，其结果是做了也白做。"做了"需要提前量，要为"做好"留有余地，"做了"需要有团队意识、大局意识和整体观念，在"做了"的基础上注意完善和深化。"做好"是"做了"的升华，是做事所追求的目标，"做好"的标准就是动机与效果的统一。要达到"做好"的要求，就必须在"做"与"做了"的过程中高度负责、用心做事、确保成效。李厅长这番话表明：做事的效果最能够反映领导者的（　　）。

A. 主观能动性与创造性

B. 控制力与前瞻性

C. 预见性与号召性

D. 事业心与责任心

案例 2："美丽"感动中国

2012年5月,"美丽"感动中国。

2012年5月8日,在佳木斯市胜利路北侧第四中学门前,教师张丽莉和一群学生正要过马路时,突然,校门口停着的一辆大客车失控,在撞了另一辆大客车后,朝着要过马路的学生冲来。说时迟那时快,张丽莉迅速冲过去拉过了其中的一个学生,又推出了另一个学生,而自己却被大客车碾压在车下,双腿遗憾地被截肢了。

北京卫戍区某团纠察连班长高铁成服役的部队正是当年张思德所在的部队。2012年5月18日,刚结束休假的高铁成在哈尔滨火车站附近的一家面馆吃饭时,燃气阀泄漏发生爆炸,气浪将他冲到门外,他爬起后冲入火海,忍着疼痛,奋力疏散餐馆员工,关闭了泄漏的燃气阀门。在考虑到不关闭电源还会有更大的危险发生时,他又再次冲进餐厅,奋力拉下电闸。爆燃使高铁成左侧脸部大面积烧伤,颈部、胳膊、手、脚均有不同程度的烧伤。

2012年5月29日,杭州长运客运二公司员工吴斌,驾驶客车经由沪宜高速从无锡返回途中,突然被前方大货车上飞来的一块金属片砸碎前窗玻璃后刺中手臂和腹部,他的肝脏破裂及肋骨多处骨折,肺、肠挫伤,在这危急关头,吴斌忍着疼痛,在事发后的76秒内换挡、刹车、将车缓缓停好、拉上手刹、开启双跳灯,完成一系列完整的安全停车措施,并且艰难地站起来,告诉乘客不要在高速路上乱跑,要注意安全,保证了24名旅客的安全,而他自己于6月1日凌晨经抢救无效死亡。有交警介绍说,当时的车载监控仪完整地记录了这既惊险又平静的76秒,也记录了一位爱岗敬业的司机最美的人生绽放。

最美教师张丽莉、最美钢铁战士高铁成、最美司机吴斌的事迹表明:关键时刻能够舍生取义,根本在于( )。

A. 职业道德的养成

B. 奉献意识的养成

C. 责任意识的养成

D. 理想信念的养成

案例 3："罗文精神"

美国作家埃尔伯特·哈伯德所著的《致加西亚的信》一书目前在全球销售8亿册，排名第6。该书叙述了美西战争即将爆发时，美国总统麦金莱急需一名合适的送信人，把信送给古巴的加西亚将军，目的是为了取得战场上的主动权。军事情报局向总统推荐了安德鲁·罗文。

罗文在接到总统交给他的"送信"任务后，马上无条件地立即执行，并克服了常人难以克服的种种困难，将个人的生死置之度外，战胜了艰难险阻，终于在预定的时间内把信送到。罗文这种无条件地执行命令的行为被誉为"罗文精神"。

刘厅长在读完《致加西亚的信》一书后，写了自己的读后感："罗文精神"就是服从命令、忠诚敬业、积极主动、追求卓越、履行承诺的精神，就是全力以赴、勇往直前、不怕牺牲、排除万难、创造性地完成任务的执行精神。"罗文精神"的精华就是主动，主动，再主动！现实生活中，"能把信送给加西亚的人很稀少，因为大多数人选择了平庸"。世界赋予了罗文巨大的褒奖，不仅是钱，更重要的是荣誉。干事创业不在事大事小，关键在于积极性、主动性和创造性的发挥。

倡导"罗文精神"的实质在于（　　）。

A. 提升主动力

B. 提升执行力

C. 提升服从力

D. 提升创造力

二、公正包容

案例 1：怎样对待下属的缺点与不足

刘云峰走上厅长领导岗位之后，在与中层干部们的接触中，发现有的对他很热情，但工作能力一般，在群众中威信不高；有的对他不远不近，但工作能力很强；还有的可能是因为自身资历比较老，对他不是很服气，甚至有时在工作上给他出点难题。对此,刘厅长做了一些分析。

他认为,机关干部对一个新上任的领导存有这些情况在所难免,应该有大局的意识和公正平和的心态加以应对,达到化解阻隔、树立威信、增强亲和力、尽快打开工作局面的目的。对第一种情况,要在工作中更多地鼓励他们熟悉业务,提高能力,克服只唯上、不唯实的缺点与不足,切忌搞团团伙伙;对第二种情况,要在工作中大胆使用、放手放权并能以自己的沉着、果敢与魄力去影响和感染他们,在工作中建立相互信任、相互尊重的良好关系;对第三种情况,首先要对他们表示尊重,其次就是遇事多向他们请教、沟通,生活上多关心,不以势压人、不以权自居,做到原则性要强,人情味要浓。

假如你是一位厅(局)长,对待下属的缺点和不足,采取最好的办法是( )。

A. 批评教育加强督察
B. 正面引导促膝谈心
C. 言传身教典型示范
D. 因势利导激励诫勉

案例 2:怎样对待所谓权威

按照省政府的统一部署,要对省直各厅局创先争优活动进行交叉检查验收。建设厅王厅长带领检查组在对某厅的检查验收中,发现该厅某些方面明显不符合验收标准,但他心里很清楚该厅是省委主要领导多次表扬和肯定的先进典型,如果验收不合格可能会影响省委主要领导的威信。王厅长认为,交叉检查验收是一项严肃的工作,政策性很强,应该坚持原则不动摇,执行标准不走样,严格按照省政府的部署和要求贯彻执行。但他同时也充分考虑到省领导对该厅的肯定与偏爱,也应该对明显不符合验收标准的情况进行甄别。是考虑在政策允许下采取一定的灵活性限期整改,还是直接起草不同意其继续保持先进典型的意见;是如实向上级领导汇报,同领导达成共识再做处置,还是在汇报情况时委婉解释,努力维护省领导的形象与权威，王厅长反而拿不定主意了。

作为领导干部，在面对上级领导的权威时，应该坚持（   ）。

A. 尊重领导意见，按上级领导指示办

B. "将在外君命有所不受"，按原则办事

C. 多请示、多汇报、多沟通

D. 不唯上、不唯书、只唯实

案例3：厅长为农民工讨公道

2010年8月，安徽省籍农民工刘拴柱在一家村办煤矿打工时，由于运煤车斗侧翻，将腰椎折断。其妻子李春娥得知这一情况后，立即从安徽赶至山西，经过与矿主暗中讨价还价，私自签订了一份赔偿协议书，大体内容是：李春娥因此得到2万元赔偿金，刘拴柱由此引起的工伤从此与矿主无关。

刘拴柱、李春娥夫妻回到家乡后不久，经过县、乡医疗部门咨询，李春娥在了解到刘拴柱的腰伤难以治愈情况下，撇下两个尚未成年的儿子大虎、二虎，怀揣2万元赔偿金，不辞而别，远嫁他乡。刘拴柱父子三人生活窘迫，穷病交加，惨状不言而喻。2001年初，刘拴柱为养家糊口，打算变卖家产时，偶然发现了炕席下压存的那份赔偿协议书。真相大白后，年仅16岁的大虎坚持要到山西为父亲讨个说法。于是他靠亲戚、乡邻资助的380元钱，自制了一辆轮椅，推着父亲，徒步千里，居然找到了当时的矿主。但是，现已担任村委会主任的那位矿主以"协议"为由，拒不承担任何责任。于是，大虎又将原矿主告上了法庭。经法庭初步审理，认为大虎诉讼的时限已过，不被立案。此后，大虎推着父亲，整天奔波于上访途中，靠沿街乞讨度日。在万般无奈之际，有好心人提议不妨再到省信访局或劳动部门去碰碰运气。当大虎推着父亲等候在山西劳动厅大楼前时，厅长不仅热心地接待了他们并很快做出批示。

在省劳动部门的通力协调下，废除了当时的"协议书"，由原村办煤矿即现今的村委会为刘拴柱提供医疗费20万元。这笔钱分10年付给，

每年支付 2 万元。事后，这位厅长说，每当提起大虎父子的事，我不禁潸然泪下……

本案例的启示在于：领导干部的品格素养中，（　　）最为根本。

A. 兼容并包

B. 刚直不阿

C. 公道正派

D. 诚实守信

三、自律自制

案例 1：周恩来亲定"家规"

1949 年 10 月，周恩来当选政务院总理，亲属纷纷致信祝贺，不少人示意要在新政府里谋得一官半职。周恩来把他们召集在一起开了个会。周恩来说："旧社会，一荣俱荣，一损俱损。现在是新社会了，不能搞旧社会的裙带关系，我是人民政府的总理，共产党的总理，是干革命的，不能有私心，不能徇私情。如果我介绍亲朋好友到各部门任职，就可能上行下效，造成一种不正常的现象，形成一股不好的风气，危害极大。千里之堤，溃于蚁穴啊！"

为更好地处理家与国的关系，他专门为亲属规定了"十条家规"：(1) 晚辈不准丢下工作专程来看望他，只能在出差顺路时去看看；(2) 来者一律住国务院招待所；(3) 一律到食堂排队买饭菜，有工作的自己买饭菜票，没工作的由总理代付伙食费；(4) 看戏以家属身份买票入场，不得用招待券；(5) 不许请客送礼；(6) 不许动用公家的汽车；(7) 凡个人生活上能做的事，不要别人代办；(8) 生活要艰苦朴素；(9) 在任何场合都不要说出与总理的关系，不要炫耀自己；(10) 不谋私利，不搞特殊化。

不久，来京探望他的晚辈来不及看戏，秘书就叫司机送了一趟。周恩来知道后严肃批评了两个晚辈和秘书："这是搞特殊化！破坏了家规。晚到几分钟，少看一段有什么了不起呀！"并对秘书说："记账上，今晚交双倍车费，扣我工资。"

邓小平曾说："周恩来同志以身作则，严于律己，是我党我军优良传统和作风的化身。"周恩来认为，身为领导"带一个好头，影响一大片；带一个坏头，也要影响一大片"。

周恩来的"家规"启示我们：制度建设对领导干部来说，重在（　　）。

A. 有效监督

B. 身体力行

C. 合理规范

D. 赏罚严明

案例2：一顿饭引来的苦恼

赵厅长在国家行政学院学习期间，有老同学邀请他在御花园酒店叙旧。不料几天后，网上却将此事披露出来。原来老同学在邀请他吃饭时，由其企业家朋友埋单，当时喝了两瓶"茅台"，共消费3万元。企业家的儿子为显摆其父"能耐"，就将此事与网友们吹嘘了一番。赵厅长得知此事后，懊悔不已，不仅亲自将6000元钱交给了老同学，还在班里做了检讨。国家行政学院在以后的各级各类培训班入学教育上，都不免以此为例，要求学员自觉遵守。每当想起此事，赵厅长都会摇头苦笑。

他在日记中特别引用了唐代诗人杜荀鹤在《泾溪》一诗中"泾溪石险人兢慎，终岁不闻倾覆人。却是平流无石处，时时闻说有沉沦。"的名句，以此告诫自己：人在泾溪险石上行走时总会小心谨慎，因此一年到头都没有人掉入水中；而恰恰是平坦无险之处，却常常会有"落水事件"的发生。

本案例告诉我们：领导干部在日常生活与交友中（　　）至关重要。

A. 形象

B. 坦诚

C. 淡定

D. 自律

案例 3：怎样摆脱繁杂事务

2012 年 3 月，张长林厅长脱产参加了为期一个月的由国土资源部在三亚举办的厅长培训班。从 3 月 25 日到 4 月 2 日，开学一周来，张长林的学习生活日程基本正常。在此期间，他主要做了两件事情：一是处理了关于 C 市的重点项目建设用地，二是利用休息日返回省城给省政府专题汇报了 L 市煤炭资源整合以后有关尾矿安全与生态修复。令他生厌的是，学习期间，繁杂的事务和人情往来接踵而至，使正常的学习难以保证。尤其是到了 4 月底，学习将近结束的这一周，忙得更是不可开交。这一周内，他分别三次拜访了海南国土资源厅的同行；还有三次是与同班的同学请吃和吃请。临结业时，他才急忙完成了结业论文的写作。紧张的培训学习与考察结束了，张长林觉得收获平平，他深深地感到：要做学习型领导干部真难，领导干部的学风建设不容忽视。他在自我鉴定的栏目中写道，学风问题说到底是党风问题，关系着党和国家的兴衰成败。

本案例启示我们，要建设学习型组织、做学习型领导干部，从繁杂的事务与应酬中解脱出来，必须有（　　）。

A. 自律与自我意识

B. 自律与自制意识

C. 自律与自警意识

D. 自律与自省意识

四、科学决策

案例 1：推行联产承包制

小岗村位于安徽凤阳县东部的小溪河镇，1978 年"大包干"前仅仅是一个有 20 户、115 人的生产队，以"吃粮靠返销、用钱靠救济、生产靠贷款"的"三靠村"而闻名，每年秋收后几乎家家外出讨饭。在饥饿的逼迫下，1978 年的一个冬夜，在队长严俊昌的带领下，小岗村 18 人冒险按下手印，搞起"包产到户"，做出了生死抉择。纸包不住火。小岗村一下子成了人们关注的焦点，引得各级领导都跑来了。

由于历史原因，领导们的态度自然形成了四种情况：一种是不打招呼，看完了就走人；一种是也看了，也听了，临走时靠眼神说话，使足劲同严俊昌握手告别；再下来的不是公开支持便是非常恼怒，公社书记一气之下，把给小岗村的化肥、农药等农用物资也给扣下了。当时，县、地区和省里不少领导均以不同方式支持了大包干。

1979年10月，小岗村粮食丰收，相当于1955年到1970年粮食产量总和；人均收入400元，是1978年22元的18倍。县委书记陈庭元将这份统计材料送到省委，省委决定在凤阳召开一次"不讲话的现场会"。与会的全区四级干部不听报告、不讨论、不总结，包括小岗村在内实行大包干的几个村子你愿看哪家就看哪家，愿找谁谈就找谁谈。结果在这次"会议"之后，分歧统一了，争议平息了，犹豫者坚定了，大包干在全省很快推开了。

1980年5月31日，邓小平在一次重要谈话中公开肯定了小岗村"大包干"的做法。1982年1月1日，中国共产党历史上第一个关于农村工作的一号文件正式出台，明确指出包产到户、包干到户都是社会主义集体经济的生产责任制。

推行联产承包制的决策依据是（　　）。

A. 深入实际调查研究

B. 充分尊重参谋智囊的作用

C. 审时度势与战略眼光

D. 尊重民意从实际出发

案例2：建立社会主义市场经济体制

1992年1月，88岁高龄的邓小平再一次来到武昌、深圳、珠海、上海等地进行视察，充分肯定了深圳等地在改革开放和建设中所取得的成绩，并在视察中发表了一系列重要谈话。主要内容是：要坚持"一个中心，两个基本点"，否则只能是死路一条。基本路线要管100年，动摇不得；要坚持社会主义和改革开放,改革是解放生产力,也是发展生产力;改革开放要大胆地闯,大胆地试,不要被姓"资"姓"社"的争论所困扰。判断的标准,主要看是否符合"三个有利于",即发展社会主义社会的生产力、增强社会主义国家的综合国力和提高人民的生活水平;计划和市场都是手段,计划经济不等于社会主义,资本主义也有计划;市场经济不等于资本主义,社会主义也有市场。要吸收和借鉴当今世界各国包括资本主义发达国家的一切反映现代社会化生产规律的先进经营方式、管理方法;"发展是硬道理"。要抓住机遇,加快发展,关键是发展经济,使我国的经济发展力争隔几年上一个台阶。之后,中央政治局全体会议完全赞同邓小平同志重要谈话,并及时做出了一系列关于加快改革开放和经济发展的决定。

1992年10月,党的十四大召开,会议对邓小平同志南方谈话做出高度评价,并确定了中国经济体制改革的目标是建立社会主义市场经济体制。1992年12月5日,英国《金融时报》宣布邓小平为"1992年风云人物"。

邓小平南方谈话为党的十四大最终决定建立社会主义市场经济体制的决策起了( )的作用。

A. 关键性

B. 决定性

C. 基础性

D. 指导性

案例3:日本科技兴国的战略决策

在第二次世界大战中,日本经济遭到严重破坏,通货膨胀,粮食和日用品奇缺,物价飞涨,全失业和半失业者高达1000多万人。第二次世界大战后,日本经过大约10年的经济恢复期,通过采取"加工贸易立国"战略,调整战前以轻工业为主的产业结构,制定重化工业的经济战略,积极引进世界先进技术的"吸引型"技术革新发展战略,并采用了国家垄断资本主义的管理制度，到 1945 年，日本的主要经济指标先后达到和超过了战前水平。到 1973 年，日本一跃成为仅次于美国的第二经济大国。面对经济大国却仍是"资源小国"的这一"脆弱的花朵"的特点，日本政府、财界、经济学界就今后日本经济发展的前景进行了广泛的讨论，并逐步形成了"科学技术立国"的新战略。

1980 年 3 月，日本政府正式提出了"科学技术立国"的口号，把发展创造性的科学技术定为日本经济发展的国策，并宣称 20 世纪 80 年代将是"日本选择今后发展道路的至关重要的时期"，日本将从"加工贸易立国"战略逐步向"科学技术立国"战略过渡。所谓"科技立国"，就是要充分利用自己"头脑资源"的优势，在继续做好引进、消化技术的同时，加紧开发"自主技术"，以推动生产技术继续发展，以巩固和维护"经济大国"地位，为迅速向"政治大国"过渡创造条件。其主要方法是：改变技术模式，十分注意下一代以至下几代新产业萌芽技术、科学技术的开发培育；加速可替代石油的能源、节能技术和再生能源技术的研究和开发，为建立下一代新产业，即所谓"创造性的知识密集型"产业开辟道路。1987 年底，日本经济的增长速度在主要资本主义国家中名列榜首。

日本科技兴国战略决策的依据是（   ）。

A. 国家垄断，强化管理

B. 引进消化，技术革新

C. 自主技术，头脑资源

D. 经济大国，资源小国

五、依法行政

案例 1：人大代表被拘禁之后

2009 年 5 月 14 日，K 省文化厅所属电教中心主任（市人大代表）刘云生在上班途中，被 H 市法院执行庭副庭长何利等 5 名执法人员的警车拦住。执法人员表示要执行法院判决，催还电教中心所欠金雀音像公司款项 37 万元,否则就要对他执行司法拘留,并当场临时填写了"拘留证"。刘云生一再声明自己是人大代表,希望执行人员按法律程序办理此事,一名执法人员看也没看,随手将刘云生出示的人大代表证撕裂。"欠债还钱,天经地义,人大代表……"于是刘云生被拖上了警车。

电教中心副主任李新立即将上述情况报告给文化厅厅长刘谨,请求厅里出面进行协调。刘谨分别与H省司法厅、省政法委以及H市中级人民法院的有关领导进行了沟通与交涉。"下面的人办事都有个基本程序,有时过火也是为了解决问题,我们做领导的最好不要去干预"云云。刘谨对这些回答很失望。有建议找律师进行咨询并亲自赶往H市人大进行交涉,也有建议作为厅长凡事留有余地,不宜亲自出马,可以默许下面找门子去办,这些年,异地执行或财产保全而非法拘禁人大代表的案例多了去了。刘谨找来律师进行咨询后,终于弄明白了,因为法律明确规定:( )。

A. 对县级以上人大代表,如果采取法律规定的其他限制人身自由的措施,应当经该级人大主席团或者人大常委会许可

B. 对县级以上人大代表,如果采取法律规定的其他限制人身自由的措施,应当经该级人大主席许可

C. 对县级以上人大代表,如果采取法律规定的其他限制人身自由的措施,应当经该级人大常委会许可

D. 对县级以上人大代表进行司法拘留时,司法拘留决定书应由法院院长审批,院长以下执法人员不得随意填写

案例2:是懂法还是法盲

2019年9月23日,S省高管局所属清济高速公司经理、省人大代表郭志民,由于拖欠离阳某道桥公司2350万元工程款被起诉。在法院调解下,郭志民答应尽快偿还债务,截至他被拘禁时,尚有827万元没有还清。当时,D省离阳法院院长高奎带领6名干警以"拒不执行判决"为由,强行将郭志民押解回离阳。郭志民在受讯时,称自己是人大代表,高奎立即指示给郭志民卸去了械具,并将拘押变更为取保候审。高奎说:"我也是一名

人大代表,对代表的权利很清楚。"根据你所掌握的法律知识,你认为高奎的做法是( )。

A. 高奎在得知郭志民是人大代表后,将其转送看守所,随后又将拘押变更为取保候审并卸去了械具,懂法守法,但事前缺乏对郭志民的了解,应赔礼道歉

B. 高奎在得知郭志民是人大代表后,将其转送看守所,随后又将拘押变更为取保候审并卸去了械具,不懂法但还守法,应立即变更为调解加以解决

C. 高奎在得知郭志民是人大代表后,将其转送看守所,随后又将拘押变更为取保候审并卸去了械具,懂法而不守法,应该立即将郭志民送回,由高速公司律师出面调解解决

D. 高奎在得知郭志民是人大代表后,将其转送看守所,随后又将拘押变更为取保候审并卸去了械具,看起来似乎懂法守法,但无论怎样变更,在法律上仍然是采取了强制措施,是在继续违法

案例3:药品集购是改革举措还是违法行政

2019年初,马勇出任卫生厅厅长后,经过对药品购销中存在的行业不正之风的调查发现:普通的西药,出厂价和零售价的差价竟高出一倍、甚至两倍以上,差价所形成的"利润"则分别被医院、批发商、药房主任、医生瓜分,久而久之,这种以"回扣"形式流入个人腰包的行为不仅被行业中认可,而且成了卫生系统中不成文的"规矩"。面对药品价格居高不下,"回扣"风禁而不止的现状,马勇感到仅仅靠岗位人事调配和查处收受"回扣"违纪人员都不是治本之策。为了从机制上杜绝"回扣"现象,局党组经过充分讨论,决定成立一个药品统筹委员会,下设药品分拨站,以药品集购方式对全省医院用药进行集中采购、分拨。

这一改革举措的实质性内容是:医院要购药,必须先将购药款集中到分拨站的账户,分拨站根据医院购药计划到药品批发部门进行集中采购,药品批发部门再将药品按计划(连同发票)分到各医院。由于国家允许在

医院进药时可以提取最高5%的"回扣",因此,票外回扣款从此不再流入个人腰包,而是全部计入分拨站账目。这笔数量相当可观的"回扣"款,按照"药筹会"的规定,70%返还医院,25%归各级市卫生局,5%留给分拨站为日常经费。

这一改革"创举",不仅避免了吃回扣的不正之风,而且有效地补充了医院经费的不足,有关媒体的大量报道、周边地区的学习效法,使得药品集购以及马勇成为当时新闻聚焦的热点。同年年末,省工商局通过"纠风"检查,认为各级卫生部门涉嫌在账外收受大量药品批发"回扣"款项,决定立案调查。经查,省卫生厅成立的药品统筹委员会及其下属药品分拨站没有政府编办的批文,属擅自成立;药品分拨站既不是法人,没有经营资格;未经各级财政审批而刻制公章及建立的账目亦属违法。

工商局说卫生厅违法,有集体受贿之嫌的更充足理由是,药价折让只能用于冲减药品零售价格,并由此来缓解"看病难、买药难、药品价格虚高"问题。而市卫生部门"集购分拨"的结果是一分钱也没有用于降低药品价格,所谓"'回扣'只要没有揣入个人腰包,而是用于集体福利事业就不算违法"的理由是站不住脚的。这是将"回扣"合法化的具体表现。法律禁止的商业贿赂行为并不以个人或单位相区别,单位收受"回扣"所造成的恶果影响更坏、更为恶劣。何况大宗回扣款中有相当部分用于发放劳保福利、报销招待费等,部分职工还有长期借款未还现象。

卫生厅则说工商局阻挠改革,以"法"压人。"集购分拨"是针对医药购销中存在的不正之风而采取的一项改革措施,它的初衷是好的,这样做的效果也是明显的。实践证明,这项改革举措一是保证了药品质量,防止了假冒伪劣产品进入医院;二是将药品折扣全部实行严格管理,用于改善医疗设施,其目的是保护国家和患者的利益,端正医德医风,提高服务水平;三是治理效果明显,有效地防止了个别干部和医务人员犯错误。至于财务方面,符合国家财政部门及国家工商管理局有关规定,均经过审计部门审计,不属于"账外暗中"。卫生部门改革经验,工商部门就应该保驾护航而不是横加阻挠。

本案例给我们最重要的启示是（　　）。

A. 改革创新有个过程，依法行政也有个完善的过程，否则就谈不上改革创新

B. 改革创新必然会付出成本，有些过失在所难免，否则就会挫伤改革创新积极性

C. 改革创新是不竭的动力，依法行政是必遵的前提

D. 改革创新就是要敢闯敢试，但也要有依法行政的意识

六、沟通协调

案例1：如何解决由职权引起的"内耗"

张副厅长所分管的处室同李副厅长分管的处室经常出现工作中互相扯皮、推诿的情况，但在人、财、物的管理和分配中却互相争权争利。久而久之，弄得这两位副厅长的关系都比较紧张。新上任的王厅长了解到这一情况后认为：这是机关工作中普遍存在的一种"内耗"现象，根本原因是领导分工与职责不明。这个问题如果不尽快解决，将严重影响班子团结和机关工作效率。由于权力与职责划分不合理，任何组织都必然产生权力与职责的重叠、交叉。于是，王厅长采取了积极有效的措施，很好地解决了问题。

从沟通与协调的意义上讲，应首选的措施是（　　）。

A. 科学划分处室之间的权力和职责，并以规章制度的形式固定下来

B. 奖惩并重，对个别争权夺利严重的人，进行严厉的批评

C. 根据政府职能转变的要求，责成副职对于自己分管的处室加强教育、检查和监督，达到分工合作有机地统一

D. 主动与两位副厅长进行有效沟通的基础上调整处室之间的权力和职责

案例2：机关后勤工作改革动员会

刘建新出任了某厅厅长后，针对机关后勤工作管理不严、人浮于事、浪费严重的情况，经厅党组研究决定，成立了机关后勤服务中心，并出台了《关于厅机关后勤工作的改革方案》。这一改革举措不仅得到省政府的肯定，而且准备将其作为试点进行推进。为此，厅党组决定召开一个机关后勤工作改革动员会，并特意邀请分管副省长出席讲话。刘厅长没料到的是，这位副省长由于临时性公务活动不能到会。考虑到领导重视的因素，厅办公室情急之下请来了省人大一位副主任，王厅长只是简单介绍了一下情况会就开了。该领导由于不了解这个改革方案及其内容，当请他做"重要讲话"时，他却对这个改革方案中的有关条款与措施提出了严厉的指责。顿时，全场哗然，主席台上的厅领导们也显得束手无策。

假如你是主持会议的刘建新，面对此状，最恰当的沟通方法是（　　）。

A. 对上级领导表示尊重，主动承担同上级领导缺乏沟通的责任，充分肯定上级领导批评的主观动机，虚心接受并积极采纳

B. 对改革方案进一步做出阐述，用解释的语言说服上级，得到共识，坚持改革

C. 借此对改革的认识、目的和意义以及改革、发展与稳定的关系发表深刻见解，再次指出机关后勤工作存在的弊端，并特意指出上级领导在了解了这些情况后，一定会支持我们的工作，支持改革

D. 以理服人，以情感人，稳定会场秩序，统一全厅干部职工的思想，努力维护领导班子的形象

案例3：正职与副职如何相处

陆厅长在走马上任时，市委常委、组织部长薛明与他进行了谈话。薛明特别告诉陆厅长：你在领导身边工作多年，也有基层工作的经验，大家对你的能力和业绩都是认可的，但在厅班子里，你毕竟年轻气盛，要特别注意谦让与沟通。比如老副厅长任进军，是县委书记出身，处事比较果敢，但有时民主作风尚欠，在研究工作时他往往靠热情或经验发

表意见，有时"一把手"的一些意见和决定也不一定信服。如果硬碰硬，时间长了就会闹不和。任进军常挂在嘴上的一番话是：当正职与当副职都要摆正自己在领导班子中的位置。正职与副职合作共事，协调沟通至关重要。

作为厅长，你认为最基本的相处理念与方法是（　　）。

A. 正职与副职在人格上是完全平等的，相互尊重是实现正确领导、做好本职工作、维护班子威望和形象的前提

B. 正职的某些决策有不完善或不妥之处，要勇于和善于接受副职的批评和建议

C. 尽管副职在班子中是助手、参谋，发挥着执行作用，但正职应该以诚相待，不须请示的就放手让副职大胆去做

D. 注意学习副职丰富的领导经验，从中吸取有益的营养，提高自身素质

七、知人善任

案例1：曹操三下"求贤令"

曹操在赤壁战败后，面对孙权、刘备日益强大，天下三分逐渐形成的形势，深感事业的艰难。他从失败中认识到，要完成统一天下的大业，必须罗致更多的人才，以最大限度充实自己的力量。为此，他三次下令求贤。曹操通过总结历史经验，列举历代贤才，认为自古以来的开国帝王和中兴之君没有一个不是得到贤才和他一起治理天下的，因此，得贤才者方能得天下。而德才各有短长，用人不能求全责备，必须因材使用。

曹操作为汉末杰出的政治家、军事家和文学家，在汉末丧乱、三国纷争中能够统一北方，建立了魏国，与蜀、吴成三足鼎立之势，很大程度上取决于他能用人。

其用人思想一是不计门第。东汉末年，世族豪强大地主垄断了选举制度，根据门第、世资推荐、选拔官吏。而对那些出身"微贱"、门第低下的

寒族地主，则是"更相毁誉"，加以打击。出身于小地主阶级的曹操，刻意扭转这种黑暗风气，明确宣布要"拔真实，出华伪，进逊行，抑阿党"。专用门第低下、有所专长的人。

二是随才任使。在曹操周围的人，或长于德而欠以才，或长于才而欠以德。曹操并没去苛求一个人德才兼备，即使那些"负污辱之名、见笑之行，或不仁不孝而有治国用兵之术"的人，也量才使用。当然，曹操并不是重才轻德，而是摒弃儒家伦理道德，以"明法达理"为德。

第三就是不念旧恶。不仅反对过他的人能用，背叛过他的人能用，甚至有杀子之仇的人也能用，重在驾驭。主张唯才是举，不拘一格，得而用之。

曹操用人的基本理念是（　　　）。

A. 拔真实，出华伪，进逊行，抑阿党
B. 唯才是举，不拘一格，得而用之
C. 德才兼备，不计门第，明法达理
D. 不念旧恶，随才任使

案例2：林肯善于用人所长

1860年，林肯当选为美国第十六届总统。当时正值南北战争期间，他不仅成功地领导美国人民平息了南方奴隶主的叛乱，而且实行了一系列革命性的民主措施，尤其以颁布《宅地法》和发表《解放黑奴宣言》而深得民心。但林肯深知，要取得战争的胜利，关键还在用人。林肯领导的自愿的联邦军（北军）在与奴隶主叛乱的同盟军（南军）作战中，虽然有高昂的政治热情和英勇的斗志，但由于军事准备不如南军充分，加之用人不当，连续打了败仗。选拔优秀军事指挥员，成了摆在林肯总统面前的最重大的课题。陆军部长凯麦隆，无视国家的利益，与一些商人勾结，利用职权，大发战争横财。林肯毫不留情地撤了他的职。于是这个重要职务的人选，成了人们关注的中心。

许多人都向林肯推荐自己的熟人和朋友。当任命宣布之后，众人都感到意外，原来总统新任命的陆军部长，竟是他两年前在办理一个案件时，曾嘲笑他是"乡下律师"，拒绝与他合作的斯坦顿。斯坦顿当时是东部地区赫赫有名的律师。虽然曾经嘲笑过林肯，但林肯深知斯坦顿是忠心联邦事业，很有才气的人。他不仅任用了斯坦顿，而且大力支持了斯坦顿对陆军部的改组。斯坦顿被林肯总统开朗大度、不计前嫌、用人唯贤的作风感动了。在整个战争期间，他也竭诚相报，与林肯总统合作得很好。

还有一位叫格兰特的军官，虽然受到许多人的诽谤和诬陷，但林肯认准他是一个忠诚、精明的将才。林肯用人不疑，及时、热情地支持格兰特，挫败了搞阴谋的人。后来，格兰特成了林肯的全国陆军总司令。

本案例给我们的启示是：要做到知人善任，最重要的是看一个干部是否（　　）。

A. 学有所长，业绩突出

B. 德才兼备，群众公认

C. 经验丰富，适应性强

D. 阅历丰富，业务熟悉

案例3：怎样选配好中层领导干部

2015年6月，赵辰光出任某厅厅长已半年了。由于其前任在干部问题上一直持慎重态度，加上方方面面的复杂情况，厅中层不少岗位长期空缺，不仅影响工作，而且没有很好地调动起大家的积极性。赵厅长雷厉风行的工作作风为业内所称赞，无论从厅党组还是广大干部们的企盼，都认为中层干部是调整的时候了。至于用什么办法调整？怎样调整？则由赵厅长来拍板。一时间，厅里有资格、有"想法"的干部们都在议论此事，有的甚至开始"走动"，不惜请"各路诸侯"出面游说。

厅人事处按照赵厅长的意图拿出三个方案：一是按照惯例，由厅党组成员提名，人事处进行考察，最后由厅党组会决定人选；二是按照中央精神，采取机关中层岗位空缺时以竞争上岗方式产生人选，再由厅党组表决进行任用；三是打破框框，面向社会采取公开选拔方式，对符合报考条件的干部在笔试、业绩评价、面试的基础上进行考察，最后由厅党组表决进行任用。

经过与党组成员们研究，该厅还是选择了（　　）。

A. 公开承诺，靠真本事吃饭，采取公开选拔方式产生人选

B. 采取机关中层岗位空缺时以竞争上岗方式产生人选

C. 积极稳妥，相信党组成员，能够推荐出德才兼备的干部

D. 采取机关中层岗位空缺时以竞争上岗方式产生人选，但留下一定职数，适时考虑解决一些干部方面的难题

八、创新应变

案例1：厅长与下属谈应急

某厅一名处级干部蔺晓阳在担任扶贫队长期间，给厅领导写了一份检查，对其身在事发现场却借故离去承担了责任，表示今后要吸取教训，增强责任意识。郝厅长经过询问，找蔺晓阳进行了诫勉谈话。原来村民赵二憨在为儿子操办喜事时贪图便宜，误购了工业盐煮制了一大锅猪头肉做凉拌菜，不料参加婚宴的亲朋好友大都出现了严重的食物中毒反应。顿时，这场婚宴便乱套了。作为扶贫队长，面对此状却借故厅里有重要会议而离去，造成了一定的负面影响。

郝厅长语重心长地说：作为扶贫队长，首先应视村为家，视百姓为衣食父母，事发时应本能地认识到事件发生的基本原因及其性质。我认为村民赵二憨误购工业盐煮烹肉所导致的是重大食物中毒事件。其次就是能够在第一时间与村"两委"领导迅速向上级领导、紧急救援部门报告情况、积极求救。在此期间，能够采取必要的有效的自救措施。第三就是要敢于拿起法律的武器配合司法机关依法追究赵二憨的刑事责任。而事后呢就是能够通过这一事件举一反三，既能做好关于食品卫生安全与法制的宣传，又能在村民中积极倡导新的社会风尚。蔺晓阳说，与厅

长一席话,胜读百日书。

作为厅(局)长,提高应变能力的基础在于思想上应牢固树立( ),否则就会酿出苦果。

A. 责任意识
B. 忧患意识
C. 防范意识
D. 警醒意识

案例2:培养年轻干部,实现工作创新

某厅在培养年轻干部成长方面有口皆碑。该厅中层干部近年来平均年龄为42.6岁,仅80后的正处级领导干部就占中层干部的22%。2011年,省里公开选拔副厅级领导干部,该厅符合报考条件的就有16人,其中4名入围,2人被任用。他们在工作中朝气蓬勃、思维敏捷、进取心强,优势明显。但也有人说,年轻同志大多心浮气躁,缺乏历练,其不足不容忽视。

厅长雷国柱说,作为厅长,对年轻干部的优势和不足应该有清醒的认识和客观的评价,年轻干部要健康成长就要给他们施展才华的舞台,工作局面要打开,工作思路要创新,就要大胆起用年轻干部。当然,围绕年轻干部健康成长也要在加强学习、加强培养、加强修养、加强党性锻炼、加强历练等方面为他们出课题、加压力。一个单位、一个部门要出成绩、出人才就应加强对年轻干部的培养。

从培养干部的意义上讲,实现创新与培养年轻干部紧密相关。你在培养年轻干部方面的看法是( )。

A. 只要有创新意识,就着力培养
B. 与任何年龄段的干部培养一视同仁
C. 对年轻干部的培养有计划、有目标
D. 对年轻干部的培养向来都作为重点

参考答案

一、事业责任

1. A（20%）　　B（30%）　　C（10%）　　D（40%）
2. A（30%）　　B（20%）　　C（40%）　　D.（10%）
3. A（30%）　　B（40%）　　C（10%）　　D（20%）

二、公正包容

1. A（20%）　　B（10%）　　C（30%）　　D（40%）
2. A（20%）　　B（30%）　　C（10%）　　D（40%）
3. A（10%）　　B（20%）　　C（30%）　　D（40%）

三、自律自制

1. A（30%）　　B（40%）　　C（10%）　　D（20%）
2. A（30%）　　B（20%）　　C（10%）　　D（40%）
3. A（10%）　　B（40%）　　C（30%）　　D（20%）

四、科学决策

1. A（30%）　　B（10%）　　C（20%）　　D（40%）
2. A（30%）　　B（40%）　　C（20%）　　D（10%）
3. A（10%）　　B（20%）　　C（30%）　　D（40%）

五、依法行政

1. A（40%）　　B（20%）　　C（30%）　　D（10%）
2. A（10%）　　B（20%）　　C（30%）　　D（40%）
3. A（20%）　　B（10%）　　C（40%）　　D（30%）

六、沟通协调

1. A（30%）　　B（10%）　　C（20%）　　D（40%）
2. A（20%）　　B（30%）　　C（40%）　　D（10%）
3. A（40%）　　B（20%）　　C（30%）　　D（10%）

七、知人善任

1. A（10%）　　B（40%）　　C（30%）　　D（20%）

2. A（30%）　　B（40%）　　C（20%）　　D（10%）
3. A（30%）　　B（40%）　　C（20%）　　D（10%）

八、创新应变

1. A（40%）　　B（20%）　　C（30%）　　D（10%）
2. A（10%）　　B（20%）　　C（30%）　　D.（40%）

试题六　机关处级管理岗位胜任力案例测试题

一、依法行政

案例：法律法规不可逾越

1968年出生于北京的谢兰，曾就读于北京五中，1986年考入北师大外语系学习，1990年赴美国，入读布林默尔女校。毕业后在华尔街从事公司并购的工作。2001年辞职做全职太太，其间涉足社区政治。在美国，亚裔和华裔大多致力于赚钱和从事科研的工作，而谢兰则积极参政并从社区服务做起。谢兰定居新泽西后，当时的市长发现她有从事金融工作的经历，就聘她到市政府的预算和金融委员会做了顾问。谢兰凭借自己的才华与亲和力，赢得了选民的广泛信任，也赢得了民主党、共和党两党的欣赏，从2003年至2006年两度当选为蒙哥马利市市长。

谢兰的外公周培源是著名的理论物理学家、北大校长，母亲从小在美国长大，父亲在美国学医。他们都是在新中国成立初期知识分子回国热中回到中国的。谢兰说："我的祖辈、父辈留给我最大的精神遗产就是对希望和梦想的追求。他们当年回到中国，是希望用他们在美国学习到的知识和技能开创中国人的新生活，建设一个新中国。而我在美国行使政治权利，就是为了保证我们的下一代有更好的未来，使他们能够尽展才华。"

在市长任上，谢兰曾适时出台了《债券管理法》，使全市的金融业纳入了资本管理。由此，蒙哥马利市政债券的信用评级在整个新州位居前列。因为评级越高，利率就越低，这为纳税人省了不少钱。而省下来的钱又大都花在社区服务上，新建了老人活动中心。美国老人、包括很多华人老人都参与了进来。

市政府的一位职员评价说:"谢市长上任5年来,社区变化很大,人口结构变化也很大。尤其是在金融风暴中,因为我们市政府有规范的行政法规,任何主观意志都不可逾越,更有高素质的金融人才,有比较好的判断,为整个地区减少了很多经济损失。我们喜欢谢兰。"

本案例给我们的启示是(   )。

A. 行政法规具体执行起来很难,实际工作中还是要靠领导、靠政府的力量来推动

B. 行政法规是行政人员不可逾越的"红线"

C. 依法行政是必遵的前提,但特殊情况下也要有一定的灵活性

D. 改革创新就是要敢闯敢试,也要有依法行政的意识

二、学习能力

案例:领导干部要读点原著

群众路线教育实践活动开展以后,政府常务会上,李建县长就学习问题做了重要讲话。他说:"建设学习型组织,做学习型党员干部是党中央提出的重要任务,是建设马克思主义学习型政党的基础工程。只有坚持把学习作为第一爱好来培养,把学习能力作为第一能力来锻炼,才能切实抓好发展第一要务,履行好岗位职责,才能成为一名称职的党员干部。在对待学习理论的问题上,存在两种错误观念。一种观念是认为理论学习很虚、很空,对实际工作、具体实践没什么用处;另一种观念是认为即使理论学习有用、理论思维必要,那也只是对中高层干部讲的,对我们基层干部无关紧要。这两种看法,正是没有对理论特别是马克思主义理论真学真懂真信真用的表现。最近我在政府序列中做了一次调查,调查显示,在机关和乡镇正职中,读过《共产党宣言》的占37.4%;读过《实践论》《矛盾论》的也仅占46.3%。领导干部,仅仅满足于读文件、照章办事是不行的,不主动地读些老祖宗的原著,就会丢掉我们的看家本领,你的领导水平也高不到哪里。下次会议,请局长们谈体会,

再下一次听乡（镇）长的啊！"大家听了李县长这番话，都主动地去找原著来读了。

李县长强调学习时要读点原著，其目的在于提高政府官员的理论素养，因为（　　）。

A. 马克思主义理论素养是党员干部素质的核心，掌握马克思主义理论是党员干部的基本功，理论上成熟是政治上成熟的标志

B. 理论是行动的指南。学习马克思主义理论特别是中国特色社会主义理论，关键是要掌握马克思主义立场、观点、方法，以之观察世界、分析问题、解决问题

C. 只有具备了较高的理论素养，才能有坚定的理想信念，在贯彻党的路线方针政策的过程中保持清醒和坚定，避免片面和摇摆

D. 较高的理论素养，是对大量实际问题深入思考、对丰富经验进行总结归纳的结果

三、调研能力

案例：怎样掌握调查研究的工作方法

中国共产党自成立起，首先是以革命党的姿态，在共产国际的帮助下，采取"拿来主义"，以学习苏联的方式来进行革命的，并且十分渴望到俄国去"全面了解共产主义，把在俄国获得的知识运用于我们的组织"。因此，在探寻中国革命的道路问题上开始也主张城市中心论，即完全照搬俄国革命的方式，实行城市革命来带动农村乃至全国。当城市革命失败后转向农村，以毛泽东为代表的中国共产党人在把马克思主义同中国革命实际相结合的道路上迈出了可贵的第一步。

毛泽东把调查研究作为一种基本的工作方法，不仅到安源煤矿去调查研究，而且对中国社会的各阶级进行调研分析、对湖南的农民运动进行调研分析。毛泽东撰写的《中国社会各阶级的分析》和《湖南农民运动考察报告》这两篇文章都是在党内出现左的和右的倾向的背景下完成的。

以陈独秀为代表，只注意同国民党合作，忘记了农民；以张国焘为代表，只注意工人运动，同样忘记了农民。这两种倾向都感觉自己力量不足，而不知道到何处去寻找自己广大的同盟军。

毛泽东通过对中国社会和对中国农民的调查研究，通过对他们的经济地位、生活状况以及对待革命的态度的分析，以朴实的语言，用摆事实讲道理的文风方法，最后得出结论：工业无产阶级是革命的领导力量，农民阶级是我们的朋友，民族资产阶级左翼可能是我们的朋友，右翼是我们的敌人，一切地主、买办、大资产阶级等则都是我们的敌人；中国的农民运动不是糟得很而是好得很。中国过去革命斗争成效甚少，根本的原因在于敌友不明。

在《改造我们的学习》一文中，毛泽东以总结性的语言指出，党内存在的不良作风，即对马克思主义粗枝大叶，夸夸其谈，满足于一知半解，却以为全面理解了，不注重研究现状，不注重研究历史，不注重马克思列宁主义的应用。如果不纠正这类缺点，就无法使我们的工作更进一步，就无法使我们在将马克思列宁主义的普遍真理和中国革命的具体实践互相结合的伟大事业中更进一步。

毛泽东说："许多人是做研究工作的，但是他们对于研究今天的中国和昨天的中国一概无兴趣，只把兴趣放在脱离实际的空洞的'理论'研究上。许多人是做实际工作的，他们也不注意客观情况的研究，往往单凭热情，把感想当政策。这两种人都凭主观，忽视客观实际事物的存在，实际上是无实事求是之意，有哗众取宠之心，是华而不实，脆而不坚。自以为是，老子天下第一，'钦差大臣'满天飞。这就是我们队伍中若干同志的作风。"针对这一不良作风，毛泽东提出了要实事求是、善于理论联系实际、加强党员教育等一系列解决方法。

习近平同志指出，要摆脱"长、空、假"，办法只有一条，就是加强调查研究，吃透实际情况，经过由此及彼、由表及里的加工制作，才可能形成真知灼见，做到有的放矢。

搞好调查研究的关键在于（　　）。

A. 深入实际，身体力行
B. 下马观花，掌握实情
C. 去伪存真，把握规律
D. 微服私访，问政于民

四、信息整合

案例：成功截译日本偷袭珍珠港密电

日本在偷袭珍珠港之前，日本外务省曾紧锣密鼓地给西南太平洋各地，包括菲律宾、安南、暹罗（泰国）、仰光、马来西亚、印度尼西亚、新加坡以及其他群岛上所有的使领馆发出密电，命令除留下 LA 密电码之外，其余各级密码本全部予以销毁；同时颁布了许多隐语，如"西风紧"表示与美国关系紧张，"北方晴"表示与苏联关系缓和，"东南有雨"表示中国战场吃紧，"女儿回娘家"表示撤回侨民，"东风，雨"表示已与美国开战，共有十几条之多，并明确规定这些隐语在必要的时候会在无线电广播中播出，要求各使馆注意随时收听。一时间，大有"山雨欲来风满楼"之势。

一直关注日本情报的池步洲发现，从 1941 年 5 月起，日本外务省与其驻檀香山（今美国夏威夷州首府）总领事馆之间的密电突然增多，除了侨民、商务方面，竟有军事情报掺杂其中。他加紧了密码破译工作，并对美军的一些情况做了研究，他惊讶地发现日军电码的内容主要是珍珠港在泊舰只的舰名、数量、装备、停泊位置、进出港时间、官兵休假时间等情况。外务省还多次询问每周哪一天停泊的舰只数量最多，檀香山总领事回电："经多次调查观察，是星期日。"这便是后来日军选择 12 月 8 日（星期日）偷袭珍珠港的重要依据。特别值得一提的是，电文中还频繁提到夏威夷的天气：说当地 30 年来从来没有暴风雨，天气以晴好为主。

1941 年 12 月 3 日，池步洲截获了一份由日本外务省致日本驻美大使野村的特级密电，要求他：（1）立即烧毁各种密电码本，只留一种普通密码本，同时烧毁一切机密文件。（2）尽可能通知有关存款人将存款转移到中立国家银行。（3）帝国政府决定按照御前会议决议采取行动。池步洲认为，这是"东风，雨"（日美开战）的先兆。

池步洲做出两点推测：（1）日军对美开战的时间是星期天；（2）袭击的地点是珍珠港。他把译出的电文送给顶头上司霍实子主任，并谈了自己的判断。霍实子点头称是，当即提笔签署意见："查'八一三'前夕日本驻华大使川越曾向日本驻华各领事馆发出密电：'经我驻沪陆、海、外三方乘'出云'旗舰到吴淞口开会，已做出决定，饬令在华各领事馆立即烧毁各种密电码电报本子。'说明日军已决定对我国发动全面战争。现日本外务省又同样密电饬令日本驻美大使立即烧毁各种密电码本子，可以判明日本已经快要对美发动战争了。"

这份密电译文被迅速呈递给蒋介石，蒋介石差人立即通知美国驻重庆人员，让其急报美国政界与军方。早在1941年11月26日袭击发生前两周，罗斯福就亲自收到了英国首相丘吉尔珍珠港即将遭遇袭击的紧急警告。但是由于之前和当时此类情报很多，而美国的判断是日本会先攻击菲律宾，因此并没有在珍珠港增强防御。不过，这场战役是有历史决定性意义的。这次袭击彻底地将美国和它雄厚的工业和服务经济卷入了第二次世界大战，导致了轴心国在全世界的覆灭。

本案例说明，信息整合及其科学处理在现代经济社会发展中起着（　　）的作用。

A. 决定性的作用

B. 至关重要的作用

C. 重要的参考作用

D. 不可或缺的作用

五、事业责任

案例："草鞋书记"杨善洲

云南省原保山地委书记杨善洲退休时，省委书记普朝柱代表省委找他谈话，让他退休后搬到昆明居住，还可以到省人大常委会工作一段时间，但杨善洲婉言谢绝了："我要回家乡施甸种树，为家乡百姓造一片绿洲。"

正是凭着这种坚定的党性观念和宗旨意识，怀着对故土的眷恋和对群众的热爱，杨善洲在退休后的第三天就说服家人，放弃了城市优越的生活条件，回到家乡施甸县无偿担任大亮山林场场长，一干就是22年，建成了面积8万亩、价值1亿多元、完全成材后价值可达3亿元的林场，并将林场无偿交给了国家。

有报道称：他贫穷，粗茶淡饭，衣着简陋，一生没有任何积蓄；他富有，两袖清风，表里如一，雪中送炭出手大方；他固执，执着造林，心无旁骛，老牛拉车不回头；他豁达，淡泊名利，安贫乐道，草帽挨乌纱，平凡铸伟大；对于家人的不理解，他说"忠孝难两全，家国难兼顾"；对于人们的不理解，他说"只要生命不结束，服务人民不停止"。百姓亲切地称他为"草鞋书记""农民书记""百姓书记"。杨善洲说："共产党员不要躲在机关里做盆景，要到人民群众中去当雪松。"

牢记党的宗旨，保持平民干部本色，戴草帽，穿草鞋，深入田间地头搞调研、访民情，每次杨善洲在下乡途中，碰到插秧就插秧，碰到种苞谷就种苞谷。他经常拿出自己的钱来，帮助农村生产队购买良种、肥料、牲畜等。一次，听说保山县大官市大队成立了一个茶叶专业组，没有生产基金，到处借钱，马上给送去了800元。有些人感到吃惊："杨善洲这样埋头苦干和无私奉献图个啥？"杨善洲说："虽然我的职务退休，但共产党员的身份永不退休！只要有我力所能及的事，就要接着帮群众办。"

作为处级领导，事业心与责任心的养成重在（　　）。

A."信念坚定"，把理想高高举过"头"顶

B."为民服务"，把宗旨深深烙在"心"里

C."勤政务实"，把发展紧紧抓在"手"中

D."敢于担当"，把责任稳稳扛在"肩"上

六、自律法制

案例：戴高乐的随身支票

1958年，戴高乐出任法国总统。在任期间，戴高乐勤政廉政的风范，给人留下了深刻的印象。此外，他还在维护民族利益、推行独立自主的外交政策、维护法国大国地位等方面有所建树。

为了把全部精力都用在办理国家公事上，戴高乐在任总统期间郑重其事地请办公厅为自己绘制日程活动统计表，并要求在表中设立"因私外出"的专门栏目。戴高乐把"请牙科医生看病""看望朱安元帅""参观展览会"等如实地计入"因私外出"。他以"因私外出"的统计数字严格要求自己，每年把次数控制在"10次左右"。

戴高乐任总统时，最蔑视唯利是图、损公肥私的人。无论到哪里，戴高乐总是随身带着支票本，以便直接支付个人的私人费用。戴高乐身居总统高位11年之久，他从来不在总统府的开支中报销服装之类的私人费用。有一次，他让国家家具管理局为他做一个书柜，货一交，他就亲手开了支票。当他两袖清风离开政府时，一辆小车就足够搬运他的行李了，并事先拒绝了卸任总统应享受的各种荣誉和优厚的待遇、退休津贴、住房和宪法委员的职位。

戴高乐对亲属子女要求极为严格。1959年1月，他入主爱丽舍宫就给礼宾处约法三章，你们只能邀请我的孩子们参加两次招待会。绝对不能再多。戴高乐不让子女们抛头露面，不搞特殊。他对于在军队和行政部门供职的家庭成员要求更为严格，从没有想到优先晋升他们，更没有想到指派他们到任何一个政府或总统府任职。甚至当他的孙儿们想去参加冬季运动会时，他也不给解决交通和住宿的方便。

英国首相丘吉尔在《第二次世界大战回忆录》中评价戴高乐说："在戴高乐的身上，我却一直看到贯穿在史册中的'法兰西'一词常常表达出来的精神和信念……在他身体上体现了法兰西——一个有着高度自豪感、才能和雄心壮志的伟大民族的性格。"

作为县（市、区）长，必须时刻在从政的职场增强（　　）。

A. 自律与自我意识

B. 自律与自制意识

C. 自律与自警意识

D. 自律与自省意识

七、协调沟通

案例："小虾"吃"大鱼"：洛克菲勒的兼并奇招

大卫·洛克菲勒系世界巨商老洛克菲勒之孙，经济学博士。他参加过第二次世界大战，当过政府公务员，还当过银行职员。在拿到经济学博士学位后，洛克菲勒站在"十字路口"，又面临了人生的选择。他的父亲希望他从事银行工作，也有人劝他去发挥政治上的才能。最后他还是决定到纽约市市长那里去积攒点从政经验。因为他在伦敦读书时，经常去大通银行的分行工作，虽然只是肤浅地了解银行业务。在市政府，他本着"懒惰是最严重的浪费"信条，对时间严格规划，非常轻松地处理好手边的事务，工作成绩令上司满意。但是，在他身上，有一种"洛克菲勒自我中心主义"不时地表现出来。终于，在实习期满时，洛克菲勒的从政生涯便告结束。他说，我对竞选政治不感兴趣，这一领域的危险在于它不停地讨好选民，由他们来决定自己的政治生命等于浪费自己的全部时间。

珍珠港事件发生后，大卫抱着为国效力的想法应征入伍。严格的军事训练，对他与生俱来的优越感又是一个不小的打击。战争结束后，当父亲问他想干点什么时，洛克菲勒这才实实在在地说，我还是干点最简单的吧。在大通银行，他开始从海外部助理这个最低一级的经理做起。两年后，调海外部的拉丁美洲处，之后他在古巴波多黎各和巴拿马开设分行，还创办了一份很有影响的金融季刊《拉美要闻》。1956年，升任大通银行副董事长，这一年大卫刚满41岁。他由部门业务主管一步一步地升任全美最大银行的首脑人物。在华尔街，他创造了比老洛克菲勒更为显赫的商业奇迹。

关于大通银行的发展计划，洛克菲勒的思维更为出奇。经过调查分析，洛克菲勒指出，大通银行有28家分行，但只有两家设在曼哈顿，这对于吸收新兴的"中产阶级"存款相当不利，这也是大通的劣势。怎么办呢？最好的办法就是将在全美只排在第15位的曼哈顿银行（以下简称曼行）吞掉。

曼行有一个完善的分支机构网络，这正是人家的优势所在。由于在1799年曼行的营业执照上写了如果没有银行全体股东一致批准不得并入其他公司。吞并计划告吹，大通的劣势不能很快转化为优势，这该怎么办？谁都没料到，洛克菲勒别出心裁，立即又提出了一项由曼行兼并大通的计划。

当他把"发展为曼行那样完备的市行体系要花很长时间，它已有100多年历史了，又有良好声誉，合并是最好选择"的理由讲完后，得到了大通董事们的赞同。

大通与曼行合并，用不着全体股东一致同意，看似小虾吞掉了大鱼，但这一合并，使新成立的大通曼哈顿银行成为全美最大的银行（曼行资产为16亿美元，大通资产为60亿美元）。1968年，洛克菲勒在钱宾65岁退休之后，荣登其渴望已久的董事长宝座。

本案例中，"小虾"吃"大鱼"现象的实质是通过沟通协调来实现（　　）。

A. 强强联合，优势互补

B. 强强联合，共享共赢

C. 强强联合，引进先进的管理模式

D. 强强联合，引进先进的管理理念

八、公正包容

案例：曹操忍辱用才

曹操出身卑微，没有袁绍那样庞大的家族，没有孙权那份现成的基业，更没有刘备那一张可以炫耀的皇室"名片"。他之所以能够成功，就是有大度的宽容和胸襟（即包容）。在用人上，他不像袁绍那样"非海内知名，不得相见"，也不像诸葛亮那样"必廉士德才兼备而后用"。曹操则主张"唯才是举"。

他在《求贤令》中称：现在天下未定，正是急需人才的时候，只要有治国用兵之术，哪怕有不好的名声、被人耻笑的行为，甚至不仁不孝也请大家推荐。

有一次陈琳替袁绍写文章骂曹操，骂得很难听，把祖宗三代一起给骂了，以至于曹操看了之后头风病都好了。后来曹操抓住了陈琳审讯时，问他："你骂我可以，为什么骂我的祖宗？"陈琳无奈地说："箭在弦上，不得不发。"就是说我当时奉命写文章，文思泉涌，酣畅淋漓，骂得痛快，就骂过头了。曹操听了他的辩解，心领神会。汉末建安七子之一果然名不虚传，是个人才。曹操不仅没听众人劝杀，反而忍辱将他留在身边做个秘书，可见其惜才如金，不计前嫌。

曹操起用陈琳的典故说明（　　）。
A. 包容是领导者一种深厚的涵养，是一种善待生活、善待别人的境界
B. 包容是一种正能量，可以使人的心灵得到慰藉与升华
C. 包容是有底线和有原则的，否则包容就会变成纵容
D. 包容应该用在道德的层面，而不应该用在法律上，否则将导致社会混乱和不公

参考答案

一、依法行政

B（40%）　　D（30%）　　A（20%）　　C（10%）

二、学习能力

A（40%）　　B（30%）　　C（20%）　　D（10%）

三、调研能力

A（40%）　　B（30%）　　C（20%）　　D（10%）

四、信息整合

A（40%）　　B（30%）　　C（20%）　　D（10%）

五、事业责任

D（40%）　　B（30%）　　C（20%）　　A（10%）

六、自律法制

B（40%）　　D（30%）　　C（20%）　　A（10%）

七、协调沟通

A（40%）　　B（30%）　　C（20%）　　D（10%）

八、公正包容

A（40%）　　B（30%）　　C（20%）　　D（10%）

试题七　乡镇党委书记管理岗位胜任力案例测试题

一、科学决策

案例：给无职党员设岗定责

农村党员作为党员队伍的重要组成部分，是社会主义新农村建设的核心力量。在保持共产党员先进性教育活动中，山西孝义市委组织部通过与乡镇党委书记走访座谈，发现农村无职党员"无责、无事、无为"的问题显得尤为突出。如何长期、稳定发挥整个农村党员队伍的先锋模范作用，建立农村党员先进性的长效机制，是一个迫切待解的难题。经过深入调研，反复研究，市委决定在农村无职党员中开展设岗定责活动。孝义市的主要做法与成效：

一是科学设岗，以岗定责，让无职党员"有位"。按照"定原则，不定范围；定目标，不定过程；定岗位，不定人数"的"三定三不定"要求，下发了《农村无职党员岗位设置及职责的指导性意见》，设置了组织建设类、经济发展类、村务监督类、维护稳定类、精神文明类五大类岗位，并对每类岗位的职责做了引导性规定。农村党组织在具体实施中，按照"因村制宜、因事设岗、量力定责"的原则设定岗位和明确职责，在全市农村党组织共设置20余种4626个岗位，基本涵盖了农村工作，使大多数无职党员可以找到适合自己发挥作用的位子。

二是严格程序，规范运行，让无职党员"有为"。为使农村无职党员设岗定责工作一起步就步入规范运行的轨道，该市严格程序，紧紧抓住无职党员申报选岗、党支部（总支）组织党员和村民代表民主议岗、支部研究定岗、公示明岗、培训上岗、引导履岗六个环节，组织党员履岗。既增强了党员管理工作的实效性，也加大了民主管理的力度，党员谁好谁差，谁先进谁落后，支部书记说了不算，而是党员大会和群众说了算。

三是强化教育，提高素质，让无职党员称职。为确保上岗党员履责到位，市、乡、村三级党组织把党员教育紧紧抓在手上。一方面多渠道筹资，提高党员活动室的档次，另一方面，以市委党校骨干教师为主体建立流动党校，巡回到各乡镇培训党员。在全市配齐农村党员电教设备基础上，积极为各村提供电教片服务。

四是健全制度、严格管理，让无职党员称心。为提高无职党员履行岗位职责的自觉性和积极性，在积极引导党员履岗的同时，用制度推进设岗定责的规范化、持久化。建立了"一证一册两簿"制度、考评激励制度、决策征求意见制度。

近年来，全市 373 个农村支部（总支）6847 名无职党员中有 5021 名走上了岗位，成为推动社会主义新农村建设的一支生力军。党员"有位"才能"有为"，"有为"才能"有位"。孝义市开展无职党员设岗定责活动，做给农民看、带着农民干、帮着农民赚、领民帮民共富的决策，管用、有效，最为关键的是（　　）。

A. 解决了农村无职党员难以发挥作用的问题
B. 解决了农村党员管理手段缺乏的问题
C. 解决了农村党组织的领导方式问题
D. 探索加强农村党建工作的长效机制问题

二、依法行政

案例：如何指导村务公开

岳庄村位于山西阳城县城南两公里，全村共有 688 户，1733 口人，1458 亩耕地，村党总支下设四个支部，党员 68 人。岳庄村经济始于煤炭，但近些年来，煤炭资源逐渐枯竭。为了调整产业结构，转型发展，实现由地下到地上的转变，村委决定集资 3000 万元，修建了设计年产 10 万吨的"太岳"水泥厂。这是当时山西省规模最大的乡镇企业之一。

水泥厂的兴建，让岳庄村的老百姓看到了致富的希望，村民把一辈子辛苦积攒下来的钱全部投到了水泥厂里。村里给村民们的承诺是，3年到期连本带息还给大家。但是好景不长，生产数月后便由于管理上的问题陷入困境，数百工人被迫下岗，村民建厂的集资款也没有了着落。一时间全村人心惶惶，干群关系紧张，"两委"工作瘫痪，上访告状不断，岳庄成了远近闻名、负债累累的乱村。

镇党委书记郝新颐经过认真研究分析，认为村财企财管理混乱、投资采购透明度不高，是造成村里诸多矛盾和问题的主要根源。推行村务公开、落实民主管理，是解决问题的唯一出路。基于这一认识，郝新颐亲自包村蹲点，在三个方面下了功夫：

一是推行企财村管，把监控权"交给"村民。以往由于制度不完善、管理不规范，集体企业各自为政，管理混乱。从根本上解决以往所谓父亲当厂长，儿子跑采购，视集体企业为己有，胡支乱花的现象，在不改变企业资产所有权、使用权的前提下，取消企业会计，建立村委财务结算中心，以厂建账，独立核算，有效监督了厂长、经理，管住了非生产性随意支出，成本费用也大大降低。

二是实行"三堂会审"，把监督权交给民主。在过去，全村财务准支权实际上掌握在一个人手中。"三堂会审"推出后，对一些弄不清、看不明或有疑虑的财务账目，由村干部、企业负责人和财会人员当面给予解释，对不合理、不合法的收支当场拒绝入账。增强了村委与企业财务管理的透明度，拉近了干群之间的距离。

三是实行阳光采购，把知情权交给群众。企业在购置固定资产时，必须按照企业集体议定、两委审批、企业考察预选、"两委"现场监督公开竞标的程序进行。为了确保阳光采购制度的贯彻执行，村委还专门设立了监督科，负责对村集体资产流向、新增资产、各种原材料价格进行审核监督。未经监督科审核的单据，村财务结算中心一律不予下账。如发现违规采购和资产流失问题，监督科要及时采取相应措施进行控制，并在村报上公开曝光。从此，村里大到楼房建设，小到技改设备，均通过公开招标进行采购。这项制度的实行,节省了资金,保证了设备质量,还了干部清白,给了群众明白,增强了村两委的凝聚力和感召力。

目前,岳庄村全年总产值达 1.2 亿元,人均纯收入达 6520 元。先后被省、市政府授予"村务公开先进集体""新农村建设示范村"等荣誉称号。镇党委书记郝新颐在谈到岳庄村的变化时认为,在农村工作中,要坚持依法行政,实行民主管理,最重要的是要善于指导两委干部坚持村务公开、规范村务公开,因为实行村务公开和民主管理是( )。

A. 改进干部作风、密切干群关系的关键所在
B. 促进民主管理和村级干部廉洁自律的关键所在
C. 发展农村基层民主,保障农民群众直接行使民主权利的关键所在
D. 调动广大农民群众新农村建设的积极性和创造性的关键所在

三、调查研究

案例:"水豆腐"如何做成"金豆腐"

山西繁峙县杏园乡南关村地处滹沱河南岸,与县城隔河相望。全村 900 多户 3100 多口人,耕地 5400 多亩,退耕还林 1000 多亩。全村以农业为主,畜牧业为辅,交通便利,地理位置优越。村委会换届后,党支部书记王三元出任村委会主任,上任后,他没有豪言壮语,只向全体村民郑重承诺:不图名,不为利,只为南关变个样,在群众解决了温饱问题的基础上,把咱的豆腐产业做大做强。

南关村是杏园乡党委书记刘强的"包村"联系点,他和王三元在谈到村里发展的情况时,都感到该村豆腐产业的重要性,怎样才能把水豆腐产业做大做强呢?两位书记对此做了大量的调查研究。

一是查阅历史典籍。刘强找来《繁峙县志》,从中了解到繁峙从东汉时期就开始磨豆腐了,清康熙皇帝微服私访时,曾对三元豆腐有"清香碧玉白,人间此味稀"的美誉。

二是走访能人。刘强和王三元通过走村串户、到豆腐专业户家作坊去

虚心请教，对豆腐的制作、行情及品质有了更加深入的了解。

接着，刘强走了三步棋：一是通过集体"洗脑"，即利用农闲，以村"两委"名义将常年在外制作经营豆腐的能人请回村传经送宝。既给大家解放思想，又给大家传递外面的信息。二是培训"准入"，即亲自带领党员，动员每户出一个代表就地办培训班，通过课堂上讲、作坊中看、操作上干的形式，将水豆腐的制作秘诀达到户户精通。三是抓"品牌"效应，即派出村干部、经济能人"四面出击"，千方百计地增布网点，使南关村的水豆腐最大限度地占领市场，使南关村的村民最大限度地增收。

目前，全县有2000多户豆腐专业户，其中以南关村居多。有40余户还把豆腐做到了北京、内蒙古和省内各大城市。据不完全统计，全村年加工转化大豆150万公斤，年产值近1000万元。仅此一项，该村每年就增收57万多元，成为山西省社会主义新农村建设试点村。

作为乡镇党委书记，搞好调查研究的关键在于（　　）。

A. 深入实际，身体力行
B. 下马观花，掌握实情
C. 去伪存真，把握规律
D. 因地制宜，问政于民

四、创新应变

案例：村企党组织如何联建

早在2007年，素有"煤铁之乡"美誉的泽州县为了扎实推进新农村建设，县委、县政府响亮地提出了"地下转地上、黑色变绿色、一矿带一业"的转型发展的思路，鼓励和支持全县规模以上煤炭企业投资新建地面企业，重点向纯农山区倾斜，以此全面加快新农村建设进程。高都镇大兴村地处泽州县与陵川县交界，地下无资源，地面无企业，是典型的纯农山区农村，但土地充裕、土壤肥沃、山大坡广、气候宜人，是全县"泽州黄"小米、小麦、豆类及山楂的重要生产基地。

高都镇党委与王坡煤业有限公司经过友好协商，提出了以大兴村得天独厚的自然资源优势为基础，以王坡煤业的资金和技术为保障，投资3000万元筹建"彤康"食品项目，主要生产山楂系列产品、"泽州黄"精品米、石磨面粉和石磨豆腐等，有效实现市场和农户的对接、企业和农户的对接，确保农业增产、农民增收，实现企业和农民的双赢。然而，随着彤康公司的发展壮大，"公司+合作社+农户"的模式很快暴露出不足。一方面，按照彤康公司农业综合开发项目的远景规划目标，需要对村里土地资源的利用进行整体规划，而这个问题单靠合作社根本无法解决；另一方面，随着彤康公司规模的扩大，大兴村的土地资源已无法满足原材料供应需求。经过认真分析调研，高都镇党委与王坡煤业又提出了一个新的思路，即让彤康食品有限公司走出一个跨区域、跨地域发展的新路子。

2010年4月，彤康食品有限公司党支部、高都镇大兴村党支部与新加盟的柳树口镇石庄村党支部共同组建的彤康联合党总支正式成立。联合党总支设在晋城市彤康食品有限公司，隶属王坡煤业有限公司党委领导，下属支部实行双重领导，生产经营活动归联合党总支管理，其他党建工作仍属原党委领导。彤康联合党总支成立后，充分发挥战斗保垒作用和桥梁纽带作用，引导和带领各支部及广大党员紧紧围绕公司决策开展生产经营活动，努力协调沟通彤康食品有限公司生产用原材料的种植（养殖）、成分配置、收购及销售，积极构建良好企地关系，维护合作社与农户的合法权益，很快便取得了经济效益和社会效益的双赢。

首先，在党总支领导下，彤康公司给种植户提供产前、产中、产后的一条龙服务，从肥料、种子到田间技术、销售服务层层把关，减少了中间环节，降低了生产成本，实现了互利双赢的效果，村里每人全年直接增收1700元。

其次，广大农民在党总支的培训指导下，开始从事农产品专业化营销，思想观念受到企业文化潜移默化的影响，市场意识得到增强，自身素质得到提高，一定程度上实现了由传统农民向现代化农民、产业化工人的转变，使党员既有事干，又有荣誉感，党员的先锋模范作用也得到了充分发挥。

第三，彤康联合党总支充分利用彤康食品有限公司的技术、管理、资金优势，不仅盘活了大兴村、石庄村的土地资源、劳动力资源，还有力地带动了各村的新农村建设。高都镇党委书记认为，在构建城乡统筹的基层党建新格局中，开展党组织联建是统筹城乡党建资源的一条有效途径，它通过企业党组织和农村党组织的联建，实现了党建资源的优化与共享，在企业和农村之间搭起了一座沟通交流、互利双赢的桥梁。

村企联建是一种创新，新就新在（　　）。

A. 选好了"联"的对象。每个农村的情况千差万别，企业的性质也各有不同，能不能"联"成功，关键看双方是否能实现资源的优势互补。彤康之所以成功，是因为彤康公司本身是一家致力于绿色农产品开发的企业，而大兴村和石庄村恰好有着丰富的绿色农产品资源

B. 选好了"联"的方式。彤康联合党总支成立后，最主要的工作就是围绕企业和农村的各自需求，做好双向服务，既统筹解决了彤康公司在项目建设中遇到的土地、道路等难题，又把分散经营的个体农户以合作社的形式组织进入规范的大市场，实现了党建与经济工作的双赢

C. 选好了"联"的要素。土地、资金、劳动力、信息、技术是最基本的生产要素。生产要素的合理流动和有效配置是生产活动充满活力的重要标志。村企联建就是充分发挥村、企各自优势，以强带弱，以企带村，村企互动，优势互补，促进农村各种资源的有效配置，走相互促进、共同发展的路子

D. 选好了"联"的机制。"村企联建"要有统筹各方利益的媒介，这个媒介就是党组织。围绕统筹构建基层党建工作新格局的要求，打破相互分割、自成一体的思维定式和工作模式，把强村、弱村、企业党支部统筹联建，把党的组织资源转化为发展资源，在长效机制的建立上做文章

五、公正包容

案例：海纳百川，有容乃大

习仲勋身边工作过的一位秘书，曾在小说《刘志丹》事件中，经不住政治压力，违心地写过揭发习仲勋的材料。习仲勋复出后，这位秘书一直不好意思去见他。习仲勋得知他的住房有困难，长期得不到解决时，就指示有关部门很快给他解决了一套住房，使这位秘书心里更感不安和惭愧。在他生病住院时，习仲勋还专程去看望，他感动得泪流满面，哽咽不已。习仲勋却反过来安慰说："你也是身不由己，我能理解，过去的事不要再提了，安心养病吧！"

习仲勋不仅对整过他的人宽宏大量，而且对"文化大革命"期间打过他的人也既往不咎。一个大学青年教师，"文化大革命"期间打过习仲勋。"文化大革命"后，这个教师所在的学校派人找到习仲勋调查取证，习仲勋对来人说："当时都是年轻人，算了吧。"当外调人员要告诉打他的人的名字时，习仲勋摆摆手说："我不需要记住这个人！"

在"文化大革命"中审查过他的专案组工作人员，有的办案时态度恶劣。后来，习仲勋不计前嫌，对这些人"一律既往不咎"。他认为"文化大革命"中，工作人员只是奉命行事，只要不是"三种人"，都应该是无辜的，责任不能由他们承担。

1959年庐山会议后，全党开展反右倾斗争。把干部反映真实情况说成是反映阴暗面，列为运动重点。为了保护干部，习仲勋给予"淡化"。三年困难时期，国务院秘书厅信访室主任下乡调查粮食问题，把真实情况反映给领导，却受到被调查地方领导的责难，被调查地方还致函要调查人员到他们那里接受批判。习仲勋认为调查反映的情况是真实的，便没有理睬，保护了这个干部，事后也没有告诉他本人。

习仲勋有容乃大的品质养成，说明（　　）。

A. 公正与包容是领导者一种深厚的涵养，是一种善待生活、善待别人的境界

B. 公正与包容是一种正能量，可以使人的心灵得到慰藉与升华

C. 公正与包容是有底线和有原则的，否则包容就会变成纵容

D. 公正与包容应该用在道德的层面，而不应该用在法律上，否则将导致社会混乱和不公

六、沟通协调

案例：怎样处理村与村之间的纠纷

时值大旱。按照年初与水利工程单位签订的配水协议，张庄和郝庄一前一后将对大田小麦进行浇水保收。由于旱情严重，郝庄村民认为张庄有6眼机井仍可浇地，没经商量便在村干部的指使下堵上了张庄渠口，擅自开渠浇地。张庄村民发现后，遂由村支书召集了近百人冲至渠上同郝庄村民发生了纠纷。扁担铁锹的对峙与械斗一触即发……

镇党委书记刘君得知这一消息后，深知稳定是农村工作的基础和大局，由配水浇地所引发的群众性纠纷，党委书记如果不能挺身而出负起责任、化解矛盾，就会酿出大祸。于是，他积极采取了行动。

协调处理这类事件，最为关键的是（　　）。

A. 动之以情，指出旱情严重，互谅互让，保收为先

B. 晓之以理，指出党纪国法无情，《水法》无情，如造成严重后果，要追究村干部的责任，承诺对配水方案做出调整

C. 找两村主要干部进行批评、教育和说服

D. 带领相关执法人员将带头闹事者绳之以法，然后召集两村干部进行协调

七、事业责任

案例：桃林沟人的"生态梦"

桃林沟村隶属阳泉市郊区西北两公里处的平坦镇，由于该村毗邻阳煤

集团，村"两委"便制定了"民富为第一追求，发展为第一要务，改革为第一动力"的发展目标，办矿挖煤，调产哺农，聚精会神搞建设，一心一意谋发展。到2004年，全村集体经济总收入达到3000万元，人均收入达到了5000元。村党支部书记李乃珠在给镇党委汇报工作时说：群众富了，干部们为啥高兴不起来？

经过分析，镇党委书记告诉他这样一个道理，那就是你煤挖得越多，对村里生态环境的破坏就越大。吃祖宗饭，断子孙路。煤挖完了，留下个荒山秃岭，别说对不起祖宗和子孙，就连我们这个村名都对不住。趁现在有些积累的基础，应该把生态环境的治理抓在手上。于是，村"两委"实施了"以巩固农业基础地位和增加农民收入为切入点，大力进行产业结构调整，创建生态优美新村"的发展战略。

这些年来，全村在荒山荒坡上种植了650亩桃和150亩葡萄，在较平缓的坡地上建起了17座大棚日光温室，在道路两旁搞了绿化美化林带。所有经济作物，均按照无公害、标准生产技术组织生产，收到了良好的效益。

村里还采取"集体出资、个人种植"的办法，实施"家家门前种植一棵雪松"工程，使户户门前都呈现出绿荫美景。据统计，目前已累计种植雪松、紫玉兰、龙柏、云杉等观赏价值较高的苗木10万余株，60多个品种，造林绿化覆盖率达到80%。

桃林沟村除了发展第三产业和服务业之外，还建起了集生态、旅游、观光为一体的"桃林园艺中心"。在第5届桃花艺术节上，歌唱家蒋大为一曲《在那桃花盛开的地方》倾倒了所有的来宾与村民。

李乃珠说："你若春天来，就能欣赏到我们的桃花艺术节；你若秋天来，就能投入到我们的金秋采摘节，这里天天都是你的节日。我们把生态环境摆弄好了，出口气都感觉到舒心爽意。如今的桃林沟村，春天桃花盛开，夏天绿树成荫，秋天果实累累，冬天松柏常青，是一个名副其实的桃园新村。我敢说，桃林人的生态梦终于实现了！"

桃林沟村充分利用自己的比较优势，把"优势"变为"特色"、变成品牌的事实说明，正是有李乃珠这样一批有理想、有责任、有担当的好干部、好党员，桃林沟村才使自己的新"品"新"业"不断涌现。

作为乡镇党委书记，事业心与责任心的养成重在（　　）。

A."信念坚定"，把理想高高举过"头"顶

B."为民服务"，把宗旨深深烙在"心"里

C."勤政务实"，把发展紧紧抓在"手"中

D."敢于担当"，把责任稳稳扛在"肩"上

八、自律自制

案例：全国劳动模范申纪兰

1952年，《人民日报》记者蓝邨发表的《劳动就是解放，斗争才有地位》一文，全面介绍了西沟妇女争取同工同酬的经过。申纪兰从此扬名全国。这一年，申纪兰荣获了全国劳动模范称号，出席了山西省工农业劳动模范代表大会。同年，她作为新中国唯一的农民妇女代表，参加了在丹麦召开的世界妇女代表大会。

1953年，她光荣地加入了中国共产党，并当选为全国妇联执行委员。1954年9月15日，申纪兰和西沟村的老支书李顺达出席了共和国第一次全国人民代表大会，那年，她才25岁。9月25日，毛泽东等党和国家领导人亲切接见代表，申纪兰紧紧地握住了毛主席的手。她至今还记得那幸福的时刻，她回忆说："见到毛主席，觉得有种背不动的东西"。从此，她更加自觉地履行为人民服务的天职。

她曾先后13次见到毛泽东，赴苏联见过斯大林，到越南见过胡志明，在朝鲜见过金日成。美国著名记者斯特朗采访过她，苏联青年女英雄卓娅的母亲给她写过热情洋溢的信……

申纪兰说："名气大了，劳动人民的本色不能变。劳动是我生命中最重要的部分，只有劳动，才能创造财富；只有劳动，才能不脱离群众。"

申纪兰除了外出开会、办事，每天总是第一个扛起锄头，背上干粮，上山种树，下地干活。几十年来，凭着这种顽强精神，使荒山秃岭绿树成

荫。如今的西沟村，已经有1.5万亩成林面积，1万多亩阳坡绿化，12万株经济树木，实现了户均一亩苹果园、人均10亩用材林。西沟人用双手、用血汗建起了"绿色银行"。申纪兰始终没有离开西沟，没有离开劳动。

1973年，她曾被调到山西省妇联当主任。她的要求是"六不"：不转户口、不定级别、不拿工资、不要住房、不调工作关系、不脱离农村，每年有半年时间回西沟参加劳动。在山西省妇联机关工作的10年间，她主动打扫庭院，洗刷碗筷，不用服务员。

申纪兰有句格言："不劳动，还算甚劳模？"人们把申纪兰比作"国宝"级著名人物，主要有两点：一是说她至今是唯一的连续参加十三届全国人大的代表，二是说她至今从未改变自己一个普通农民的身份。

对广大农村干部而言，学习纪兰精神，一是学做人，二是学做"官"，三是学做事。那么怎样才能像纪兰同志那样做人、做"官"、做事？做人要有人品，做"官"要有官德，做事要对得起百姓。

作为乡镇党委书记，必须时刻在从政的职场增强（　　）。

A. 自律与自我意识

B. 自律与自制意识

C. 自律与自警意识

D. 自律与自省意识

参考答案

一、科学决策

A（40%）　　B（30%）　　C（20%）　　D（10%）

二、依法行政

B（40%）　　C（30%）　　A（20%）　　D（10%）

三、调查研究

A（40%）　　B（30%）　　C（20%）　　D（10%）

四、创新应变

D（40%）　　C（30%）　　B（20%）　　A（10%）

五、公正包容

A（40%）　　B（30%）　　C（20%）　　D（10%）

六、沟通协调

B（40%）　　A（30%）　　C（20%）　　D（10%）

七、事业责任

A（40%）　　B（30%）　　C（20%）　　D（10%）

八、自律自制

A（40%）　　B（30%）　　C（20%）　　D（10%）

试题八　乡(镇)长管理岗位胜任力案例测试题

一、依法行政

案例：镇长辞退女教师

蒙自州上垣县川坪镇女教师庄梅系教学能手，曾经多次受过省市县表彰。她的竞争对手黎敏年轻漂亮，却与分管教育卫生的副镇长关系暧昧。因为庄梅揭发校长贪污索贿，长期被这位副镇长打击排斥。庄梅身心受到严重伤害，请假3个多月，没能正常上班。

2013年7月9日，镇长在没有调查研究的情况下，轻信了副镇长关于庄梅无故旷工的报告，便在一次政府办公会议上做出对庄梅辞退的决定。辞退文件下达后，庄梅提出申诉，并要求县人事局予以仲裁。县人事局有关科室推诿敷衍，没有及时对庄梅的请求予以仲裁，从事教育工作近20年的庄梅则被撵出了她赖以生存的学校。

政府行政决定没有事实依据，庄梅长期越级上访无果，加上没有干部人事争议仲裁决定，女教师庄梅的上诉进不了司法程序，反而一直被公安机关监视。在群众路线教育实践活动期间，庄梅想方设法找到了督导组组长刘新，刘新经过调查了解，并详尽查阅了有关行政法规，深感痛心。

刘新说：川坪镇发生的这起行政违法案触目惊心，县乡政府对一位人民的好教师所采取的行政处罚看似在依法行政，实际上却是目无法纪。辞退一位教师，一是行政主体不合法；二是行政行为不合法；三是行政行为的内容不合法；四是程序不合法。乡镇干部如果能够真正依法行政就能造福乡邻；反之就会横行乡里、为害百姓。

通过阅读本案例，下列选项中最能够表述依法行政的作用和意义的是（　　）。

A. 依法行政是现代国家民主，尤其是行政管理民主发展的前提与保证
B. 依法行政是市场经济发展的客观要求与保证
C. 依法行政是控制行政权力膨胀趋势的必然选择
D. 依法行政是推进与深化行政管理改革的有效途径

二、调查研究

案例：怎样创新社区服务管理和运行模式

阳曲镇是县里确定的新农村建设试点镇，该镇镇长王刚为了创新农村社区服务管理和运行模式，做了深入的调查研究。他在赴外地参观学习的基础上，对本地社区也进行了大量的调研。

他在调研报告中说，在我国广大的农村，政府对社区的管理与服务（即把村、镇视为社区来看待和研究）还是一项全新的、开创性的事业。在我国，乡镇是一级政府，村则是最基层的组织形式。

中华人民共和国成立70年来，特别是改革开放40年来，我国的乡村建制乃至管理与运行，已经形成了一整套非常完备的组织、管理与服务模式。但在市场经济条件下，随着城乡统筹、城乡一体化战略的积极推进，传统的农民由乡村走向城镇，由落后憧憬文明，他们中有固守乡土的，有事业成功定居于城镇的，更多的则是常年外出的打工族即典型的"农民工"身份。由此看来，无论是我国农村社区还是城市社区，其社会化程度将日益趋同，就社区意义上来看，人们的身份界限势必日趋淡化，政府对农村社区行使管理与服务的职能显得同等重要。

目前的问题有三：一是部分涉农社区干部尤其是"村改居"情况下的干部，思想上存在着一定的过渡思想，工作积极性较低，对自身的进退留转及其工作待遇顾虑重重。现有的涉农社区组织机构由原来的村"两委会"转变而来，其管理思维和管理方法不同程度地沿用村级基层组织管理模式，角色转变上的困惑不容忽视。

二是部分涉农社区集体经济组织发展遇到瓶颈，规模经营上难突破。

目前各涉农社区按照有关要求，基本上都选举产生了以社区两委会成员为主要构成的公司董事会，社区将原有的村集体资产量化给了村民，凡是集体经济组织由于具有较好的基础和政策方面的优势，集体经济的积累和经营均取得了较好的成效，赢得了广大村民股东的积极支持和信任。但一些新成立的集体经济组织，目前的发展却面临着积累减少、支出增大、难以发展的严峻挑战。因为过去的集体经济收入主要靠招商引资和土地流转收益，下一步要转入社区管理与建设的轨道之后，干部们"怕输"、怕吃亏的思想不同程度存在，成为影响农村社区建设与发展的障碍性因素。

三是涉农社区居民集中居住后的管理难度增加，归属感和融合度不强，尤其是实现"村改居"后，在新社区的组织、管理等方面的问题逐渐显现出来，诸如公共服务设施不配套、管理水平偏低、集体对新社区的反哺作用削弱、居民的适应性以及"出钱买服务"的意识偏弱等等，再加上拖欠物管费、邻里纠纷、居民就业困难、收入暂时性下降等因素产生了不稳定情绪，由于教育、引导、社区服务的滞后和集体经济组织利益分配、新社区物业管理、就业保障等工作未能及时跟上，居民对集中居住新社区的认同度不高、归属感不强，使管理难度增大。

社区服务是社区建设的永恒主题，是社区建设的生命力所在。社区服务的本质属性在于其福利性、公益性。从我国的国情出发，由政府通过行政手段强力推动社区服务的政府主导模式，应着力把推动社区服务社会化发展作为转变政府职能的重要突破口，制定社区服务的中长期发展规划，建立社区服务的管理协调机制，努力创新社区服务的运行机制，发挥好指导、支持、协调的作用，为社区服务营造一个宽松的社会环境，推动社区服务实现良性发展。

王刚镇长的调研是具有建设性的。作为乡（镇）长，你认为创新社区服务管理和运行模式最为重要的是（　　）。

A. 引入竞争机制，将社区服务工作的行政性经营与市场化经营、事业化管理与企业管理相结合，提高资金的使用效率和服务质量，是实现社区服务的社会化发展和良性运行的有效途径。政府可以通过项目管理或购买服务的方式，通过市场竞标，选择优质服务提供者，实现优胜劣汰，不断提高社区服务质量，推动社区服务组织的发育成长。

B. 拓宽社区服务的融资渠道，形成以政府资金为引导、社会各方给予赞助支持、社区服务设施的有偿服务收费为补充的社区服务发展资金筹集机制，逐步实行有偿使用、流动增值，提高资金利用率，形成以政府投入为主、企业和社会募集以及高质量社区服务收益为辅的资金投入格局。

C. 完善政策法规，大力培育和扶持社区非营利组织。非营利组织所具有的正规性、民间性、非营利性、自治性、志愿性、公益性等特征，使得它不仅可以弥补市场失灵和政府失灵，而且在公共服务的输送上可以和政府形成紧密的"协作"关系。

D. 实行行政事务"社区准入制"，努力建设一支职业化、专业化的社区工作者队伍。在管理体制改革条件下，以社区服务站方式专门承接政府下派给社区的公共服务，并通过购买服务的方式支付费用，而社区居委会则应该把工作重点放在开展居民自治和居民服务上。

三、创新应变

案例：安徽凤阳县小岗村

1978年冬，安徽凤阳县小岗村这个全县最穷的村子，夏收之后每个劳动力仅分到35公斤麦子。35公斤麦子，再加上微不足道的一点秋粮何以活命？队长严俊昌几经琢磨，悄悄地把全村18个户主集中在家里，开了个"无声的会议"。

会议的中心内容就是一张纸条子："我们分田到户，每户户主签字盖章。如此后能干，不在（再）向国家伸手要钱粮。如不成，我们干部作（坐）牢杀头也干（甘）心。大家社员们也保证把我们的小孩养到18岁。"最后，严旗顺这个全村德高望重的老汉第一个在条子上摁了手印，大家随即效仿，把个白纸条上摁了红红的一片。就这样，大包干誓言在严俊昌主持下秘密诞生了。

纸包不住火。公社书记听说后非常恼怒,索性把给小岗村的化肥、农药等农用物资也给扣下了。当时,县、地区和省里不少领导均以不同方式支持了大包干。不过让他们感到忐忑不安的是,一旦老天不帮忙,收成不及上年,大包干就会被一棍子打死。

1979年秋天,县委书记陈庭元满面春风,将一份统计数据交到省委:1979年全县的粮食产量比上年增产67%,油料增产14倍;小岗村粮食总产6万多公斤,相当于1957年至1970年14年粮食产量总和,自1956年合作化以来第一次向国家上缴粮食12488公斤。

在陈庭元的积极倡导下,省委在凤阳小岗村召开了一次"不讲话的现场会",即与会的全区四级干部不听报告、不讨论、不总结,包括小岗村在内实行大包干的几个村子你愿看哪家就看哪家,愿找谁谈就找谁谈。结果在这次"会议"之后,分歧统一了,争议平息了,犹豫者坚定了,等待观望者"披挂上阵"了,大包干在全省很快推开了。

两次"无言的会议",无声胜似有声。以严俊昌、陈庭元等为代表的一代改革者们,在中国特定的历史条件下,不甘贫穷,不畏风险,敢于实践,以共产党人的大无畏精神及胆略,以自己的实际行动恢复党的实事求是的思想路线,并以灵活的方式宣布了中国农村新的生产关系的诞生。

1998年10月14日新华社述评《翻天覆地的变化 举世瞩目的成就》中指出,在过去20年间,我国农村发生的深刻变革主要体现在"四个突破"上。从而清晰地勾勒了我国农村改革所走过的道路,真实地记录了我国农民在发展生产力上所做出的伟大贡献。

突破就是创新。根据你的学习与实践,你认为以下"四个突破"最为关键的是(   )。

A. 突破了高度集中的人民公社体制,实行以家庭联产承包为基础、统分结合的双层经营体制

B. 突破了"以粮为纲"的单一结构,发展多种经营和乡镇企业,全面活跃农村经济

C. 突破了统购统销制度，面向市场，搞活农产品流通

D. 突破了单一集体所有制结构，形成了以公有制为主体、多种所有制经济共同发展的趋向

四、沟通协调

案例：周恩来的谈判艺术

第二次世界大战以后，中日邦交正常化的过程经过长达20年的民间推动，其中也倾注了周恩来大量的心血。

日本前首相田中角荣访华时，有一段答谢词，是说日本侵华战争给中国人民造成了伤害，但其翻译却将此话译为"添了麻烦"。因为是宴会，周恩来当时很平静。

第二天谈判时，周恩来严肃地指出："你给路过的女孩子的裙子上撒了水，可以说是'添了麻烦'；日本军国主义给中国人民造成了那么多的伤害，怎么是一句'添了麻烦'就能解决的?! 连一点反省的意思都没有，这是不能接受的！"

中日邦交正常化谈判最为激烈的是台湾问题和战争赔款问题。周恩来根据党中央和毛泽东的意见，充分运用政治智慧，本着求同存异、原则性与灵活性相结合的沟通艺术，最终解决了这些问题。

在《联合声明》中，关于侵华战争的表述是："日本方面痛感由于战争给中国人民造成的重大损害的责任，表示深刻的反省。"关于台湾问题的表述是："日本承认中华人民共和国是代表中国人民的唯一合法政府，《日台条约》应予废除，《联合声明》自公布起，日本与台湾断交。"

关于战争赔款问题，周恩来说，中国吃过赔款的苦头，赔款实际上是加重了老百姓的负担。为了中日两国人民的友好关系，我们放弃对日本国的战争赔偿要求。

田中角荣对记者说，周恩来的协调沟通艺术，可谓"躯如杨柳摇微风，心似巨岩碎大涛"。

在实际工作中，沟通协调是一种能力，也是一门领导艺术，最为重要的是（　　）。

A. 坚持原则、求同存异、果敢灵活
B. 注重细节、动之以情、晓之以理
C. 敢于批评、教育说服、释疑解惑
D. 据理力争、不遗余力、不惜代价

五、事业责任

案例："拼命支书"段爱平

段爱平，女，57岁，系襄垣县王桥镇返底村党支部书记、村委会主任。段爱平5岁时父亲去世，母亲改嫁，她被公家岭的一位老人收养后，17岁以前，和这位老人相依为命。她7岁拾柴换钱，12岁卖烧饼，18岁嫁进返底村一户穷人家，丈夫比她大10岁。日子虽过得苦，但聪明、勤奋的段爱平四处打拼，全家人的生活一点点见了起色。

1998年，段爱平靠着向本家弟弟借来的3000元钱做贩卖焦炭的生意，不到两年，赚了几十万元，成了村里先富起来的人。1999年，时逢村委换届，段爱平在没有参加候选的情况下，以全村超过90%的票数直接当选为返底村村委会主任。

段爱平担任村委会主任后，自掏腰包8万余元，为村里修建小学；2003年，领导全村农民种植中药材200余亩，每户增收500多元；自筹资金对全村电网进行改造；2004年筹资10万余元建起800平方米的敬老院；2010年以来，带领村委班子新建4公里村通路，并投资15万元进行园林建设，栽植树木8000余株；2012年又完成了村通自来水工程。

段爱平的女儿刘亚飞说："村民们称妈妈是拼命支书，主要是称赞她抱病为群众办事。记得2000年春节刚过，妈妈得了胆管结石，术后第十天，来医院探望的村民发现她从医院'跑了'，赶回村里一看，她正在工地的石子堆上呢！2004年，妈妈正在忙村里敬老院工程，爸爸却被确诊为肺癌晚期。几个月后，敬老院建成了，爸爸却走了。2006年正月，妈妈在院子里走路时摔倒，到了医院一查是得了食道癌。手术后刚刚一个月，她又出现在工地上。2012年，妈妈又被诊断为淋巴癌。"

2013年5月，中央电视台发起了一项叫作"寻找最美村官"的大型系列活动，要在全国9亿农民320万村官中寻找十位榜样人物。组委会经过投票，最终评选出了十位中国"最美村官"，段爱平获此殊荣。中央电视台给段爱平的颁奖词是：与病魔斗，与贫穷斗，一心只为家乡美的拼命支书。长治市襄垣县王桥镇返底村党支部书记兼村委会主任段爱平确实如此，堪称"拼命支书"。

中央电视台主持人张泉灵在采访她时问："听说你手里有一大半发票，这么多发票都是什么内容啊？"段爱平说："那是我当支书十几年来借钱给集体的欠条，现在加起来大致有十多万元吧。""段大姐，您记不记得1999年村里人均年收入有多少？""两千多。""您呢？""我已经上百万了。""现在村民年收入多少，您呢？""村民上万元，我没了。""别人都有钱，您怎么突然没钱了？""我从小是个孤儿，吃着百家饭、穿着百家衣长大。长大后，我想把自己的钱全部贡献出去。现在，钱贡献完了，我的家也没了，命也快没了，但是我心甘情愿。""把健康也贴进去了，您有一天回想起来，会不会觉得不那么辛苦就好了？""我从健健康康的时候就开始付出，随时随地地付出。我现在只剩下一点点的生命了，更愿意随时随地地付出。能得到老百姓的支持、信任和真心，我已经满足了。我不怕死，人都会死，我只是担心该做的还没做完。"

作为乡（镇）长，你认为事业心与责任心的养成重在（　　）。

A."信念坚定"，把理想高高举过"头"顶

B."为民服务"，把宗旨深深烙在"心"里

C."勤政务实"，把发展紧紧抓在"手"中

D."敢于担当"，把责任稳稳扛在"肩"上

六、学习能力

案例：陈望道首译《共产党宣言》

陈望道是我国现代著名的思想家、社会活动家、教育家和语言学家，中国共产党上海发起组成员之一。少年时期的陈望道在家乡私塾中接受了传统教育。16岁时，他到义乌的绣湖书院学习，以后又到金华、上海等地求学。1915年，陈望道赴日本留学，获法学学士学位。在日本期间，他结识了日本著名的进步学者、早期的社会主义者河上肇、山川均等人。其间，他利用课余时间努力阅读马克思主义经典著作，逐步接受马克思主义新思潮。

1919年五四运动爆发后，他从日本毅然返回祖国，应聘到浙江第一师范学校当语文教员。在著名的"浙江一师风潮"事件中，他深受教育，更增强了他对旧制度斗争的信心，认为如不进行制度的根本改革，一切改良措施都是徒劳无益的。必须"对于新旧逐渐有所区别和选择"，必须有一个更高的判别准绳，这更高的判别准绳，便是马克思主义。怎样才能让更多的人了解马克思主义呢？

《共产党宣言》是国际共产主义运动的第一个纲领性文件，包含有极其丰富、深刻的思想内容，文字也极为优美、精练，译者不仅要谙熟马克思主义理论，而且还要有相当高的中文文学修养。因此，要翻译此书绝非易事，要做到文字的传神就更不容易了。

在《民国日报》主笔邵力子举荐下，陈望道深知这不是一篇普通的约稿，而是时代的使命，历史的重任，是唤醒中国东方睡狮最为嘹亮而有力的号角。陈望道是在一间柴房里完成这部译著的。由于柴房经年失修，破烂不堪，而且山区早春的气候还相当寒冷，常常冻得他手足发麻。可他硬是只凭借着柴房里的一块铺板、两条长凳、一盏油灯，以及老母亲送来的三餐菜饭，夜以继日、孜孜不倦地努力工作。

1920年4月，他把马克思主义的第一部经典著作、国际共产主义运动的第一个纲领性文件——《共产党宣言》译成了中文本。《共产党宣言》初版时印了1000册,即刻销售一空;再版,又印了1000册,仍然售空。

中国共产党成立后,仅在第一次国内革命战争时期,平民书社就将此书重印了10次。到1926年5月已经是第17版了。《共产党宣言》中译本的传播,使马克思主义的敌人大为惊慌,千方百计地进行阻挠和破坏。

在当时的反动统治下,马克思主义书籍是禁书,反动派常把读马克思的书和所谓"共产""共妻""洪水猛兽"牵连在一起,想以此来扼杀马克思主义。陈望道也因此一再受到迫害。尤其在"四·一二"反革命政变后,"《共产党宣言》译者"的头衔,已成为敌人对他进行迫害的一顶帽子。但是,陈望道坚持:"马克思主义是真理,真理总是不胫而走的","真理在无声地前进,没有办法阻挡马克思主义的发展和胜利"。

中华人民共和国成立后,陈望道曾任华东军政委员会文化教育委员会副主任兼文化部长、复旦大学校长、中国科学院哲学社会科学学部委员、全国人大常委会委员等职。

当年,鲁迅在收到陈望道寄赠的书后说:"望道在杭州大闹了一阵之后,这次埋头苦干,把这本书译出来,对中国做了一件好事。"

毛泽东在1936年与斯诺的谈话中,回忆自己如何建立起对马克思主义的信仰时说,有三本书对他建立马克思主义信仰特别重要,其中一本就是陈望道译的《共产党宣言》。

刘少奇也曾回忆:"那时我还没有参加共产党,我在考虑入不入党的问题。当时我把《共产党宣言》看了又看,看了好几遍。""从这本书中,我了解共产党是干什么的,是怎样的一个党,我准不准备献身于这个党所从事的事业。经过一段时间的深思熟虑,最后我决定参加共产党,同时也准备献身于党的事业。"

1949年5月,在"总统府"图书室,邓小平与陈毅纵论各自青少年时发奋读书的经历,也说自己走了马列主义道路与读了《共产党宣言》等启蒙书籍有密切关系。

作为党员领导干部,学习能力实际上是(   )。

A. 主要是在学习、工作及日常生活中必须具备并广泛使用的能力的高下

B. 主要是注意力、理解力的高下

C. 主要是思维力、分析力的高下

D. 主要是实践能力的高下

七、公正包容

案例：王旦的雅量

宋真宗时，寇准主持枢密院，王旦主持中书院，二人分掌文武大权。寇准总在真宗面前悄悄指责王旦，王旦却总是称赞寇准。真宗不解，王旦说："我为相多年，过失能少吗？寇准敢于向皇上直陈，说明他忠直坦诚，这不也是值得赞扬吗？"

一次，中书院行文枢密院，违反了规定格式，寇准立刻汇报真宗。中书院受到斥责，众官员均被处分。

不久，枢密院行文中书院，也违反了格式。中书院官员人人都要报复，王旦却将此文送还枢密院修改。后来寇准被弹劾免官，但不久又获重用。

寇准朝见真宗，叩谢知遇之恩。真宗却拿出几份奏章，原来均为王旦极力保荐寇准的。这时寇准才深感自己不如王旦。

本案例告诉我们，王旦有容乃大的品质养成，说明（　　）。

A. 公正与包容是领导者一种深厚的涵养，是一种善待生活、善待别人的境界

B. 公正与包容是一种正能量，可以使人的心灵得到慰藉与升华

C. 公正与包容是有底线和有原则的，否则包容就会变成纵容

D. 公正与包容应该用在道德的层面，而不应该用在法律上，否则将导致社会混乱和不公

八、自律自制

案例：楚庄王"绝缨"警示属下

楚庄王一次获胜班师后举行夜宴，文臣武将，济济一堂，并有众嫔妃佐酒。突然，一阵风起，蜡烛俱灭。黑暗中喝醉的将军抓住许妃的手，许妃不知是谁又不便声张，就一把扯下那人帽子上的缨带，悄悄跑到庄王前告状。那人自然很慌，因为只要蜡烛重燃，他立刻就会被认出而获罪。

谁知这时庄王突然下令：为尽今夜之欢，大家一律解下缨带，开怀畅饮，然后才传令点火。蜡烛亮起，众人已皆"绝缨"。庄王也如无事一般直至散席。这名将军叫唐狡，因感此恩，后来再也不嗜酒，一直为庄王拼命征战。

本案例告诉我们，作为乡（镇）长，应该时刻在从政的职场注重增强（　　）。

A. 自律与自我意识

B. 自律与自制意识

C. 自律与自警意识

D. 自律与自省意识

参考答案

一、依法行政

A（40%）　　B（30%）　　C（20%）　　D（10%）

二、调查研究

A（40%）　　B（30%）　　D（20%）　　C（10%）

三、创新应变

D（40%）　　A（30%）　　B（20%）　　C（10%）

四、沟通协调

A（40%）　　B（30%）　　C（20%）　　D（10%）

313

五、事业责任

A（40%）　　B（30%）　　C（20%）　　D（10%）

六、学习能力

A（40%）　　C（30%）　　B（20%）　　D（10%）

七、公正包容

A（40%）　　B（30%）　　C（20%）　　D（10%）

八、自律自制

A（40%）　　B（30%）　　C（20%）　　D（10%）

后 记

不忘初心，方得始终。当《中国党政领导案例学》呈现在读者面前时，我们深切地感到：我们是在用中国理论阐释中国实践，用中国实践升华中国理论，它会更加鲜明地展现中国思想，更加响亮地提出中国理念。习近平总书记一再强调要讲好中国故事，其实这本案例学就是在讲中国道路的历史和实践、讲中国梦的背景与内涵、讲中华文化的独特魅力，更是讲好红色故事的一个载体，一份增长智慧的学术珍藏。它不仅是党政领导者增智的学问，是党政领导教学者增艺的学问，也是党政领导案例采编者增彩的学问。由衷地企望这本案例学能成为研修者的资鉴参考，领导者的良师益友。

我们由衷地感谢我们的父亲孟艾芳，他既是中国党政领导案例学方面的领军人物，也是国内知名的案例考核专家，近40年来，他在案例研究与教学领域著述颇丰、桃李满园，一直走在学术前沿，为我们的案例学研究起了关键的引领作用。我们还要感谢山西经济出版社的各位老师，他们敬业的精神和优越的设计编辑编审才能，给我们留下了美好的印象。

作　者

2020年12月

图书在版编目（CIP）数据

中国党政领导案例学 / 柴丽丽, 孟禹著. -- 太原：山西经济出版社, 2020.12

ISBN 978-7-5577-0803-0

Ⅰ.①中… Ⅱ.①柴… ②孟… Ⅲ.①领导方法-案例-中国-干部教育-教材 Ⅳ.①C933

中国版本图书馆 CIP 数据核字（2020）第 264061 号

中国党政领导案例学
ZHONGGUO DANGZHENG LINGDAO ANLIXUE

著　　者：	柴丽丽　孟　禹
出 版 人：	张宝东
责任编辑：	曹恒轩
装帧设计：	谢　成

出 版 者：	山西出版传媒集团·山西经济出版社
地　　址：	山西省太原市建设南路 21 号
邮　　编：	030012
电　　话：	0351-4922133（市场部）
	0351-4922085（总编室）
E - mail：	scb@sxjjcb.com（市场部）
	zbs@sxjjcb.com（总编室）
网　　址：	www.sxjjcb.com

经 销 者：	山西出版传媒集团·山西经济出版社
承 印 者：	山西出版传媒集团·山西新华印业有限公司

开　　本：	787mm×1092mm　1/16
印　　张：	20.25
字　　数：	325 千字
印　　数：	1-5500 册
版　　次：	2022 年 1 月　第 1 版
印　　次：	2022 年 1 月　第 1 次印刷
书　　号：	ISBN 978-7-5577-0803-0
定　　价：	65.00 元